职业院校公共课系列教材

大学生安全教育

主　编 ◎ 贺明华　李　岚　杨爱民
副主编 ◎ 罗攀登　杨　潇　伍丹阳　廖志炎　孙淑华
参　编 ◎ 廖　果　贺　超　黄咏超　肖　军
王　芝　邓　娴
主　审 ◎ 欧运军　钟支成　朱喜群

中国轻工业出版社

图书在版编目（CIP）数据

大学生安全教育/贺明华，李岚，杨爱民主编. —北京：中国轻工业出版社，2024.10

职业院校公共课系列教材

ISBN 978-7-5184-3020-8

Ⅰ.①大… Ⅱ.①贺…②李…③杨… Ⅲ.①大学生—安全教育—高等职业教育—教材 Ⅳ.①G641

中国版本图书馆 CIP 数据核字（2020）第 088156 号

责任编辑：张文佳　李金慧

策划编辑：张文佳　　责任终审：劳国强　　封面设计：锋尚设计

版式设计：砚祥志远　　责任校对：朱燕春　　责任监印：张　可

出版发行：中国轻工业出版社（北京鲁谷东街 5 号，邮编：100040）

印　　刷：三河市国英印务有限公司

经　　销：各地新华书店

版　　次：2024 年 10 月第 1 版第 8 次印刷

开　　本：787×1092　1/16　印张：15.75

字　　数：380 千字

书　　号：ISBN 978-7-5184-3020-8　定价：39.00 元

邮购电话：010-85119873

发行电话：010-85119832　010-85119912

网　　址：http://www.chlip.com.cn

Email：club@chlip.com.cn

241918J2C108ZBW

前 言

PREFACE

教育部《普通高等学校学生安全教育及管理暂行规定》指出：高等学校学生安全教育及管理的主要任务是：宣传、贯彻国家有关安全管理工作的方针、政策、法律、法规，对学生实施安全教育及管理，妥善处理各类安全事故，引导学生健康成长。高等学校应把对学生进行安全教育作为一项经常性工作，列入学校工作的重要议事日程，积极开展安全教育，普及安全知识，增强学生的安全意识和法制观念，提高防范能力。

随着社会的发展，当代大学生在学习、生活和社会工作中面临着更为复杂的安全形势和诸多安全隐患。由于各种各样的原因，意外伤害事故频发，危害学生的健康和财产的安全。因此，针对大学生进行安全教育符合时代需求，并应该贯穿于整个学生时代。加强学校的安全教育是学生获得全面健康发展的重要保证，也是学校教育工作中的一项重要内容。加强大学生安全教育，有助于维护大学生的人身、财产安全和身心健康，有助于提高大学生的安全防范意识和自我保护能力，有助于国家的法律、法规、安全教育政策在学校的贯彻实施。对于在校大学生而言，在学好专业知识的同时，接受安全教育、掌握基本的安全知识与自我保护的技能，增强防范意识，提高防范能力，不仅是必要的，而且也是必需的。

为切实提高大学生安全教育的针对性、系统性和实用性，在借鉴各种安全教育教材的基础上结合我校多年来开展安全教育的实践，我们组织编写了这本《大学生安全教育》。书中列举了大量典型案例，精选了一些资料作为知识拓展，目的是增强本书的实用性和针对性，帮助大学生解决在大学生活中遇到的安全问题，提高安全防范意识和技能，确保人身、财产安全，确保校园平安稳定。

本书由湖南高速铁路职业技术学院的老师担任编写工作，贺明华、李岚和杨爱民任主编，罗攀登、杨潇、伍丹阳、廖志炎、孙淑华任副主编，廖果、贺超、黄咏超、肖军、王芝、邓娴参编，欧运军、钟支成、朱喜群担任主审工作。具体分工如下：主编和副主编负责全书内容、结构的确定，主编贺明华、李岚、杨爱民负责全书的统编工作，另贺明华负责第十章编写和附录内容确定，李岚负责第一章编写，杨爱民负责第五章编写，罗攀登、杨潇负责第十三章编写，伍丹阳负责第七章的编写，贺明华、廖志炎负责第二章的编写，孙淑华负责第六章编写，廖果负责第三章编写，贺超负责第九章编写，黄咏超负责第四章编写，肖军负责第八章编写，王芝负责第十一章的编写，邓娴负责第十二章的编写，相应章节的电子课件也由相应的编者完成。

在本书编写过程中，编者参考了近年来出版的大学生安全教育的专著、论文、教材，在此谨向各位作者表示深深的谢意！

由于时间和水平有限，书中难免存在不足之处，恳请读者批评指正，以便进一步修改完善。

编者

目 录

CONTENTS

第一章 了解安全教育，树立安全意识

学习目的与要求

1. 掌握安全的概念，了解安全的重要性、安全教育原则与要求

2. 了解培养大学生安全意识的重要性和必要性，培养大学生安全意识有哪些途径

3. 了解大学生安全意识、自身安全责任的内涵，从哪些方面提高大学生安全意识和自身安全责任

4. 掌握“平安校园”的概念，了解高校“平安校园”建设的目标与要求

5. 掌握“黑”与“恶”的概念，分析涉及校园的黑恶势力的犯罪行为

6. 了解创建“平安校园”的途径和方法

学习重点

1. 了解大学生安全教育的内涵、目标、内容，了解大学生安全教育的重要意义

2. 了解大学校园安全问题

3. 大学生应具备安全意识、自身安全责任的内涵，从哪些方面提高大学生安全意识和自身安全责任

4. 掌握“平安校园”的概念，了解高校“平安校园”建设的目标与要求，创建“平安校园”的途径和方法

学习难点

帮助学生树立“安全意识”的理念

安全，顾名思义，就是人和物受到保护、没有危险、不受伤害，无危为安，无损为全，即没有危险，不受威胁，不出事故的状态。

人类从诞生的那一天开始，就必须面对安全问题。最初，人类面临的主要是如地震、洪水、火山爆发、动物侵害、疾病等大自然给人类的人身安全带来的威胁。随着社会的发展、人类的进步，人们对安全的认识和需求也在不断地增加。今天，人类面临的已不仅仅是人身安全问题，还面临财物安全、社交活动安全等诸多问题。对人类安全产

生影响的除了自然因素以外，还有人为因素、社会因素等多种因素，它们都会给人们的安全带来威胁。然而，安全是不会自然产生的，而是人发挥主观能动性，积极追求的结果。这种主动积极的行为，就包括人们对安全问题的认识、安全意识的养成、安全知识的学习、安全措施及防范技能的运用等；同时，这也是一个学习、教育与管理的过程。

人的一生有各种各样的追求，如同用阿拉伯数字写出的 1000000，“1”代表生命，“1”后面所有的“0”，代表人生所需要的家庭、财富、学业、事业、自我实现及快乐等，但如果没有生命这个“1”字放在前面，则后面再多的“0”都毫无意义，如图 1-1所示。

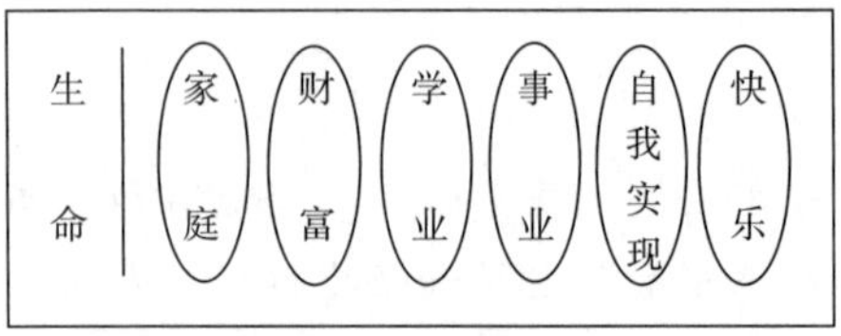

图 1-1　没有生命就没有一切

大学生是祖国和民族的未来与希望，是推动经济社会发展的重要力量，他们的健康成长与安全成才，事关国家的兴衰与繁荣，关系着社会的稳定与发展。危及大学生生命、财产安全的意外事故和恶性案件时有发生，给家庭、学校和社会蒙上了阴影，也使他们的美好前程毁于一旦。学校安全工作的好坏，事关学校与社会的安全与稳定，搞好学校的安全工作，对大学生进行必要的安全教育，是保障大学生生活、学习的正常秩序和维护社会稳定的需要，是社会主义现代化建设的需要。因此，加强对大学生的安全教育与管理，不仅关系到师生员工的合法利益和人身财产安全，而且也是创建平安校园的前提和保障。

荀子曰：“先其未然谓之防，发而止之谓之救，行而责之谓之戒。防为上，救次之，戒为下。”因此，为了加强对大学生的安全教育与管理，首先要增强大学生的遵纪守法观念和安全防范意识，提高自我保护能力；其次，让大学生有针对性地学习必要的安全知识和法律法规，掌握必备的安全防范技能；最后，通过实战演练，让大学生掌握自救自护知识，使他们能够勇敢机智地处理各种危险，果断、正确地进行自救自护。

第一节　了解大学生安全教育

一、走近安全

（一）安全问题无处不在

【案例一】校园安全事故

2018 年 1 月 3 日 22 时，北京师范大学珠海分校海华苑 11 栋附近后山发生火情，过火面积约 200 平方米。至 22 时 50 分已全部扑灭，无人员伤亡。据珠海市市政和林业局通报，学生在校内篮球场拍摄小视频，用火不慎，发生火情。

学校火灾的发生是很常见的事情，如果学生消防安全意识淡薄，消防常识缺乏，扑救初起火灾和逃生自救互救能力低下，一旦发生火情，势必酿成火灾，造成严重后果。因此，要对学生进行消防安全教育，提高他们的消防安全意识。

【案例二】大学新生庆祝军训结束被扔进人工湖溺亡

2014 年 9 月 28 日，韶关学院的新生军训结束了，大一新生为庆祝军训结束，把教官和军训新生扔进湖中，解暑表示庆祝，不料发生意外，一名教官和一名新生溺水，经过一番抢救后，溺水的教官在急救后苏醒，溺水的新生抢救无效不幸身亡。

生命如此珍贵，生命如此脆弱！很小的疏忽也会导致生命的凋落，又一个生命的意外逝去，昭示的是生命的珍贵和安全的重要。

大学生进入大学之前，家长和学校的老师肩负着保护学生人身安全和健康的主要职责，社会上的各种危害和不安定因素对学生影响相对较小。如今学生走出家门，千里迢迢来到高校学习，一切事情都得靠自己去安排。他们的生活空间大大扩展，交流领域也不断拓宽。在这种情况下，大学生必须通过多种形式学习安全知识，强化自我保护意识，增强自我保护能力，远离危险和伤害。

（二）大学生安全教育的内涵、目标

1. 大学生安全教育的内涵

大学生安全教育是指高校为了维护学校的正常秩序，维护大学生的人身、财产安全和身心健康，提高大学生的安全防范意识与自我保护技能，从学校实际情况出发，依照国家有关法律、法规的规定，制定各种安全教育与管理的规章制度，组织教师对大学生进行国家安全法规、学校安全规章及纪律、安全防范知识和技能教育的活动。

高校对大学生进行安全教育旨在引导大学生树立正确的世界观和人生观，增强其安全意识与法制观念，提高其安全防范、自我保护和应急救护的能力，最终促进大学生的全面发展，维护社会的安全稳定。

2. 大学生安全教育的目标

大学生安全教育的目标是通过开展安全教育，培养学生的社会安全责任感，使学生形成强烈的安全意识，掌握必要的安全知识和技能，了解相关的法律法规常识，养成在日常生活和突发安全事故中正确应对的习惯，最大限度地预防安全事故发生和减少安全事故对大学生造成的伤害，保障大学生健康成长。

通过安全教育，大学生应当在意识态度、知识和技能三个层面达到如下目标：

（1）大学生安全教育的意识态度层面。通过安全教育，大学生应当树立起安全第一的意识，树立积极正确的安全观，把安全问题与个人发展和国家需要、社会发展相结合，为构筑平安人生主动付出积极的努力。

（2）大学生安全教育的知识层面。通过安全教育，大学生应当了解安全基本知识，掌握与安全问题相关的法律法规和校纪校规，安全问题所包含的基本内容，安全问题的社会、校园环境；了解安全信息、相关的安全问题分类知识以及安全保障的基本知识。

（3）大学生安全教育的技能层面。通过安全教育，大学生应当掌握安全防范技能、安全信息搜索与安全管理技能；掌握以安全为前提的自我保护技能、沟通技能、问题解决技能等。

二、大学生安全教育的内容

（一）大学生安全法规与校纪的责任教育

大学生安全法规与校纪的责任教育主要包括三层含义：

（1）我国的法律规定，公民年满 18 周岁就是完全民事行为能力人，依法对自己的行为承担责任。

（2）在预防安全事故、防止危险侵害方面应当采取适当行为或措施防范，以减少危险侵害发生的概率，减轻受到侵害或损伤的程度。

（3）在预防安全事故、防止危险侵害方面应当作为而又没有作为时，对造成人身伤亡、财产损失等后果应承担处罚责任。

（二）大学生安全知识教育内容

大学生安全知识包括以下几个方面：

（1）意识形态领域的知识，主要包括政治安全和文化安全，目的在于防止大学生抛弃社会主义意识形态和接受西方资本主义意识形态，犯政治上的错误，走到危害国家安全的道路上去。

（2）法律法规中的知识，主要包括交通安全、网络安全、遵守校纪校规和维护自身权益方面，目的在于使大学生知法守法，避免因违法导致法律的制裁和违法带来的人身伤亡、财产损失。

（3）日常安全常识，主要包括消防安全、财产安全、人身安全、社交安全、公共安全等，目的是使大学生熟悉安全常识，增强安全意识，避免人身伤害、财物受损失。

（4）心理健康的基本常识，即心理健康知识，目的在于增强自己调节心理、情绪的能力，具有正确的人生观和健康的心态，避免自杀、变态等结果的发生。

（三）大学生安全技能教育

安全技能主要包含两层含义：

（1）与专业岗位上要求的操作技能相关的安全技能，在生产中避免因违章操作而造成安全事故。

（2）在自然灾害、公共卫生和社会突发安全事件等面前的一般应对能力。

大学生安全技能教育是指第二个层面的内容，主要包括在交通安全、人身安全、公共安全中的避险能力，在消防安全中的灭火与逃生自救能力，面对刺激的心理承受能力和应变能力。目的在于提高自我保护能力，增强保护自己和他人不被伤害的潜意识。应变能力需要通过学习才能获得，更需通过实践才能获得提高。

三、安全教育的原则、特点与要求

（一）安全教育的原则

（1）以人为本，依法教育。

（2）预防为主，教育先行。

（3）明确责任，管教结合。

（4）实事求是，妥善处理。

（二）大学生安全教育的特点

（1）教育性与管理性。首先要体现教育性，使大学生了解安全的基本知识。通过严格的管理把知识真正内化为学生的自觉意识和自觉行为。

（2）全程性与全员性。一方面，要贯穿于人才培养的全过程；另一方面，高校各部门要通力合作，形成全员化教育。

（3）预防性与经常性。贯彻预防为主的原则；安全教育是一项长期性的工作，要持之以恒。

（4）系统性与规范性。要使安全教育系统地进行。同时，制定各项安全管理规章制度，使安全教育走上规范化之路。

（5）多样性与创新性。以多样、生动的形式进行教育，利用先进的教学手段保证大学生参与的积极性。

（三）大学生安全教育的要求

（1）严格遵守国家法律、法规和学校各项规章制度，注意自己的人身和财物安全，防止各种事故的发生。

（2）在日常教学及各项活动中，应遵守纪律和有关规定，听从指导，服从管理；在公共场所，要遵守社会公德，增强安全防范意识，提高自我保护能力。

（3）组织集体课外活动，须经学校同意，按学校规定进行。

（4）严格遵守宿舍管理的规定，自觉维护宿舍的安全与卫生，提高自我管理能力。

（5）发现刑事、治安案件或交通、灾害等事故，应注意保护现场，及时报告学校或公安部门并协助处理。

四、生命无价，安全至上——大学生安全教育意义

高校安全问题，关乎生命，关乎全局，责任重于泰山。百年大计，教育为本。因此，加强大学生的安全教育具有重大现实意义，不仅是学生成长成才的需要，更是高校安全发展的需要，而且是构建和谐社会的必然要求。

（一）安全教育是促进大学生健康成长的需要

“教育是培养人的社会活动，教育培养人的过程是将社会知识、生活方式、行为规范、意识形态不断地内化于教育对象，使个体社会化。”基础教育的目的是使人成其为人，而高等教育的目的则是使人成其为才。因此，对大学生进行安全教育是为大学生健康成长和全面成才打下良好基础，是完善自身心理，提升整体素质的一项重要内容。

（二）安全教育有利于高校稳定、社会治安综合治理

学生是学校的主体，如果他们的安全意识较强，安全知识较为丰富，就能应对突如其来的安全问题，就能够成为维护学校安全的强大力量，进而为学校的安全发展提供充足的人力资源，危害大学生身心健康的安全隐患就会大为减少，影响学校安全发展的各种事件也会大幅下降。

社会治安综合治理的主要目标是社会稳定，重大恶性案件和多发性案件得到控制并逐步有所下降，社会丑恶现象大大减少，治安混乱的地区和单位的面貌彻底改观，治安秩序良好，群众有安全感。社会治安综合治理的工作范围，主要包括“打击、防范、教

育、管理、建设、改造”六个方面。加强对青少年的教育，是社会治安综合治理的重点。

（三）安全教育在构建和谐社会中具有重要地位

大学生的安全道德品质、安全文化素质和心理健康素质如何，不仅直接关系现阶段中华民族的素质，而且直接关系未来中华民族的素质。培养造就千千万万具有高尚品质和良好安全道德修养、掌握现代化建设所需要的全面安全知识和扎实的安全本领的优秀人才，使大学生们能够与时代同步伐、与祖国共命运、与人民齐奋斗，这对于确保全面实施科教兴国战略和人才强国战略，确保实现全面建设和谐社会具有重大而深远的战略意义。

（四）安全教育是依法治国的需要

近些年来，高校校园治安和大学生安全问题得到了党和国家的高度重视，大学生安全教育与管理工作已纳入社会主义法治轨道。在《高等教育法》《高等学校学生行为准则（试行）》《高等学校校园秩序管理若干规定》《普通高等学校学生安全教育及管理暂行规定》《高等学校内部保卫工作规定（试行）》等法规中，既明确了学校在大学生安全教育与管理中的行为规范，也规定了大学生在安全教育中应该享受的权利和必须履行的义务，体现了党和政府对大学生安全的高度重视，把维护大学生的安全和合法权益，对大学生进行安全教育和管理，依法治校确定为高校各级领导的法定义务，推动了高校各级组织特别是保卫部门对大学生的安全教育和管理工作。各高校已按照国家的要求，逐步建立健全了大学生安全教育和管理体系。

（五）安全教育是素质教育的重要内容之一，是针对大学生的特点而采取的重要措施

我国的大学生安全教育，经过长期的历史发展，已逐步由低级走向高级、由不成熟走向成熟。今天，大学生安全教育管理已发展成为一门科学并进入课堂。随着我国改革开放步伐的加快，社会经济文化快速发展，教育事业发展迅猛，学生的毕业就业问题逐步显现，人才市场竞争激烈，用人单位对综合素质高的人才青睐有加，而良好的安全意识和一定的安全知识正是体现大学生综合素质的重要指标。当前，许多高校已普遍将安全教育列为学生入学教育的重要内容之一，有关的教育手册、资料日益丰富，大大方便了学生的学习和借鉴，使大学生的法律意识和安全防范意识得到进一步提高。

（六）安全教育是学校安全工作的重要内容，与“三育人”密不可分

学校安全工作的一个重要内容就是要加强安全宣传教育培训，提高师生安全意识和防护能力。育人是学校的根本任务。这些年来，党和政府大力提倡“教书育人、管理育人、服务育人”，要求“全员育人、全程育人、全方位育人”，由此可以看到育人的重要与紧迫，可以看出安全教育与“三育人”密不可分。

第二节　培养大学生安全意识

随着经济社会的发展，高校作为一种特殊的社会群体，也变得日益多元和复杂，大学生的安全问题屡见不鲜，已严重影响到大学生的健康成长。因为大学生安全意识薄

弱、防范能力差引发的校园安全事件越来越多，提高大学生安全意识是教育发展与改革的必然趋势，是全面推进素质教育的基石，大学生安全意识的培养，对于完善大学生自身生理、心理发展，培养高素质合格人才具有重大意义。

一、培养大学生安全意识的重要性和必要性

（一）是提高大学生自我防范意识、自我保护能力的需要

（1）大学生普遍缺乏社会经验。随着各高校办学规模的不断扩大，学校安全管理工作的难度也在增加，各高校在安全防范上虽有所加强，学生的安全意识却十分薄弱，因缺乏安全防范意识，从而造成了大学生不安全事件时有发生。

（2）大学生普遍缺乏安全防范意识。高校的发展与社会联系越来越紧密，学生的安全问题已经远远超出校园范围，学生在校外租房、饮食、交通等安全问题显得尤为突出。大学生单纯、社会经验不足，安全防范意识差，经常成为犯罪分子侵害的对象。

（3）大学生普遍缺乏对社会消极因素的抵御能力。现有的高校教育体制侧重于专业知识的培养而忽视了对学生的安全教育。只有对全体大学生在安全意识、法律意识、防范技巧以及应急知识等方面进行教育，提高大学生自身预防犯罪的能力和遇事自护自救的能力，才能提高全校师生乃至整个社会的整体防范能力。

（二）是构建和谐社会、维护国家安全的需要

（1）当前我国面临的安全环境复杂多变，安全形势不容乐观。

（2）大学生对国家安全的认识还停留在军事、战争、国防、领土、情报等传统、局部的方面，还没有认识到国家安全也包括文化安全、科技安全、信息安全等方面的新内容。

（三）是维护大学生合法权益的需要

改革开放以来我国取得了举世瞩目的发展成就，随着社会主义市场经济体制的确立和市场主体的多元化、横向化、社会关系的复杂化，特别是随着教育体制改革的发展和深化，大学毕业生由原来的分配工作向自主择业转化。作为在校大学生，他们毕业后走向社会，参与市场大循环，融入市场经济熔炉里，学校应对其进行安全防范教育，促使大学生合法权益得到有效维护，同时教育大学生在将来的工作中应当做到以诚待人，促进社会发展。

（四）是落实全面发展教育目标的需要

安全知识和防范技能是大学生知识结构的组成部分，安全意识和安全责任是大学生人文素养的重要内容，安全观也是大学生综合素质中必不可少的重要内容之一。从“全面发展”的教育目标上讲，缺乏安全知识，不具备安全意识、技能和素质的人不能称为“全人”。

（五）是改善当前校园治安形势的需要

（1）社会上的一些不法之徒时常窜入高校进行盗窃、抢劫、诈骗等违法犯罪活动，有的甚至危害师生的人身安全，直接影响学校的安全稳定。

（2）大量的社会闲杂人员涌入校园，给学校的治安管理带来了巨大的冲击。

（3）部分高校校区多而分散，交通安全存在较大的隐患。

（4）校园周边治安环境日趋复杂。

二、大学生应该具备的安全意识

大学生是一个受着高等教育的群体，是国家建设和发展的接班人。当我们远离家门步入大学，其实就踏进了半个社会；昨天的我们还依偎在父母的怀里听他们的叮咛，今天就要独自去面对一个纷繁复杂的社会。纵使我们具有精深的科学文化知识，但因我们的单纯与幼稚，有时也难免被一些虚假现象所蒙蔽，那么大学生应该培养哪些安全意识呢？

（一）维护国家安全的公民意识

国家安全意识是指公民在履行维护国家安全、荣誉和利益的义务方面所应具备的观念的总和，主要包括爱国主义精神、国家利益至上观念、法纪观念、敌情观念、保密观念、安全防范观念等。国家安全是国家生存和发展最基本最重要的前提，是安邦定国的基石，是改革发展的盾牌。维护国家安全，人人有责。

（二）应对人际交往的自我保护意识

在人际交往的过程当中，自我保护意识是指一方面对他人要真诚，要自尊、自爱；另一方面是要看清所交往对象的真实面目，切勿因为一时的好奇心或义气之说而自我暴露，或轻信别人。

（三）对社会治安形势和校园安全状况的认知意识

当前，我国正处于社会主义市场经济体制逐步完善的历史时期，社会各个领域正在发生巨大而深刻的变化，而这些变化都会引起利益、观念的变动和各种社会矛盾的发生，从而使得刑事犯罪案件不断增多。而随着高校教育的不断发展，校园几乎已经完全融入了社会，因此也必定会受到社会治安形势的影响，从而使得大学校园安全问题日渐突出。

（四）积极应对挫折的健康心理意识

大学生的心理问题已越来越多地影响到大学生的生活与学习，有的甚至影响到大学生的生命财产安全。挫折是大学生进步的动力，也是意志薄弱者的最大敌人。大学生在学习、生活、交友等方面均不可避免地会遇到各种各样的挫折。因此，大学生要培养应对挫折的心理安全意识。

（五）应对自然灾害、面对突发事件的自救互救意识

当社会飞速发展时，灾害、灾难也接踵而至。地震、洪水、泥石流等自然灾害给全世界人民留下了悲痛的教训。在重大灾难面前，人们无计可施，但是良好的自救互救意识和正确的逃生方法却能保证人们的安全。

突发事件一般是指难以预料、突然发生、关系安危的超出常规的特殊情况，具有不可预测性和重大危险性。作为一名大学生应该具备应对突发事件、避开危险的安全意识。

（六）遵纪守法的法治意识

作为21世纪的大学生应该加强法律意识的培养。大学生应做一个知法守法的公民，

不可因为不懂法律而触犯法律，同时当自己的合法权益受到侵害时，也要懂得如何拿起法律武器来保护自己。

三、大学生自身安全责任

大学生作为社会个体，应该具备良好的安全责任感，充分认识并认真履行自身的安全责任。我国《刑法》第十七条第一款规定："已满十六周岁的人犯罪，应当负刑事责任。"我国《民法》规定："十八周岁以上的公民是成年人，具有完全民事行为能力，可以独立进行民事活动，是完全民事行为能力人。十六周岁以上不满十八周岁的公民，以自己的劳动收入为主要生活来源的，视为完全民事行为能力人。"

【案例一】国家安全

北京某重点大学国际政治系四年级学生李某在毕业前夕，被在校任教的美籍英语教师、美国中央情报局间谍约翰·德雷克斯策反，参加了美国情报组织，并为其收集我国的各类情报。约翰以帮助李某毕业后找工作、担保出国、物质、金钱引诱，个人感情（二人同居）等手段将其拉下水，李某被发展为情报人员。

【案例二】消防安全

2014 年 9 月的一天下午，某大学体育班的一位同学私下使用电炉，正赶上停电，他未切断电源就去上课，寝室内没有人。来电后，电炉烤燃桌子引起火灾，将整个寝室烧毁。该同学被公安机关行政拘留。

以上案例都是因为大学生自身安全防范意识差，缺乏必要的安全知识，抵挡不了外来的侵害和诱惑，要么走上犯罪的道路，要么付出生命的代价。在我国，造成这些事件年满 18 岁的公民必须承担相应的责任，大学生也不例外。

（一）大学生安全责任的内涵

大学生的安全责任可以分为三个层次：

（1）对自己的生命、财产和心理等的安全负责。

（2）对家庭的安全负责。家庭处于社会的中心地位，其成员对家庭负责是社会稳定的前提。

（3）对他人和社会的安全负责。承认对他人和社会的责任是大学生应具备的品质。社会高度发展，大学生在确保自身安全的同时，不能无视他人的安全，把自己的利益建立在忽视他人安全的基础之上。

（二）大学生安全责任的现状

相关调查显示，大学生的安全责任意识比较淡漠，主要体现在：

（1）主动防范意识淡薄。如学生宿舍经常发生盗窃事件，而学生离开宿舍不锁门，随意存放现金、电脑等贵重物品的现象普遍存在。

（2）从众心理比较明显。大部分学生对于学校明令禁止的行为都是清楚的，如知道在宿舍不能使用大功率电器，但在从众心理的驱使下继续使用，导致该类违章现象普遍存在。

（3）责任意识差。大学生对于自己的角色大多定位于被管理者，并习惯于被动地接受管理，缺乏责任意识。

(4) 心存侥幸。不遵守规章制度，沉浸于“一直这样做也没事”的思想状态。

(5) 容易冲动。不控制自己的情绪，不顾及后果，鲁莽冲动，容易给自己和他人造成伤害。

(三) 提高大学生的安全责任意识

大学生安全教育的主要目的就是提高安全责任意识，也就是使大学生充分认识到自身的安全责任，形成对自己、家庭、他人和社会负责的心理状态。只有明白“安全为了谁”，才能从“要我安全”变成“我要安全”，让安全成为一种习惯。

(1) 珍惜生命，为了自己要确保安全。在安全事故中有一个“王成太现象”，即事故的受害者，往往又是事故的责任者，甚至是最大责任者，受到法律最严重处罚。安全是为了自己，历史的教训是深刻的，死亡犹如黑色幽灵随意地攫取着人的生命。一个又一个生命的意外逝去，一件又一件触目惊心的惨案，一次又一次用鲜血写就的教训，昭示的是生命的珍贵和安全的重要。

(2) 心系父母，为了亲情要确保安全。人生三大不幸，“幼年丧父，中年丧夫，老年丧子”，安全事故是造成人生三大不幸的罪魁祸首。大学生的安全直接关系到家庭的幸福。平安才是对父母最好的报答。

(3) 不伤害他人，不被他人伤害。安全是每个人的责任。你对自己和周围每一个人的安全都负有同样的责任。当你发现其他人有不安全的行为，或是存在不安全的环境因素时，你——不是“别人”——必须立即采取行动进行制止和改正。

知识链接

大学生安全责任书（样本）

为了进一步加强对我院学生的安全教育和管理，维护学校的安定、稳定和正常的教学、生活秩序，确保广大同学的生命财产安全，根据《高等学校学生行为准则（试行）》、教育部《普通高等学校学生管理规定》和《学生伤害事故处理办法》有关精神及《××大学学生管理规定》等有关文件精神，特制定本安全责任书，请遵照执行。

第一条　严格遵守学校消防安全的有关规定。

1. 严禁在学生宿舍使用违规电器（如电炉、电热棒、电饭煲、电吹风及其他伪劣电器产品）和无3C认证的电器产品，以及煤油炉、液化气炉等违禁液、气加热器具。

2. 严禁在宿舍内乱拉电线，严禁在床板上下布置电线。在宿舍使用电器时，使用者本人必须在场；离开宿舍时，必须关掉一切电源，做到“人走电关”。

3. 严禁学生在宿舍、教室、图书馆等室内公共场所吸烟，焚烧信件、纸张等使用明火行为。使用蚊香须摆放于安全处。

第二条　严禁住校生在外擅自租住民房。住校生晚上必须按学校规定准时返回自己宿舍住宿，严禁学生未经请假夜不归宿。严禁在学生宿舍留宿异性和外来人员。人员外出必须严格遵守请、销假制度。本市学生周末需回家，必须办好手续。

第三条　严禁在学生宿舍以现金或物品为赌注进行任何形式的赌博活动，禁止在学生宿舍打麻将。

第四条 严禁学生到正规游泳场所以外的任何水域游泳。

第五条 学生外出集体活动，必须经过申请，报学院、学校有关部门批准后，方可外出。出游不乘坐“三无”交通工具。严禁学生到尚未正式对外开放的野外景点游玩，严禁出入不健康娱乐场所。

第六条 由于新校区仍处于继续拆迁开发建设中，严禁学生擅自到建筑工地和未开发的场所走动，尤其是晚上。晚上返回宿舍必须结伴而行。严禁攀爬围墙、铁门。

第七条 使用专业教室，须严格遵守《××学院专业教室管理条例（暂行）》，特别注意安全。确因学习需要，熬夜赶图的，须向班两委申请，具体由班两委负责安全调度。

第八条 严禁学生酗酒、寻衅滋事、斗殴、打群架。

第九条 购买电脑的同学要经过家长同意、报辅导员批准并签订安全管理责任协议。自觉遵守国家计算机网络安全管理办法的规章制度、社会法规，加强网络安全的信息保密工作，不得利用计算机网络从事危害国家安全，泄露国家秘密等犯罪活动。遵守《××大学学生网站建设和学生上网管理条例》。严禁上黄色、非法、反动等网站，严禁观看、复制、传播淫秽音像制品和黄色书刊。

第十条 珍视饮食卫生，维护身心健康，不到无健康证等不卫生场所购买、食用食物。

第十一条 所有学生对人身、公共财产安全都应尽充分注意的义务，如遇突发性事件，所有知情（发现）者、当事人，都应积极施救并在第一时间向辅导员报告或报警；知情不报者，将承担相应的责任。

注：本安全责任书一式两份，学院、班级（班级代表：班长）各执壹份。

××大学××学院

20××年××月××日

本人已经明确以上安全责任书中所有规定，并保证认真遵守。若因违反以上规定造成任何事故，本人愿意承担一切责任，并接受相应的校纪校规处分。

签名　　　　　学号　　　　　级　　　　　专业　　　　　班

四、培养大学生安全意识的途径与方式

1. 健全领导体制，加大对安全教育的重视力度

高校必须建立健全由校领导负责，学工处、保卫处、教务处、团委和各院系统筹兼顾的领导体制，规划和制定大学生安全教育的总体工作目标和任务，加强对大学生安全教育的指导、协调和监督工作。另外，要将大学生安全教育列入高校发展的总体规划中。

2. 加强制度建设，建立良好的安全教育管理机制

高校应根据国家法律、法规的要求制定和完善各种安全管理制度；完善和落实各种具体的安全责任制度及相应的岗位职责，把安全措施落实到人、到岗，从制度上确保高校各种活动的安全开展，达到建立长效的安全教育管理机制的目的。

3. 从新生入学教育开始进行全面安全教育

新生入学后即进行全面的安全教育，并且贯穿于大学教育教学全过程，要融入各个

环节，渗透到教学、科研、建设、管理等方面，采用多种形式，安排合理的必修课时，对大学生的法律知识、生命意义、安全防范知识和技能、灾难避险技能、心理调节能力等进行教育。

4. 加强安全防范基础知识的灌输

安全教育课程让学生在课堂的严肃氛围中学习安全教育理论，如：

“三防”即防火、防盗、防自然灾害。

“四懂”就是懂得火灾、盗窃、自然灾害的危险性，懂得预防火灾、盗窃、自然灾害的措施，懂得灭火、处理盗窃和自然灾害的方法，懂得灾难逃生方法。

“四会”就是会报警，会逃生，会使用灭火器等救灾工具设备，会处理火灾、盗窃和应对自然灾害。

5. 加强大学生的自我安全教育和自我安全管理

（1）在教师的指导下，由学生干部开展必要的校园治安综合治理的巡逻检查活动和宿舍安全管理活动，及时发现和解决存在的问题，增强大学生的安全意识和自我防范能力。

（2）全体大学生可每月参与安全自查活动，检查自己是否遵守了法律、法规，是否遵守了学校的各项规章制度，使大学生真正成为校园安全管理的主体。

（3）可以组织大学生积极参加各种安全预案的演练。

6. 利用典型事件、案例教学、技能训练，开展安全法治宣传教育

（1）利用学生安全事故中的典型事例在各种教育活动中开展安全警示教育。

（2）选择有代表性的事件进行大力宣传，教育学生引以为戒。

（3）组织学生参加庭审旁听。

（4）在学校举办有关安全的专业展览，组织学生参观。

（5）组织开展各种形式的安全技能实训。

第三节　校园安全与高校“平安校园”建设

校园安全是高校持续发展的前提，校园安全与高校的每一位学生、老师密切相关，它关系到大学生们能否健康地成长，能否顺利地完成学业；它关系到老师们能否在一个宁静、安全的环境中教书育人，为国家培养和造就各种人才。搞好校园安全工作，是我们做好学校各项工作的基础和前提，是学校教育的首要任务之一，必须常抓不懈，落到实处。

一、当前社会治安形势

我国社会大局继续保持稳定，总的形势是好的，但社会治安形势好中带扰。

1. 当今世界仍不太平

西方敌对势力分化、西化我国的图谋从未改变，并不断炒作自由、民主、人权、民族、宗教等议题，利用各种机会捣乱破坏，利用我国人民内部矛盾制造社会对立，对我国安全和社会稳定造成严重危害；国际恐怖主义抬头，已对我国构成现实威胁；我国周边一些国家政局不稳，恐怖活动十分猖獗，恐怖事件频繁发生。这些都对我国社会稳定

带来不利影响。

2. 我国进入新发展阶段，“政治更安全”“社会更安定”“人民更安宁”的要求越来越高

从社会发展阶段看，“全面建成小康社会、实现第一个百年奋斗目标之后，我们要乘势而上开启全面建设社会主义现代化国家新征程、向第二个百年奋斗目标进军，这标志着我国进入了一个新发展阶段”。进入新发展阶段，国内外环境的深刻变化既带来一系列新机遇，也带来一系列新挑战，是危机并存、危中有机、危可转机。

从社会心理角度看，在开放、多元、动态的社会环境和信息化多媒体条件下，社会矛盾和问题很容易交织扩散；经济形势的变化必然影响社会心态，经济形势好的时候，人民对未来普遍有信心和良好预期，社会心态比较平和，即使有一些困难和问题也大都能够理性对待；经济形势严峻时，社会心态比较敏感、脆弱，一些人因生活困难、资产缩水等原因，产生悲观、失望和不满情绪，遇事容易采取过激行为。

特别是受当时形势的影响，一些企业生产经营比较困难，高校毕业生就业压力有所增大，劳资纠纷、合同纠纷、债权债务纠纷等新矛盾不断产生，土地征用、房屋拆迁、涉法涉诉等老问题依然存在，如果处理不好，容易引发群体不稳定事件；一些地方非法吸收公众存款、电信网络诈骗等涉众型经济犯罪时有发生，社会治安出现不少新情况；进入新发展阶段，“政治更安全”“社会更安定”“人民更安宁”的要求越来越高。

3. 各种渗透颠覆破坏活动、暴力恐怖活动、民族分裂活动、宗教极端活动的现实威胁不断加大

近年来，三股势力披着宗教的外衣，伪装成宗教利益的捍卫者，煽动群众特别是青少年从事暴力恐怖犯罪活动，对社会稳定造成了极大的伤害，给人民生命财产造成了极大的损失，同时也极大地损害了民族团结和民族关系，极大地影响了经济社会的发展。

4. 黑恶势力是经济社会健康发展的毒瘤

黑恶势力的危害主要是严重扰乱市场秩序、严重危害社会安全、严重危害人身安全等。扫黑除恶专项斗争是维护国家安全和社会稳定的大势所趋，是实现中华民族伟大复兴的事业所需，是建设更高水平的平安中国、法治中国、美丽中国的党心民心所向，实现安全与谋求发展都具有举足轻重的战略地位。

5. 突发公共安全事件影响社会稳定

近年来突发公共安全事件（自然灾害、事故灾难、公共卫生事件、社会安全事件）呈多发态势，重大人员伤亡、财产损失、生态环境破坏和严重社会危害危及公共安全，对社会心理和个人心理造成破坏性冲击，进而渗透到社会生活的各个层面，影响社会治安稳定。为此，中央指出，社会平安是极重要的民生问题，也是最基本的发展环境。对社会治安进行综合治理（平安建设），是我们党在改革开放和社会主义现代化建设的历史进程中逐步确立起来的重要方针，是维护社会和谐稳定的重要举措，是推动经济社会又好又快发展的重要保证。

二、当前高校治安状况

当前高校已成为教学、科研、生产、商贸等多元化的社会机构，随着高校管理方式社会化，办学形式多样化，学生结构复杂化，校园与社会相互交叉、相互渗透，校园治

安形势日趋复杂严峻。

（一）高校治安问题形成原因

（1）校园环境日趋社会化、复杂化，客观上给高校的安全造成诸多不利因素。高校校园内不仅有教学区、生活区，有的还混杂家属区、居民区；不仅有教学、科研设施，还有公司、超市、银行、医院、宾馆等生活服务设施和机构。

（2）大量外来人员给校园安全埋下隐患。随着高校后勤社会化的发展，大量的外来务工、经商人员涌入校园，这些群体的文化素质普遍偏低、法制观念淡薄、流动性较大，不易管理。

（3）校区多而分散，交通安全隐患较大。当前不少高校实施合并办学，校区不再独门独院，部分学生每天需要从一个校区到另外一个校区上课或去图书馆学习，人员流动性增大，在这种情况下极易发生事故，出现安全问题。

（4）校园周边治安环境日趋复杂。当前引发校园周边治安问题的消极因素、涉及校园黑恶势力的犯罪行为仍然大量存在，侵害高校师生人身及财产安全的治安、刑事案件时有发生，不仅给学生本人及其家庭造成伤害，而且也会直接影响到学校正常的教学、生活秩序，严重时将危及整个社会的稳定。

（二）高校发案情况

（1）偷盗、偷窃案件严重。此类案件多为社会上的闲散或吸毒人员流窜作案，集中在学生上课、教职工外出时间，采取翻窗、撬门等手段，偷盗手机、现金、手提电脑等，或是在食堂、图书馆等场所以提包等方式进行偷盗，有的见房门没锁、同学熟睡而随手行窃。

（2）打架斗殴案件时有发生。近几年来，高校打架斗殴案件明显减少，但由于个别大学生性格粗暴、急躁，同学间会因小事而大打出手。这类案件虽不多发，然而一旦发生就将严重威胁学校的治安及学生的人身安全，影响极坏。

（3）抢劫、抢夺案件性质恶劣。此类案件容易转化为凶杀、伤害、强奸等恶性案件，犯罪分子往往对校园环境较为熟悉，且利用学生胆小怕事的特点，在校内比较偏僻、人少的地带，抢劫财物，严重威胁学生的生命财产安全，性质恶劣。

（4）“校园贷”“传销”、诈骗案件使学生财物损失严重。犯罪分子往往利用学生社会经验少、热心助人、防范意识不强等弱点，“校园贷”“传销”及流窜至高校进行诈骗，给同学在经济上造成重大损失。

（5）杀人、性犯罪等恶性案件后果严重。杀人、性犯罪等恶性案件因其发案后造成的严重后果，历来是各高校重点防范的案件种类。虽高校发案极少，但性质恶劣，一旦发生后会造成重大人身伤害。

（6）心理犯罪有所增加。一些大学生因为嫉妒、矛盾而偷窃他人钱财、扰乱他人生活以求心态平衡；有的同学因求爱不成而毁人容貌，使人致残或危害公共安全、报复社会。这类恶性案件严重和残忍程度令人触目惊心。

（7）群体性事件影响大。大学生思想活跃、热情高、敏感性强，受外界因素影响较大，如遇挑唆，极易引发集会、上访、游行等群体性事件，甚至采取过激行为。

（8）黄赌毒、邪教诱发大学生的犯罪率逐年上升，严重影响大学生的健康成长。

（三）校外安全十大隐患

（1）校门外道路交通事故。

（2）学校周边发生的暴力、打斗、伤害行为。

（3）学校周边发生的抢劫、敲诈、侵权及传销、网络诈骗、校园贷行为。

（4）校外不良人员对在校学生的言行和心理威胁。

（5）在网吧等社会文化娱乐场所引发的侵权和伤害。

（6）因学生旷课、逃学、离家出走在社会上发生的不安全因素。

（7）上网游戏、聊天、不健康书刊音像制品造成的不安全因素。

（8）社会黄赌毒现象影响学生产生的不安全因素。

（9）社会不法分子对青年学生的引诱、拉拢、教唆。

（10）父母离异，单亲、私租房屋引发的不安全因素。

（四）校园安全十大隐患

（1）来自学生之间的暴力、打斗行为。

（2）来自学生之间的欺诈、侵权行为。

（3）放学后，来自校外不良人员对在校学生的侵害。

（4）厕所、校园死角学生聚伙吸烟、打斗行为。

（5）商店、食堂、小卖店的食品安全。

（6）由网吧等社会文化娱乐场所引发的不安全因素。

（7）校园内部的丢窃。

（8）宿舍违规使用大功率电器、失火、触电、溺水、中毒。

（9）实习、实验、体育运动中的意外伤害。

（10）校园交通或违纪攀爬造成的伤害。

（五）教育不当产生的十大安全隐患

（1）学校制度制定不当出现的安全责任事故。

（2）学校预防管理不当出现的安全责任事故。

（3）教师法治意识淡薄，方法简单粗暴造成对学生的伤害。

（4）场地设施提醒不当造成的学生身体伤害。

（5）学习、人际关系等出现心理压力造成的意外。

（6）批评方法不当造成的意外。

（7）家庭中父母教育子女方法不当引发学生的过激行为。

（8）处理问题有失公正造成心理失衡，出现偏激。

（9）期望值过高带来心理压力，造成不良后果。

（10）逆反心理、特殊个性造成的不良后果。

三、校园安全的重要性

（1）从我国高校发展的现状来看，校园安全更加复杂。随着高教事业的快速发展，高校的治安环境、消防安全、校园管理等问题十分突出，主要体现在网络安全形势严峻，治安管理任务艰巨，消防管理形势复杂，师生安全防范意识亟待提高等方面。高校连年扩招，很多学校都搬迁到了新校区，大部分在城乡接合部，周边环境十分复杂，各类学生的伤害事故时有发生，学生的人身安全和有关人身安全的伤害事故处理等问题已经成为高等教育领域的热点问题之一，引起了社会的广泛关注。

（2）从个体小环境来说，安全即生命、安全即效益、安全即幸福。每一个人都有保障自身生命财产安全的权益，每一个家庭也都希望自己的家庭成员健康平安。作为一个学生，我们承载了太多的希望，首先是你自己对自己的希望，你来到这里说明你是一个热血青年，说明你有理想，想上进，说明你对自己的未来充满了憧憬，那么为了实现你的理想，为了对未来的承诺，你应该对自己负责，应该妥善地、小心地管理好自己，保护好自己，那么安全就显得极为重要了。生存是每个人最基本的权利，没有生命就没有一切。对每个人来说，生命只有一次，谁都没有权利去践踏。

课后互动

以组为单位讨论：你生活的校园你认为存在哪些不安全的隐患？

拓展训练

1. 什么是安全？为什么说安全很重要？

2. 培养大学生安全意识的重要性和必要性是什么？培养大学生安全意识有哪些途径？

3. 大学生应具备哪些安全意识、自身安全责任？从哪些方面提高大学生安全意识和自身安全责任？

4. 分析当前社会、高校的治安形势，高校安全的具体内容主要有哪些？

第二章 关注和维护国家安全

学习目的与要求

1. 青年学生在大学阶段建立总体国家安全观是他们成为社会主义合格建设者和可靠接班人的必要条件，高校应重视在总体国家安全观教育中担负的职责和使命，践行总体国家安全观教育与思想政治教育相融的实践路径

2. 了解国家安全的概念、内涵和特征

3. 理解公民维护国家安全的权利和义务

学习重点

1. 保护国家利益、保守国家秘密的意义

2. 全球化国际环境下，国家安全的新特点

学习难点

1. 识别并抵制邪教，维护国家安全

2. 识别并抵制敌对势力对高校师生的渗透，维护国家利益

案例与点评

2011 年，某重点大学 18 岁的小哲因学习成绩优异得到去中国台湾地区义守大学学习交流的机会。在一次聚会上，被一位自称许佳滢的台湾女子搭讪，之后相约相恋。小哲所学专业，可以接触到不少国防科工的机密，就读研究生后，得以参与国家重点实验室的一些项目，逐渐感觉到许佳滢的要求不正常，遂提出分手。据陕西省国家安全厅干警介绍，小哲总共向许佳滢提供了涉及中国国防科工的近百份情报，也收到了许佳滢的一些报酬，总共折合人民币 45000 元。经查明，许佳滢的真实姓名是许莉婷，比小哲大了整整 16 岁，是台湾地区军情局的间谍人员。

【点评】2018 年 9 月 15 日，中央电视台（现中央广播电视总台）播出《焦点访谈》关于台湾间谍案的专题报道，报道称，台湾间谍情报机关罔顾两岸关系和平发展大局，以祖国大陆为目标，大肆开展间谍情报活动。他们采取金钱收买、感情腐蚀、色情引诱

以及网络勾连等多种方式，极力向祖国大陆渗透，大肆策反发展人员，布建间谍情报网络，严重损害两岸和平发展大局，严重危及国家安全和利益。特别是台湾间谍情报机关瞄准大陆赴台青年学生群体，利用两岸扩大交流交往的有利条件，组织安插大批间谍情报人员在岛内高校活动，以各种掩护名义哄骗利诱大陆赴台学生，利用学生从事间谍情报活动，性质极为恶劣。据北京市国家安全局干警介绍，这些被台湾间谍盯上的学生，大都是政治、经济等文科专业或者涉及国防科工机密专业的学生，这次因为国家安全部门及时发现，这些学生得以悬崖勒马。而他们的行为如果持续下去，最终将酿成大祸。

第一节　树立国家安全意识

一、国家安全概念

根据《国家安全法》第一章第 2 条规定，国家安全是指国家政权、主权、统一和领土完整、人民福祉、经济社会可持续发展和国家其他重大利益相对处于没有危险和不受内外威胁的状态，以及保障持续安全状态的能力。

我国国家安全问题研究的发展历程经历了基础积累、成长发展、深化拓展、走向完善阶段，2013 年 11 月十八届三中全会决定成立国家安全委员会。2015 年 7 月，通过了《国家安全法》。2017 年 10 月 18 日，国家主席习近平在中国共产党第十九次全国代表大会上的报告中指出：国家安全是安邦定国的重要基石，维护国家安全是全国各族人民根本利益所在。要完善国家安全战略和国家安全政策，坚决维护国家政治安全，统筹推进各项安全工作。健全国家安全体系，加强国家安全法治保障，提高防范和抵御安全风险能力。严密防范和坚决打击各种渗透颠覆破坏活动、暴力恐怖活动、民族分裂活动、宗教极端活动。加强国家安全教育，增强全党全国人民国家安全意识，推动全社会形成维护国家安全的强大合力。2019 年 10 月，党的十九大明确把坚持总体国家安全观列入新时代坚持和发展中国特色社会主义的基本方略。

二、国家安全的内容

（一）政治安全

1. 国家政治安全的核心要义

政治安全是指国家主权、政权、政治制度、政治秩序以及意识形态等方面免受威胁、侵犯、颠覆、破坏的客观状态。政治安全最基础的是维护主权独立、领土完整与国家统一；政治安全最核心的是政权安全和制度安全。当代中国国家政权体现为中国共产党在国家政治生活中的组织领导和执政地位，政治安全最现实的是维护国家政治秩序稳定和主流意识形态巩固。

2. 维护国家政治安全意义重大

我国的“总体国家安全观”是多个领域安全共同组成的系统安全、体系安全、综合安全，其中政治安全在国家安全体系中是根本、是核心。政治安全决定和影响着国家的经济安全、军事安全、社会安全等各个领域的安全，其他领域的安全最终也要反映到维护国家政治安全上来。

（1）维护国家政治安全是实现“两个一百年”奋斗目标的战略举措。

（2）政治安全决定和影响着国家的经济安全、军事安全、社会安全等各个领域的安全。

（3）政治安全涉及国家主权、政权、制度和意识形态的稳固，是一个国家最根本的需求，是国家赖以生存和发展的基础条件。

（二）国土安全

1. 国土安全的核心要义

国土安全是指一个国家主权范围内的领陆、领水、领空、领天和底土五个方面的安全，指国家领土完整、国家统一、海洋权益及边疆边境等不受侵犯或免受威胁的状态，涵盖领土、自然资源、基础设施等要素，国土安全应该是国家其他安全的依托。随着科学技术的发展以及经济技术开展和经济发展需要，国家生存空间领域也在不断拓展，网域、天域和经济海域等空间的安全也需要引起重视。

2. 维护国土安全重要举措

增强实力保国土安全，维护国家海洋国土的安全，已经成为维护我国国土安全的首要任务。为此，中国需要有与自己的海岸线、海洋领土、海洋利益相匹配的海空军事力量。

在发展军事实力，不放弃军事斗争准备的同时，中国更需要继续通过各种非军事手段来应对日益复杂的海洋安全形势，有效维护自己的海洋国土和海洋利益。在三沙设立地级市、中国海监船接连出洋巡航、划设东海防空识别区、组建新的国家海洋局等，都是重要的非军事措施。

（三）军事安全

军事安全在整个国家安全体系中发挥着至关重要的支柱和保障作用，关系到国家的生死存亡和长治久安。军事和军事安全被传统国家安全置于头等重要地位，甚至被传统国家安全观认定为整个国家安全的核心。

1. 军事安全的核心要义

军事安全是国家军队事务处于没有危险的客观状态，也就是国家的军事存在、军事力量和军事活动等不受威胁、挑战和打击、破坏的客观状态。

2. 军事安全的组成内容

军事安全有非常广泛的内容，主要包括军队安全、军人安全、军纪安全、军备安全、军事设施安全、军事秘密安全、军事信息安全、军事工业安全、军事活动安全等。

3. 维护军事安全的重要意义

（1）一个国家的军事和军事安全，是保障国家安全的重要手段、重要工具、重要条件。军事安全是确保国家捍卫主权、领土完整，保卫国家安全的重要力量，同时也是确保国家免于外部军事入侵和战争威胁的武力震慑力量。

（2）军事安全在整个国家安全体系中发挥至关重要的支柱和保障作用。

（3）军事是保障国家安全的武装力量，军事安全是保证国家武装力量能够充分有效发挥保障国家安全之作用的基本前提。在任何时候、任何情况下，都不能忽略军事斗争的重要性，因而也都不能忽略军事安全的重要性。

（四）经济安全

1. 经济安全的核心要义

在政治和国际关系领域，经济安全指一个国家根据其政策以其希望的方式发展国家经济的能力，指一个国家“在经济发展过程中能够消除和化解潜在风险，抗拒外来冲击，以确保国民经济持续、快速、健康发展，确保国家主权不受分割的一种经济状态”。在国家安全战略中，经济安全应居于核心和基础地位，其中金融安全是经济安全的重要基础，粮食安全是经济安全的首要任务，产业安全是经济安全的核心，贸易安全是实现经济可持续发展的重要保障。

2. 中国经济安全面临六大挑战

中国经济安全面临六大挑战，包括：①对以美国主导的发达市场体系形成不对称依赖关系，导致国民储蓄不断流失，国民财富积累能力被削弱。②对以美国为霸主的市场体系的不对称依赖关系加速了资源耗竭及自然资源的对外流失，中国自然资源的对外依赖程度不断加深，已开始超出国际公认的安全警戒线。③科技人才流失，科技创新能力被削弱，对国际高科技的依赖程度不断加深。④农业及粮食安全面临严重挑战。⑤庞大本土热钱无序流动威胁我国经济安全。⑥“过度依赖出口导向”与“未富先老”两大问题叠加。

3. 维护经济安全的意义

随着和平与发展成为时代主题，特别是冷战结束后，经济全球化迅速扩展，经济互动日益增多，经济竞争成为大国竞争的主战场，频频出现的经济领域危机、摩擦和制裁成为世界各国面对的突出问题。这就使得经济安全在国家安全体系中的基础地位越来越凸显。在和平发展的当今时代，国家维护安全，从根本上来说，是为了发展经济，提高人民的生活水平。从党的执政基础看，经济安全是赢得民心、巩固政权、稳定社会的基本条件。国家制定和实施安全战略，经济利益是基本的出发点，国家的政治、军事乃至环境政策在很大程度上都是以经济建设为中心的。

（五）文化安全

1. 文化安全的核心要义

文化安全作为国家安全的灵魂，是社会主义核心价值观的安全，与一个国家的政治安全、社会安全紧密相连。文化安全主要包括：一个国家的文化主权和文化尊严不受侵犯，文化传统和文化选择得到尊重，与经济基础和社会政治制度相适应的意识形态占据主导地位。

2. 美西方文化渗透危害

美西方通过各种媒体和信息渠道，将美国的繁荣、强盛及其背后的自由经济体制、美国特有模式进行美化放大，采取物质诱惑、价值观颠覆、舆论倒逼及非政府组织行动等方式，向全球开展轰炸式宣传；美西方利用文化渗透散播“美式民主”；美西方将网络作为文化渗透的重要工具；美西方国家甚至将一些带有丑化色彩的内容进行美化，潜移默化对中国人的意识形态进行着渗透和入侵。例如《中国式过马路》《中国人是世界上少数没有信仰的可怕国家之一》等文章，不仅以点概面地进行夸张，更将丑化和诋毁中国人的内容融入其中，诱导中国人进行自我否定，隐藏着美西方对中华民族诋毁和抹黑，打击中华民族自信心的险恶用心。

3. 文化安全的内容

国家文化安全包括了多方面的内容，其中主要有语言文字的安全、风俗习惯的安全、价值观念的安全和生活方式的安全等。

（1）语言文字的安全。语言文字是在一个民族、一个国家历史演进过程中逐渐形成的符号系统，它既是一切文化和文明的载体，也是全部文化和文明中最基本、最稳定、最持久的构成部分。

（2）风俗习惯的安全。风俗习惯，就是一个民族或一个国家在长期历史发展中所形成的独特而稳定的风尚、礼节、信仰、做法等，表现在衣食住行、婚丧嫁娶、宗教活动、巫术禁忌等内容广泛、形式多样的行为模式中，为本国本地本民族人民的生产生活提供了物质便利和精神寄托，增加了亲和力和向心力，而且对维系一个国家、一个民族的团结和稳定发挥着独特的积极作用。

（3）价值观念的安全。如果说风俗习惯表现出来的是各种各样的社会现象和人们的言行模式，是文化中较为外在也较为浅层的方面，那么价值观念则是这种言行模式背后发挥支撑作用的精神支柱，是文化中更内在也更为深刻的本质方面，“价值观念在一定社会的文化中是起中轴作用的，文化的影响力首先是价值观念的影响力。世界上各种文化之争，本质上是价值观念之争”。

党的十八大提出，倡导富强、民主、文明、和谐，倡导自由、平等、公正、法治，倡导爱国、敬业、诚信、友善，积极培育和践行社会主义核心价值观。这 24 个字是社会主义核心价值观的基本内容。在党的十八大会议上确立的社会主义核心价值观是我们指导行为的最重要的价值观，社会主义核心价值观实际上回答了我们要建设什么样的国家、建设什么样的社会、培育什么样的公民的重大问题。

（4）生活方式的安全。这里所讲的与国家安全相联系的生活方式，并不是我们传统上所理解的与生产活动、经济活动、政治活动等相关的相对狭义的生活方式，而是指人们在一定社会条件和环境下形成的涉及物质和精神、经济与政治、个人与社会等领域的言行模式，它既包括物质生活在内，也包括精神生活在内；既包括经济生活在内，也包括政治生活在内；既包括私人范围内的生活，也包括公共领域中的生活。

4. 维护国家文化安全

维护我国文化安全的教育对策：

（1）教育教学中要注意自觉地弘扬优秀的民族文化。教育是传播主流文化的主渠道，引导学生正视中国的传统文化、热爱传统文化，培养对传统文化的自豪感，是教育者不可推卸的责任和使命。

（2）教育教学中要注意培养学生对本土文化的认同感和对多元文化“和而不同”的态度。

（3）教育教学中要努力提高学生的国家文化保护意识及保护能力。

（六）社会安全

1. 社会安全的核心要义与构成要素

社会安全是衡量一个国家或地区构成社会安全四个基本方面的综合性指数，包括社会治安、交通安全、生活安全和生产安全。社会安全是针对社会事件的安全措施、对策、知识等。社会事件主要包括恐怖袭击事件，民族宗教事件，经济安全事件，涉外突发事件和群体性事件等。只有国家强大、稳定之后社会才会和谐，才会安全，我们才会有一个健康的生活环境。交通安全，近年来触目惊心的交通安全事故频发，给人民群众和社会安全造成了重大威胁，为唤起全社会公民关注交通安全，我国把每年 4 月 30 日设为全国交通安全反思日，把每年 12 月 2 日设为全国交通安全宣传日。生活安全，用火用电用气是我们生活必不可少的，为我们的生活带来了极大的便利。但火灾、触电、煤气爆炸事故频发，时刻警示我们日常生活要谨慎，规范操作保安全。安全生产是国家一项长期的基本国策，是保护劳动者的安全、健康和国家财产，促进社会生产力发展的基本保证。

2. 社会安全的实现途径

社会安全是人类生存和社会发展的最重要、最基本的要求。平安是人民幸福安康的基本要求，是改革发展的基本前提。那么我们如何做到社会安全，如何让人民幸福呢?

（1）弘扬生命至上、安全第一。生命只有一次，我们每个人都要把生命当作是自己最为珍贵的东西，要保护好自己，保护好身边的每一条生命。

（2）以人为本，坚决维护人民群众根本利益。以人为本，以人为核心，维护好广大人民群众的根本利益是社会主义的性质。

（3）加强社会治安防控体系建设。加强基层社会的公共安全，将人民群众放在第一位，严密防范各种危害国家安全和社会安定的破坏活动，保护人民群众安全。

（七）科技安全

1. 科技安全的核心要义与组成内容

科技安全是指科技体系完整有效，国家重点领域核心技术安全可控，国家核心利益和安全不受外部科技优势危害，以及保障持续安全状态的能力。科技安全包括科技成果安全、科技人员安全、科技产品安全、科技设施安全、科技活动安全和科技应用安全。科技安全最关键的是科技保密。

2. 维护科技安全的重要举措

（1）维护我国的科技安全要坚持聚焦重大需求。针对国家层面科技安全所面临的首要问题，聚焦维护国家安全重大需求，充分发挥制度优势，整合集成资源，加大协同。

（2）维护我国的科技安全要坚持前瞻部署，坚持自主创新，坚持完善体制机制。国家加强自主创新能力建设，加快发展自主可控的战略高新技术和重要领域核心关键技术，加强知识产权的运用、保护和科技保密能力建设，保障重大技术和工程的安全。

（3）在科技安全国际合作方面，坚持全球视野，加强国际合作，合力解决人类共同面临的粮食危机、气候变化、公共卫生等重大挑战，协力打造人类命运共同体。

（4）切实维护国家安全，是我们每个公民应尽的义务。对我们新时代青少年而言，迫切需要加强对国家安全法律法规的学习，提高维护国家科技安全的意识，对境内外敌对势力的渗透、入侵、破坏活动保持高度警惕，这样才能在面对科技重大风险的时候，做出正确的判断和决策，使国家和人民的安全利益免受损害。

（八）信息安全

1. 信息安全的核心要义

信息安全或者信息网络安全，也可称网络安全。信息安全是指网络系统的硬件、软件及其系统中的数据受到保护，不因偶然的或者恶意的原因而遭受到破坏、更改、泄露，系统连续可靠正常地运行，网络服务不中断。它的特征是保密性、完整性、可用性、可控性和不可抵赖性。

2. 维护信息网络安全的重要意义

（1）信息安全首先是网络空间和国家主权安全的需要。虽然我们现在处于和平年代，但是国家仍然面临着来自敌对国家、恐怖分子、内部人员、经济竞争者、网络黑客等各方面的威胁，信息安全已上升为一个事关国家政治稳定、军事安全、社会安定、经济有序运行的全局性问题，不断致力于提高整个国家的信息安全程度是国家必须优先考虑的主题。

（2）信息安全是关键领域信息设施和信息各个环节和要素的安全，是组织持续发展的需要。任何组织正常运行离不开信息资源的支持，这包括组织的知识产权、各种重要数据、信息处理设施、关键人员等；组织的信息安全也会危及国家的信息安全。

（3）信息安全是信息化社会国家安全的基石。信息网络安全问题是一个关系到国家与社会的基础性、全局性、现实性和战略性的重大问题。

（4）信息时代的信息安全是信息各领域全方位的安全。对于一个拥有 14 亿人口、世界上最多网民、正在迈入信息化社会的国家来说，提高对国家信息安全极端重要性的认识，加快推进国家信息网络安全保障建设，是头等大事之一，十分紧迫。

（九）生态安全

1. 生态安全的核心要义

生态安全是指生态系统的完整性和健康的整体水平，尤其是指生存与发展的不良风险最小以及不受威胁的状态，是人类在生产、生活和健康等方面不受生态破坏与环境污染等影响的保障程度。生态安全包括饮用水与食物安全、空气质量与绿色环境等基本要素。生态安全的本质有两个方面：一个是生态风险；另一个是生态脆弱性，其中生态脆弱性是生态安全的核心。生态安全强调保障的生态系统包括自然生态系统、人工生态系统和自然—人工复合生态系统。

2. 生态安全的特点

生态安全具有整体性、不可逆性、长期性的特点。生态安全要求自然资源在人口、社会经济和生态环境三个约束条件下稳定、协调、有序和永续利用。

生态安全是人类生存环境或人类生态条件的一种状态；生态安全是一种相对的安全；生态安全是一个动态概念；生态安全强调以人为本；生态安全具有一定的空间地域性质；生态安全可以调控；维护生态安全需要成本。

3. 维护生态安全

我国的生态安全形势十分严重：土地退化、生态失调、植被破坏、生态多样性锐减并呈加速发展趋势，生态安全已经向我们敲响了警钟。就当前来说，我国的生态安全危机集中表现在 4 个问题上，党和政府越来越重视生态环境的保护，并采取一系列措施进行保护和改善，使一些地区的生态环境明显好转。主要表现在：植树造林，防治沙漠化，水土保持，国土整治，草原建设，及天然林资源的保护等，并逐步完善了环境保护的法治建设，取得了一定的成绩。

（十）资源安全

1. 资源安全的核心要义

资源安全是一个国家或地区可以持续、稳定、及时、足量和经济地获取所需自然资源的状态。资源安全在国家安全中占有基础地位。资源就是资财的来源，是人类生存与发展不可或缺的自然物质。资源安全分为战略性资源安全和非战略性资源安全；又可分为水资源安全、能源资源安全（包括石油安全）、土地资源安全（包括耕地资源安全）、矿产资源安全（包括战略性矿产资源安全）、生物资源安全（包括基因资源安全）、海洋资源安全、环境资源安全等。

资源安全有5种基本含义：①数量的含义，即量要充裕，既要有总量的充裕，也要有人均的充裕，但后者比前者更具有意义。②质量的含义，即质量要有保证，于是产生了最低质量的概念。③结构的含义，即资源供给的多样性，供给渠道的多样性是供给稳定性的基础，保证资源供给安全的稳定，要发展资源贸易伙伴关系，特别要注意建立资源共同体。④均衡的含义，包括地区平衡与人群平衡两方面。⑤经济或价格的含义，指一个国家或地区可以从市场上以较小的经济代价获取所需资源的能力或状态。

2. 资源安全影响因素

影响资源安全的因素有很多，归纳起来主要有：资源本身的因素、政治因素、经济因素、运输因素、军事因素等。

3. 维护资源安全的重要举措

资源安全，既是指资源系统自身的安全，特别指可再生资源的数量和质量性状的保持及改良，也是指维护资源保障的能力，即保证社会经济发展能够得到所需要的资源。没有可靠的资源供应，人类的生产、生活就不能进行，经济就会崩溃，社会就会动荡，军事力量也不能运作，政权就会失去存在的基础。

坚持资源保护，增强我国资源可用性和利用效率。对非更新资源（矿产资源）实行适度控制，加强对可更新资源（水资源、森林及草场资源等）的保护。

加强资源储备，增强我国资源后备力。资源储备越多，在国际资源贸易谈判中所拥有的发言权和主动权就越大 。

实施资源替代，减缓短缺资源的压力。大力提倡用太阳能、风能等新能源，以提高稀缺资源的保障程度。

（十一）核安全

1. 核安全的核心要义

广义的核安全是指对核设施、核活动、核材料和放射性物质采取必要和充分的监控、保护、预防和缓解等安全措施，防止由于任何技术原因、人为原因或自然灾害造成事故发生，并最大限度减少事故情况下的放射性后果，从而保护工作人员、公众和环境免受不当辐射危害。

狭义的核安全是指在核设施的设计、建造、运行和退役期间，为保护人员、社会和环境免受可能的放射性危害所采取的技术和组织上的措施的综合。该措施包括：确保核设施的正常运行，预防事故的发生，限制可能的事故后果。

党的十八大以来，中国的核安全事业进入安全高效发展的新时期。

2. 中国的核安全观

中国核安全观的核心内涵是“四个并重”。发展和安全并重、权利和义务并重、自主和协作并重、治标和治本并重。

中国核安全工作的基本原则是：安全第一、依法治核，预防为主、纵深防御，责任明确、独立监管，严格管理、全面保障。

（十二）海外利益安全

1. 海外利益安全的核心要义

海外利益安全是新时期我国发展和安全利益的重要组成部分，是国家利益的重要组成部分，是国家发展利益的延伸，即在国土之外的国家利益。海外利益安全是捍卫海外的政治利益、维护海外的经济利益、拓展海外文化利益、维护海外公民利益的安全，主要包括海外能源资源安全、海上战略通道以及海外公民、法人的安全。

中国在维护海外利益安全时，不追求一己之私利，注重把自身利益与各国人民的共同利益统一起来，致力于为国际社会提供公共安全产品，为维护世界和平与地区稳定发挥了积极作用。比如，根据联合国决议，从 2008 年开始，中方在索马里、亚丁湾海域执行护航任务，中国海军舰艇编队不仅为本国船舶护航，也为国际组织和外国船舶提供护航。

2. 维护海外利益安全的重要意义

面对种种可以预见和难以预见的安全风险和挑战，维护海外利益安全依然任重道远。在此背景下，提升海外维权能力，有效保障我国海外利益安全，更加刻不容缓。

（1）维护海外利益安全是中国特色国家安全道路的重要体现，走中国特色国家安全道路，坚持国家利益至上，坚持以人民安全为宗旨。

（2）在新的历史条件下，要更加重视把维护拓展我国海外利益与促进其他国家正当权益结合起来，实现互利共赢，共同发展。

（3）“一带一路”建设有助于实现我国与周边、亚欧国家发展战略对接、编织更加紧密的共同利益网络，让沿线国家得益于我国的发展，也使我国从共同发展中获益。

（4）“人类命运共同体”是我国海外利益的价值追求。“人类命运共同体”是中国人民对世界文明走向的判断。

3. 维护海外利益安全的途径

维护海外利益安全，人人有责。强大祖国是我们“走出去”的坚强后盾。我们既是国家安全的受益者，又是国家安全的守护者。

（1）要发展好深厚的互信关系，强化和平应对和解决危机的能力。

（2）要积极参与新的国际投资规则的谈判，在国际社会共同认定的跨国贸易框架下，健全促进与保障境外投资的法律、政策和服务体系建设，提升维护企业海外合法权益的能力。

（3）要深入研究海外投资大国维护企业海外合法权益的成熟经验，结合自身海外投资特点，构建与之相应的海外利益保护和风险预警防范体系。

（4）坚持统筹发展与安全的关系，不断完善国家层面在海外利益保护中的坚实保障作用，既要增强中国在全球的政治影响力和军事辐射力，确保海外利益不受威胁和损害，又要与驻在国加强合作，一同构建能够有效维护区域稳定的共同安全体。

（十三）生物安全

1. 生物安全的核心要义

生物安全一般是指由现代生物技术开发和应用对生态环境和人体健康造成的潜在威胁，及对其所采取的一系列有效预防和控制措施。基于生物技术发展有可能带来的不利影响，人们提出了生物安全的概念。2020 年 10 月 17 日，第十三届全国人大常委会第二十二次会议表决通过了生物安全法。这部法律自 2021 年 4 月 15 日起施行。

2. 关注生物安全

生物安全关乎人民生命健康，关乎国家长治久安，关乎中华民族永续发展，是国家总体安全的重要组成部分，也是影响乃至重塑世界格局的重要力量。一个国家如果出现生物安全问题，将会严重影响民众健康、经济运行、社会秩序、国家安全和政局稳定。近十几年来，全球先后遭遇 2003 年非典疫情、2008 年登革热疫情、2009 年甲型 H1N1 流感疫情、2014 年埃博拉出血热疫情等，给世界各国民众健康和经济社会造成巨大损失。同时，外来物种入侵造成遗传多样性丧失、生态环境破坏等问题也不断加剧。据统计，我国已发现 660 多种外来入侵物种，其中，71 种对自然生态系统已造成或具有潜在威胁并被列入《中国外来入侵物种名单》，219 种已入侵国家级自然保护区。这些事实一再证明，生物安全的篱笆不扎好，造成生物安全风险的“黑天鹅”就会以意想不到的方式突然袭来，严重威胁国家安全和社会稳定。

3. “生物安全性”问题

生物技术或基因工程产品已经进入了我们的日常生活，基因工程有着巨大的应用前景，如今世界各国对基因工程研究及其产品的应用已有了高度的重视，实际上就是涉及“生物安全性”问题。生物安全性，简单说，就是生物体对人体及生态系统是否安全，一般特指生物体经过基因工程改造后对人和生态系统是否还依然安全。

（1）我国生物安全法律规定。我国《生物安全法》，聚焦生物安全领域主要风险，完善生物安全风险防控体制机制，着力提高国家生物安全治理能力。生物安全法完善了生物安全风险防控基本制度。

（2）切实筑牢国家生物安全屏障。党的十八大以来，以习近平同志为核心的党中央把加强生物安全建设摆上更加突出的位置，纳入国家安全战略，积极应对生物安全重大风险。

（十四）太空安全

1. 太空安全的核心要义

太空安全是太空系统、太空权益、太空轨道环境等方面不受威胁、侵害的客观状态。对于国家而言，维护太空安全表现为确保国家安全范畴内的太空资产、太空权益和轨道环境免遭自然环境与人类活动所形成的威胁或侵害。新世纪以来，太空对国家全面发展产生了重大而深远的影响，世界主要航天国家纷纷出台国家太空战略，逐鹿太空安全高地。

太空安全涉及其相关太空技术已经成为权力政治追逐的对象，各国竞相争夺。太空安全问题日趋严重，太空安全涉及以下内容：

（1）防止太空武器化。

（2）卫星频轨资源短缺问题，尤其是地球静止轨道越来越稀缺。

（3）切实减缓太空碎片。太空碎片越来越多，影响航天器进出太空，以及在轨运行。

（4）太空军事化、武器化越来越明显，既影响卫星在轨运行，又严重影响国际战略的稳定与平衡。

（5）为解决太空安全问题，需要国际社会从技术、法律等方面入手，拓宽卫星频轨资源，公平分配、利用频轨资源。

2. 维护太空安全的重要意义

（1）新时代国家安全空间的高边疆。国家安全空间向太空新域全面延伸拓展，太空设施成为牵一发动全身的安全资产，太空权益成为事关发展的命脉支柱，维护太空安全成为决定国家未来生存和发展空间的战略高边疆。

（2）新世纪国家战略能力的制高点。太空位置高远、环境特殊，是国家发展不可或缺的独特资源宝库，面向太空开发和利用的前沿科技催生了一大批新兴产业，深刻改变着世界产业结构与经济形态，产生影响深远的社会效益，成为国家重大战略利益的组成要素，是国际外交博弈中遏制对手的硬支点；维护太空安全与太空权益成为新的提升国家建设和国家军事威慑能力的战略制高点。

（3）新阶段国家科技发展的领航标。太空安全是太空科技发展与应用的前沿战略领域，是多学科与技术高度综合的集成域，是牵引高精尖新兴科技群融合发展的战略新航标。

3. 积极探索太空安全的战略举措

新时代的太空安全面临新挑战，需有新方略。我国“国家总体安全观”是多领域体系综合安全，太空安全是影响安全全域的拱顶石。维护国家太空安全“要胸怀航天强国梦想，强化使命担当，加强技术创新和实践创造，不断刷新进军太空的中国高度”。

（1）坚持太空安全积极防御战略。

（2）坚持太空领域军民深度融合发展。

（3）坚持太空开发国际合作共赢。

（十五）极地安全

1. 极地安全的核心要义

极地安全是指维护国家和平探索和利用极地，增强安全进出、科学考察、开发利用的能力，加强国际合作，维护我国在外层空间、国际海底区域和极地的活动、资产和其他利益的安全。极地安全攸关人类生存与发展的共同命运。

极地包括北极和南极，分别位于地球的最北端和最南端，地理位置、自然环境和战略价值均十分独特。两极是世界上重要资源和能源的富集区。

北极是可与中东相媲美的油气资源战略储备仓库，煤炭资源储量超过 1 万亿吨。

南极发现的矿产资源有 220 多种，煤炭资源储量超过 5000 亿吨。南极的冰雪资源占全球冰雪资源的90%，储存了全世界可用淡水的80%。

南极虽然是大陆，但与大西洋、印度洋和太平洋相连，遥望合恩角、好望角等世界海上要道，对全球的海上战略通道有至关重要的潜在影响。

我国北极考察站有黄河站，南极考察站共有五个，分别是：长城站、中山站、泰山站和昆仑站、罗斯海新站。

极地与我国的长远发展和安全的关联度越来越紧密，能否在这一战略领域占有先机和维护自身的国家利益，将成为影响中国未来国际地位的重要因素。

2. 维护极地安全的重要意义

（1）极地自然资源丰富，开发利用前景广阔。

（2）极地航运价值极高，事关全球能源通道安全。

据北极理事会估计，北极地区从2030年起可能因大范围融冰出现西北、东北两条北极航道，这将成为欧亚、欧美之间最短、最便捷的水上运输要道，具有巨大的国际航运价值。

（3）极地地理位置特殊，关乎域内外各国军事安全。

（4）极地公域面临前所未有的安全威胁与挑战。

“公域”作为一个学术概念，主要是指国家主权管辖之外为全人类利益所系的公共空间，如公海、国际空域、外层空间、极地、网络空间等。随着经济全球化的发展和科学技术的不断进步，极地公域海洋地理的连通性、战略威慑的有效性、大国博弈的集聚性、卫星通道的枢纽性以及气候变化的全球性等特点日益突出，使得极地公域面临着诸多错综复杂的安全威胁。一是极地公域的私域化形势严重；二是极地公域的军事化倾向加剧；三是极地公域的非传统安全威胁严峻。

（5）积极参与极地治理推动各领域务实合作。

倡导极地“人类命运共同体”理念；坚定奉行多边主义极地治理观；与有关各方一道共同应对极地安全挑战，加强在极地科学考察、海空搜救、海上预警、应急反应、情报交流等方面的国际合作与沟通，共同维护极地的长期稳定与和平利用。

（十六）深海安全

1. 深海安全核心要义

深海安全是指和平探索和利用国际海底区域，增强安全进出、科学考察、开发利用的能力，加强国际合作，维护我国在外层空间、国际海底区域和极地的活动、资产和其他利益的安全。

海洋是世界战略资源的重要基地。深海油气资源、可燃冰、砂矿等，储量之大远超当今人类需求。随着技术的发展，深海作为未来战争的战略基点，成为各国明争暗斗的新焦点。

2. 维护深海安全重要意义

由于全球海洋90%的海域水深大于1000米，而海洋面积占地球总表面积的71%，因此，深海海域的面积约占地球表面积的65%。

迄今为止，人类对海洋空间的认知仅有5%左右，余下的未知空间基本上都是深海。

（1）深海区域蕴含着丰富的金属、能源和生物资源。深海中的镍、钴、锰等金属以及油气资源十分丰富，一旦实现开采便会带来巨大的效益。同时深海温差能对于缓解能源紧张，以及深海生物对于医药的研究都有重要的意义。

（2）深海安全首先是开发经营安全的问题。对于人类而言，深海虽然意义重大，但风险也同样巨大。一旦大规模开发，作业安全、平台安全、环境安全和人员安全等一系列的安全问题就会涌现。

（3）深海战略竞争是另一大急需重视的安全问题。深海空间由于通透性差、压力变化大、水文特性复杂等特点使其难以感知，易实现军事行动的隐蔽性和攻击的突然性，其军事价值正在被各国挖掘。

（4）保护深海安全。对于深海安全的保护，可能更多的是国家层面上的研发深海军事装备，制定深海规则等。但我们也可以做一些事保护深海安全，比如不破坏海洋的生态，发现威胁我国海洋安全的行为及时举报等，了解深海安全相关知识，探索海底深处的秘密，为维护深海安全贡献自己的力量。

三、树立国家安全意识

国家安全不是遥远的“谍战片”，而是与我们每一个人、每一个家庭息息相关、近在咫尺的事情。在维护国家安全上，人人有责，更需人人尽责。《国家安全法》第三章中明确作出了公民和组织维护国家安全的义务和权利的规定，《宪法》第三十三条、第五十四条规定：“中华人民共和国公民有维护祖国的安全、荣誉和利益的义务，不得有危害祖国的安全、荣誉和利益的行为。”大学生应该以国家主人翁的姿态，积极自觉地履行维护国家安全的各项权利和义务。

1. 认真学习并掌握国家安全相关法律

大学生要学法、知法、守法，相关法律文件包括《中华人民共和国国家安全法》《中华人民共和国反恐怖主义法》《中华人民共和国反间谍法》《中华人民共和国核安全法》《中华人民共和国网络安全法》《中华人民共和国国家情报法》《反分裂国家法》等。

2. 严格尊崇并履行公民在维护国家安全中的义务

遵守宪法、法律法规关于国家安全的有关规定，及时报告危害国家安全活动的有关线索；如实提供所知悉的涉及危害国家安全活动的证据；为国家安全工作提供便利条件或者其他协助；向国家安全机关、公安机关和有关军事机关提供必要的支持和协助；保守所知悉的国家秘密；任何个人和组织不得有危害国家安全的行为，不得向任何危害国家安全的个人或者组织提供任何支持或者协助。

3. 提高警惕，守护国家安全

要警惕以下危害国家安全的活动，如一些可疑人员未经批准到内部做调查，进行科技、经济、企业等情况收集；警惕境外电台、电视、网络等传媒的煽动、造谣；一些境外组织和人员经常出现在我国军事、保密单位周边，乘机盗取秘密情报和信息；一些有境外背景的组织和个人，利用一些群众不满情绪，煽动与政府对抗等，发现危害国家安全活动时，要勇于维护国家安全：

- 拾获属于国家的秘密文件、资料和其他物品，应当及时交还有关机关、单位或保密部门。
- 发现有人买卖属于国家秘密的文件、资料和其他物品，应当及时报告保密工作部门或者国家安全机关、公安机关处理。

• 发现有人盗窃、抢夺属于国家秘密的文件、资料或其他物品，有权制止，并应当立即报告；发现泄漏或可能泄漏国家秘密的线索，应当及时向国家安全机关举报。

• 举报电话：12339。

第二节　保守国家秘密

所谓国家秘密是指关系国家的安全和利益，依照法定程序确定，在一定时间内只限一定范围的人员知悉的事项。保守国家秘密是中国公民的基本义务之一。《中华人民共和国保守国家秘密法》对有关的问题作了规定。国家秘密的密级分为“绝密”“机密”“秘密”。“绝密”是最重要的国家秘密，泄露会使国家的安全和利益遭受特别严重的损害。“机密”是重要的国家秘密，泄露会使国家的安全和利益遭受到严重损害。“秘密”是一般的国家秘密，泄露会使国家的安全和利益遭受损害。

保守国家秘密是指保存、守护关系国家的安全和利益，依照法定程序确定，在一定时间内只限一定范围的人员知悉的事项。为保守国家秘密，维护国家的安全和利益，保障改革开放和社会主义建设事业的顺利进行，1988 年 9 月 5 日第七届全国人民代表大会常务委员会第三次会议通过了《中华人民共和国保守国家秘密法》。

一、范围与载体

国家秘密范围包括国家事务的重大决策事项；国防建设和武装力量活动中的秘密事项；外交或外交活动中的秘密事项以及对外承担保密义务的事项；国民经济和社会发展中的秘密事项；科学技术中的秘密事项；维护国家安全活动和追查刑事犯罪中的秘密事项以及其他经国家保密工作部门确定应当保守的国家秘密事项。

国家秘密载体是指载有国家秘密信息的物体。国家秘密的载体主要有以下几类：

（1）以文字、图形、符号记录国家秘密信息的纸介质载体。

（2）以磁性物质记录国家秘密信息的载体。

（3）以电、光信号记录传输国家秘密信息的载体。

（4）含有国家秘密信息的设备、仪器、产品等载体。

上述四种载体是国家秘密载体的基本形式。我们开展的定密工作，主要是针对这些有形的国家秘密事项的载体，依照法定程序确定密级，并制定具体保密措施，将这些秘密载体管住、管好。

二、违界规定

“泄露国家秘密”是指违反保密法律、法规和规章的下列行为之一：使国家秘密被不应知悉者知悉的；使国家秘密超出了限定的接触范围，而不能证明未被不应知悉者知悉的。有下列行为之一的，依法给予处分；构成犯罪的，依法追究刑事责任：

• 将涉密计算机、涉密存储设备接入互联网及其他公共信息网络的；

• 在未采取防护措施的情况下，在涉密信息系统与互联网及其他公共信息网络之间进行信息交换的；

- 使用非涉密计算机、非涉密存储设备存储、处理国家秘密信息的；
- 非法复制、记录、存储国家秘密的；
- 在未采取保密措施的有线和无线通信、互联网及其他公共信息网络中传递国家秘密的；
- 在私人交往和通信中涉及国家秘密的；
- 擅自卸载、修改涉密信息系统的安全技术程序、管理程序的；
- 将未经安全技术处理的退出使用的涉密计算机、涉密存储设备赠送、出售、丢弃或者用作其他用途的；
- 非法获取、持有国家秘密载体的；
- 通过普通邮政、快递等无保密措施的渠道传递国家秘密载体的；
- 买卖、转送或者私自销毁国家秘密载体的；
- 邮寄、托运国家秘密载体出境或者未经有关主管部门批准，携带、传递国家秘密载体出境的。

三、大学生应该怎样守护国家秘密

身为国家的公民之一，我们有责任也有义务去守护国家的重要秘密，不去传播国家重要信息，不去故意泄露国家秘密。而且当我们发现有人泄露国家重要信息时要进行阻止，保护国家秘密不被泄露。

1. 不传播重要信息

对于国家的重要信息，特别是一些重要的大政方针政策，没有获得许可不要进行传播。

2. 不故意泄露秘密

国家的重要秘密，无论是亲人朋友，还是其他的关系亲密的人，都不要泄露给他们。

3. 按照规则办事

无论是国家秘密的经手人，还是有机会接触国家重大信息的工作人员，一定要严格按照规章制度办理事务，不要私自做主。

4. 及时制止泄密行为

如果发现有泄露国家秘密的事情发生，要坚决制止，同时向有关部门举报，迅速解决相关问题。

5. 不在网上谈论秘密

现在网络是十分发达的，可以说是无孔不入，也带来了一些国家秘密安全隐患，我们千万不要在网上谈论国家秘密。

6. 防止间谍刺探信息

虽然现在是和平年代，但是在我们看不见的地方，依然有着巨大而激烈的较量。为了防止间谍刺探国家重要信息，我们一定要提高警惕。

第三节　反对恐怖主义，维护国家安全

恐怖主义，是指通过暴力、破坏、恐吓等手段，制造社会恐慌、危害公共安全、侵犯人身财产，或者胁迫国家机关、国际组织，以实现其政治、意识形态等目的的主张和行为。

反恐怖主义是为了和平，保护平民，政府组织对抗恐怖分子的行动。

一、关于恐怖主义

1. 恐怖主义与恐怖分子

我们一般所说的恐怖主义是制造危害社会行为的反动政治，而恐怖分子是指恐怖主义中的成员，包括个人或组织，为了达到目的而不惜一切手段，这是恐怖分子真正恐怖所在。

2. 恐怖行为

20 世纪 30 年代，首次恐怖主义劫机事件在秘鲁发生，许多无辜者无端被害，当时国际社会开始将这种暴行与恐怖主义结合起来。随着恐怖主义的日趋泛滥，恐怖主义也越来越残酷化，滥杀无辜的态势越来越明显。恐怖主义有多种不同的活动方式。具体而言，主要有绑架与劫持人质、爆炸（包括邮包炸弹、汽车炸弹、燃烧弹及纵火等）、袭击、劫机（及劫持车船）、暗杀以及施毒、破坏计算机信息系统等其他方式，其行为具有组织性，而且具有某种政治目的。

3. 恐怖主义的危害

恐怖主义事件主要是由极左翼和极右翼的恐怖主义团体，以及极端的民族主义、种族主义的组织和派别所组织策划的。震惊世界的恐怖事件中，最惨烈的当属美国“9・11 恐怖袭击事件”，其次还有洛克比空难、东京地铁毒气事件、挪威大屠杀、莫斯科剧院人质事件、伦敦地铁爆炸案、慕尼黑奥运会恐怖袭击事件、孟买恐怖袭击、美国贝鲁特爆炸案等，都是令人发指的恐怖主义行径。

恐怖主义的危害主要有以下几个方面：

（1）不仅有组织、有制度，更因带有政治目的导致了极端与疯狂。

（2）再加上恐怖主义的存在与民族、宗教矛盾以及复杂的国际形势密不可分，这也注定了反恐怖斗争的复杂与艰巨。

（3）影响周边国家的安全。

（4）严重破坏了各国的民族和睦，引发社会动荡。

（5）极大地阻碍了各国的经济发展和社会进步。

（6）影响一些国家的政府形象，造成政局动荡、社会不安。

（7）破坏世界的和平与发展等。

二、联合国反对恐怖主义委员会和各国反恐组织

2001 年 9 月 11 日美国发生恐怖袭击以后，联合国安全理事会一致通过第 1373（2001）号决议。该决议的条款规定所有国家应把协助恐怖活动定为犯罪，制止资助恐

怖分子，不给予恐怖分子安全庇护，并交流有关策划恐怖袭击的集团的信息。同时成立了由15名成员组成的反恐怖主义委员会（反恐委员会，Counter Terrorism Committee，CTC），监测该决议的实施情况。委员会的最终目的是提高各国打击恐怖主义的能力。

各国比较知名的反恐组织有：美军海豹突击队、德国边防军第9反恐怖大队、以色列野小子特种部队、中国成都军区特种部队等。

三、我国反对恐怖主义法及基本原则

恐怖主义已成为影响世界和平与发展的重要因素，是全人类的共同敌人。为了防范和惩治恐怖活动，加强反恐怖主义工作，维护国家安全、公共安全和人民生命财产安全，根据宪法，中华人民共和国第十二届全国人民代表大会常务委员会第十八次会议于2015年12月27日公布并实施《中华人民共和国反恐怖主义法》（以下简称《反恐怖主义法》）。中国制定《反恐怖主义法》是完善国家法治建设、推进全面依法治国方略的要求，也是依法防范和打击恐怖主义的现实需要，体现了中国作为一个负责任大国的国际责任，是十分必要的。

我国《反恐怖主义法》中的基本原则共有八个：

- 反对一切形式的恐怖主义原则。
- 不妥协原则。
- 综合施策、标本兼治原则。
- 专门工作与群众路线相结合原则。
- 防范为主、惩防结合原则。
- 先发制敌、保持主动原则。
- 法治原则。
- 人权保障原则。

第四节　崇尚科学，反对邪教

一、邪教的定义

邪教是指冒用宗教、气功或者其他名义建立，神化首要分子，利用制造、散布歪理邪说等手段，蛊惑、蒙骗他人，发展、控制成员，危害社会的非法组织。邪教大多是以传播宗教教义、拯救人类为幌子，散布谣言，且通常有一个自称开悟的具有超自然力量的教主，以秘密结社的组织形式控制群众，一般以不择手段地敛取钱财为主要目的。

邪教是一种具有严重犯罪性质的伪宗教组织。利用科学、宗教或治病为幌子，掩盖其对信徒的权力、精神控制和盘剥，以最终获取其信徒无条件效忠和服从，并使之放弃社会共同价值观，从而对社会、个人自由、健康、教育和民主体制造成危害，即为邪教。

二、邪教的特征

邪教的“精神领袖”至高无上，是一切信徒所必须永远服从的。这个“精神领袖”往往在世，也是邪教的创立者。他要么假借其他宗教的躯壳，要么自创一个教派，控制

着信徒的所有行动，而他自己则可以不受教规的限制。一般来说，邪教有如下几个特征：

（1）“教主”崇拜。邪教“教主”都极力神化自己，以欺骗手段把自己装扮成活着的“神”，号称自己拥有许多超自然的神力和权力，诱骗邪教成员只能唯“教主”之命是从，为“教主”而生，为“教主”而死。

（2）精神控制。邪教“教主”为达到使其成员对自己绝对忠心的邪恶目的，以各种歪理邪说、谎言骗局、心理暗示等手法，用惩罚、威胁等恐吓手段，对其成员实行“洗脑术”，进行精神控制，使其丧失独立判断能力，“进得来、出不去”。

（3）编造邪说。邪教“教主”宣扬具体的“世界末日论”“人类灾难论”等歪理邪说，利用各种恐吓手段制造恐慌心理和恐怖气氛，使其成员狂热地、盲目地追随邪教“教主”。

（4）聚敛钱财。邪教“教主”要求“成员要完全奉献”，不择手段巧取豪夺，同时，高利润地销售其书籍、音像制品、练功用品等，从而暴富。

（5）秘密结社。邪教一般都以“教主”为核心建立严密的组织体系，采用十分隐蔽的联络方式，通过秘密聚会、“传教”“练功”甚至采用暴力手段等方式发展邪教成员。

（6）危害社会。突出表现在用极端的手段与现实社会对抗，不仅威胁个体生命和群体利益，还危害公共利益和社会稳定。

三、邪教的危害

邪教不仅毒害人的肌体，而且侵蚀人的灵魂。邪教对于社会的危害是多领域、多方面的。

（1）危害国家政治稳定。表现在：破坏国内安定团结的政治局面；向公职部门渗透，侵蚀国家机构；挑战现行政治体制，反对国家政权。

（2）危害国家经济秩序稳定。表现在：非法敛财，危害人民群众财产安全；进行经济犯罪，破坏社会生产及财政金融秩序。

（3）危害社会秩序稳定。表现在：破坏社会治安；蔑视法律，危害公共秩序；诬告滥诉，干扰司法正常进行；毒化社会风气；干涉婚姻，违背人伦，破坏家庭。

（4）危害社会思想稳定。表现在：编造歪理邪说，制造思想混乱；制造恐慌心理和恐怖气氛；反科学、反文明，亵渎人文精神。

（5）践踏人权。表现在：残害生命，践踏人的生命权；扼杀自由，侵犯人的政治权利；诋毁宗教，伤害信教群众的名誉权。

四、怎样识别和判断邪教

简单来说，四招可以帮你识别邪教：

一看“教主”是否活着。如果所拜的“教主”是活着的人，则大体上可以判断是邪教。

二看所宣扬的内容。如果所宣扬的内容违背伦理道德，对抗现实社会，吹嘘“教主”无所不能，具有各种神通，要求信徒舍弃一切追随“教主”，绝对服从的，则大体上可以断定是邪教。

三看对现世的态度。邪教对生命的基本态度是弃绝、攻击，对人世的基本态度是污蔑。如果宣称这个世界已经坏到极点，应当破坏并尽快离开它，到另外一个世界里去，则大体上可以怀疑是邪教。

四看活动方式。邪教采用秘密结社的方式，一般实行单线联系，使用“灵名”“暗语”，聚会活动鬼鬼祟祟，并有人望风，则大体上可以怀疑是邪教。

在现实生活中，让你放弃工作、抛家弃学去相信“神”的；宣扬“世界末日”就要到了，只有加入他们的组织才能得救的；鼓吹入了“教”能治病、能消灾避难的；欺骗、威逼妇女受“教主”凌辱的；说传统宗教“过时”了，要相信新“神”的；非法聚会时鬼鬼祟祟、乱唱乱跳，甚至做出违反人伦的行为的；让你用骗人的手段诱使他人加入的、加入后不让退出的；把社会、政府、普通老百姓当成“魔”的；以“神”的名义煽动成员对抗政府的，凡此种种，都是邪教。

五、大学生如何防范和抵制邪教

【案例】误信邪说，参与自焚，无尽悔恨

陈果是河南开封人，中央音乐学院民乐系99级学生，1993年曾因专业成绩突出，被中央音乐学院附中推荐参加中央电视台银河艺术团赴新加坡访问演出，被师长视作音乐方面的好苗子，有着大好的前程。后来在母亲郝慧君的影响下练习并痴迷“法轮功”。2001年春节，在李洪志歪理邪说的蛊惑下，她随同母亲、王进东等7人到天安门广场进行自焚，全身烧伤面积达80%，深三度烧伤近50%，双手残端坏死，不但失去美丽的容颜，也不能再弹奏心爱的琵琶。现在，虽然在爱心人士的帮助下进行了整容手术，但容颜难再，前途难再，青春难再，令人唏嘘。

大学生作为青年一代，必须充分认识到邪教活动的现状和危害，加强学习，提高识别、抵御和有效防范邪教的能力，自觉抵制迷信、伪科学和反科学的侵袭。

（一）树立崇高的理想信念，筑牢抵制邪教的思想基础

1. 树立正确的世界观

广大青年学生一定要树立崇高的理想信念和正确的世界观，培养高尚的道德情操，在服务祖国、服务社会中实现自己最大的人生价值，确保中国特色社会主义事业兴旺发达、后继有人。

2. 掌握科学知识，树立科学理想

一定要树立科学观念，不断地加强知识更新，厚积知识储备，掌握科学方法，培养科学精神，养成科学的思维方式，用科学的理念分析、判断和应对伪科学的东西，切实提高辨别是非、真伪的能力，用自己的实际行动抵制邪教，远离邪教。

3. 认清邪教本质，增强抵御能力

要充分认清邪教的本质及其危害，不断增强识别邪教、抵制邪教的能力；要深刻认识到稳定、和谐是国家的大局，是民族振兴的关键；防范和处理邪教问题工作，就是消除不稳定、不和谐因素，构建和谐社会的重要环节。因此，广大青年学生要充分认识这场斗争的复杂性、艰巨性和长期性，增强社会责任感，自觉地参与到处置邪教、构建和谐社会的具体工作中，支持和协助学校和地方政府认真开展反邪教警示教育和帮教转化工作，积极承担起抵制邪教、防范邪教的社会政治责任。

（二）崇尚科学，关爱家庭，珍爱生命，反对邪教

1. 相信科学，破除迷信

青年学生要加强自身反邪教知识的学习，自觉成为崇尚科学，反对邪教的实践者、宣传者和教育者，切实提高识别和抵制邪教的能力。坚持以科学的态度对待一切：生病了，要及时到医院就诊；要加强心理科学知识的学习，始终保持良好的健康心态，遇到不顺心的事，要学会放松和缓解，正确对待人生的坎坷，千万不要为寻求精神寄托而误入邪教的泥潭。

2. 珍爱生命，关爱家庭

邪教通过欺骗、引诱、胁迫等手法，把人们的命运牢牢地套牢在他们的“精神控制”之中，一些愚昧的信教人员在“世界末日”“升天”等歪理邪说的驱使下，放弃生命，不顾生死、不顾家庭，走向极端，充当了邪教的“殉葬品”。作为我们每一名热爱生活、珍爱生命、关心家庭的青年学生来说，必须充分认清邪教泯灭亲情人性，残害他人生命的邪恶本质，认清邪教对人们自身、对家庭、对社会的严重危害。

3. 崇尚文明，反对邪教

崇尚文明，反对邪教是全人类的共同任务。作为青年一代，要树立科学健康的生活方式，不断增强免疫能力，我们要从“法轮功”等邪教组织危害社会、祸国殃民的例证中认清“法轮功”反人类、反社会、反科学的邪教本质，大力倡导科学精神。弘扬精神文明，积极参与科学文明、健康向上的校园文化科技活动，用科学理论和知识武装头脑，做一个遵纪守法、崇尚科学、反对邪教的新一代。

（三）坚决做到不听、不信、不传

1. 增强防范意识，对邪教歪理邪说做到不听、不信、不传

为了避免上当受骗，免受迷信之苦，邪教之害，青年学生要始终做到不听、不信、不传，既不听邪教的宣传，不相信邪教的谬论，更不要传播邪教。

2. 坚决抵制邪教的各类非法活动

对邪教的渗透活动，要坚决抵制。见到邪教人员在散步邪教言论、非法聚会、搞破坏活动时，要及时向学校、公安机关报告。如果发现自己的父母、亲友或朋友信了邪教或参与聚会、串联等违法活动，要敢于揭发，及时制止规劝；发现有人在校园内或公共场所散发、张贴邪教传单、标贴，要立即向学校或公安机关举报。特别是对境外“法轮功”组织抛出的“九评”系列反动文章，要坚决做到不传、不看，彻底挫败“法轮功”邪教组织通过所谓的“正邪大战”进行反动宣传的图谋。要同各种邪教做坚决的斗争。

3. 积极主动参与帮教活动

作为青年学生，要积极参与反邪教警示教育活动，不仅自己主动受教育，还要动员和帮助周围的同学和亲友受教育，要用学到的有关反邪教的知识，帮助他们揭穿邪教骗人的“鬼把戏”；对迷上邪教的父母、亲朋好友或同学，要竭力劝说，并主动参与帮教工作。用亲情、真情和友情去感化他们，帮助他们早日脱离邪教，回到正常人的生活中来。积极投身传播科学文明的行列，大力弘扬科学精神，带头践行文明健康的生活方式，积极参与健康向上的校园文化体育活动，努力把自己培养成为富有朝气、积极进取、全面发展的新世纪学生，为创建“无邪教校区”做出自己应有的贡献。

第五节 学习贯彻《中华人民共和国反间谍法》，构筑坚固的国家安全人民防线

间谍是指从事秘密侦探工作的人员，从敌对方或竞争对手那里刺探机密情报或是进行破坏活动，以此来使其所效力的一方有利。

间谍，作为国家与国家或集团与集团之间进行军事、政治、外交斗争乃至经济、科技竞争的有效手段，它以隐蔽的方式打入对方营垒以至高级机关，进行发展组织、窃取机密及其他各种破坏活动，以颠覆对方国家政权。使用间谍搞离间和颠覆活动，消灭异国，扩大势力范围，是一种不动兵戈、制服政敌的有效手法。间谍活动是隐蔽斗争的一种形式，是严重危害国家安全的犯罪行为。

一、制定《中华人民共和国反间谍法》的依据是维护国家安全

新中国成立以来，境外间谍情报机关危害我国国家安全的活动从来没有停止过，隐蔽战线的斗争一直尖锐，复杂。特别是改革开放以来，境外间谍机关利用我国扩大对外交往的便利条件，派遣间谍入境，发展组织，建立据点，进行策反、渗透、窃密，甚至进行行动破坏，范围不断扩大，方式也更加多样。他们以公开掩护秘密，以合法掩护非法的活动方式，以外交官、记者、商人、访问学者、留学生或者旅游者等各种身份为掩护入境，打着新闻采访、经贸合作、投资办企业、友好往来、学术交流、观光旅游、探亲访友等旗号，向我国国家机构和各种组织进行渗透、颠覆政权、窃取国家秘密和情报，策反公职人员，进行暗杀、放火、爆炸、投毒、散布危害我国国家安全的谎言等行为，正是这些行为使国家机关、国家秘密、各类情报、国家工作人员等具体对象受到侵犯，从而使国家安全受到了侵害。这里所说的这些具体对象受到侵犯，并不要求一定具有物质性的损害结果。而只要行为人的行为危害或可能危害到这些对象，就可认定其行为侵害了我国国家安全。

《中华人民共和国反间谍法》（以下简称《反间谍法》）于2014年11月1日第十二届全国人民代表大会常务委员会第十一次会议通过。国家主席习近平签署第16号主席令予以公布。《反间谍法》是我国反间谍工作领域的一部重要法律，对防范、制止和惩治间谍行为，维护国家安全，进一步规范和加强反间谍工作，将起到基础性法律保障作用。

二、间谍、间谍行为的种类

（一）间谍的种类

根据工作目的地不同，间谍大致分为军事间谍和工业间谍（或称商业间谍）。有时间谍为敌对双方同时服务，称为“双料间谍”，又称“双面间谍”。

1. 军事间谍

军事间谍即为运用各种方式侦查目标国家军事机密，将情报内容回报委派国家的特殊职业人员。

2. 工业间谍

西方国家情报界通常把非法窃取对象国（地区）科技领域、工商企业与公司、财

团以及其他经济部门秘密情报的间谍情报活动称为工业间谍活动。直接从事工业间谍活动的人员，往往被称之为“工业间谍”“商业间谍”和“科技间谍”，又被称为“工业白蚁”“新的寄生虫”与“工业强盗”等。

3. 双重间谍

双重间谍又称“双料间谍”“逆用间谍”“两面间谍”，即具有双重间谍身份的间谍。其中主要是一国间谍情报人员因某种关系，如接受贿赂、受胁迫、思想信念动摇或投降等，为另一国反间谍机关服务。发展运用双重间谍成为反间谍活动典型的手段。另一种双重间谍是外国情报机关企图征募本国公民为其执行任务，而这个公民把上述情况向本国反间谍部门报告，反间谍部门对这类人员加以运用，伪装为外国服务，实际为本国效力。

其他类型还有密写、勾连、安钉子、内线、耳目、鼹鼠、策反等。

（二）间谍行为的种类

间谍善于伪装，我们可以通过以下行为进行识别：

（1）实施或者指使、资助他人实施危害我国国家安全的活动。

（2）参加间谍组织或者接受间谍组织及其代理人的任务。

（3）窃取、刺探、收买或者非法提供国家秘密或者情报。

（4）策反、引诱、收买国家工作人员叛变。

（5）为敌人指示攻击目标。

（6）向实施间谍行为的组织、个人提供经费、场所和物资。

（7）进行其他间谍活动。

三、间谍罪及相关法律条文

根据刑法的规定，间谍罪的行为表现形式有三种：一是参加间谍组织；二是接受间谍组织及其代理人的任务；三是为敌人指示轰击目标。就第一二种情形而言，由于间谍组织是指外国政府或者境外的敌对势力建立的旨在收集我国情报（含国家秘密）进行颠覆破坏活动等，危害我国国家安全和利益的组织，其行为无疑侵犯的是国家秘密和情报方面的安全以及国内政治、经济和社会的安定；就第三种情况而言，为敌人指示轰击目标，通过轰击国内设施而破坏国内的政治、经济和社会的安定，并进而使国家的安全和利益受到侵犯，是敌人进行破坏和颠覆活动的具体表现。就此而言，间谍罪所侵犯的直接客体是国家秘密和情报方面的安全以及国内政治、经济和社会的安定。

《刑法》相关法律条文如下：

第一百一十条 有下列间谍行为之一，危害国家安全的，处十年以上有期徒刑或者无期徒刑；情节较轻的，处三年以上十年以下有期徒刑：

（一）参加间谍组织或者接受间谍组织及其代理人的任务的；

（二）为敌人指示轰击目标的。

第一百一十三条 本章上述危害国家安全罪行中，除第一百零三条第二款、第一百零五条、第一百零七条、第一百零九条外，对国家和人民危害特别严重、情节特别恶劣的，可以判处死刑。

犯本章之罪的，可以并处没收财产。

第五十六条 对于危害国家安全的犯罪分子应当附加剥夺政治权利。

《国家安全法》法律条文如下：

第四条第一款、第二款第二项

任何组织和个人进行危害中华人民共和国国家安全的行为都必须受到法律追究。

四、遵纪守法、防止策反，维护国家安全

互联网技术的发展，极大地拓展了境外间谍情报机关的能力和活动范围。境外间谍情报机关对高校的发展运用已到了无所不用其极的地步。公开和秘密的情报搜集、内部或敏感期刊的订阅、政府或军事单位关系的介绍、定点或移动的军事目标观测，这些看似正常可能获取报酬的行为有极大的迷惑性。一个涉世不深的大学生一般很难跟训练有素的境外间谍人员抗衡。大学生群体是中国的未来与希望，面对间谍与反间谍这个永恒的话题，必须学法守法，增强国家安全意识，维护国家的安全。

首先，树立国家安全高于一切的观念，克服麻痹思想，提高识别能力，在与境外人员接触时严守国家机密。

习近平总书记指出："国泰民安是人民群众最基本、最普遍的愿望。实现中华民族伟大复兴的中国梦，保证人民安居乐业，国家安全是头等大事。要以设立全民国家安全教育日为契机，以总体国家安全观为指导，全面实施国家安全法，深入开展国家安全宣传教育，切实增强全民国家安全意识。要坚持国家安全一切为了人民、一切依靠人民，动员全党全社会共同努力，汇聚起维护国家安全的强大力量，夯实国家安全的社会基础，防范化解各类安全风险，不断提高人民群众的安全感、幸福感。"在全球化发展趋势下，大学生要坚持以国家和民族的根本利益为出发点，在爱国主义的旗帜下，形成强大的民族凝聚力，以不断提高民族的自尊心、自信心和自豪感，提高我国应对挑战和防御风险的能力，增强我国对国际环境变化的承受能力为己任，将自己的理想与国家的强盛、民族的振兴结合起来，努力学习，为实现中国梦贡献自己的力量。

其次，了解间谍的行为特征，善于识别各种伪装。

从理论上讲，有关国家安全和社会稳定的常识、规定都比较完善了，依规行事不会出什么大问题，但是，实际生活比我们想象的要复杂得多。比如，有的间谍情报人员采用五花八门的手段，套取国家秘密、科技政治情报和内部情况。如果丧失警惕，就可能上当受骗，甚至违法犯罪。要善于识别各种伪装，在对外交往中，要保持警惕，避免上当受骗，陷入违法犯罪。一旦发现别有用心者，要依法及时举报，进行斗争，绝不允许其恣意妄为。不要以为现在是和平时期，这个世界上就没有间谍。总以为间谍只出现在电影、电视里，我遇不到。电视新闻里被策反的大学生，以为只是和对方简单地吃顿饭，交个朋友，聊聊天，相互帮个忙。其实哪有这么简单，天下没有免费的午餐。

最后，增强法律意识，加强自身道德修养和人格教育。

大学生一定要学法、知法、守法，加强自身修养，时时刻刻保持敬畏之心，才能为今后的学习、事业、家庭、人生发展奠定坚实的基础。海外游学的大学生，去海外交流学习，免不了要和当地人接触。不要给间谍可乘之机，让他们以请吃饭、聚会、帮忙的方式步步逼近，最终被策反。在交友时一定要谨慎，不要贪小便宜，更不要成为间谍的俘虏，以至于最终失去了民族大义。

公民有维护国家的安全、荣誉和利益的义务。大学生要努力知悉国家安全的法律法规，要学法守法，提高识别间谍的能力，看穿间谍行为、语言背后的意图，积极配合国家安全工作。捍卫国家安全，人人有责。一般间谍有八大特征，当你发现有下列可疑人员，可以拨打全国统一报警电话12339：

第一，工作性质模糊、身兼多种头衔，而且资金充裕的人。

第二，在公众的聚会活动中喜欢抛出有争议性的话题，并且引起争论、暗中观察人群的人。

第三，驻外和涉外记者，家庭式传教士人员及部分非政府组织成员。

第四，按照名片的资讯有正当工作，不过上班的时间非常不规律，好像无所事事的人。

第五，拥有多国留学经历的留学生，或者有跟年龄极不相配的留学经历的人。

第六，经常关心并向身边的人询问敏感的问题，不单只限于政治、军事、经济、商业等范围的人。

第七，定期会到某个地方见其他人、交换物品和档案的人。

第八，经常参与各类学术研讨会、商业会议，常常抛出反动言论，并只夸大外国好处并主动与人攀谈结交的人。

法律提示

《中华人民共和国国家安全法》

《反分裂国家法》

《中华人民共和国反恐怖主义法》

《中华人民共和国反间谍法》

课后互动

以小组为单位，就以下问题进行交流讨论：

调查一下本校是否有邪教势力的存在和信邪教的学生，有针对性地进行一场科学教育活动。

知识链接或拓展阅读

中国反邪教网 http：//www. chinafxj. cn/bgt。

拓展训练

谈谈你对国家安全的认识，作为当代大学生，我们应该如何维护国家安全？

第三章 人身安全

学习目的与要求

1. 重视人身安全，提升安全意识。能够自觉提高思想品德修养和法律意识，关注人身安全知识学习，能够以案为鉴

2. 了解校园欺凌、打架斗殴、性侵害、黄赌毒的定义和危害，能够识别并自觉抵制和防范

3. 了解大学生社交中常见的安全隐患，并能够及时识别和防范

4. 若遭遇人身安全问题，能够随机应变，知晓应对方式

学习重点

1. 高校校园欺凌的定义、特点、危害及防范
2. 高校打架斗殴的特点、危害及防范
3. 高校性侵扰的定义、特点、危害及防范
4. 黄赌毒的定义、危害及防范
5. 正确开展宿舍、恋爱、网络、师生等人际交往，并防范安全隐患

学习难点

1. 知易行难，提升思想认识，切实构建防范意识体系
2. 建立人身安全知识构架，并能够与时俱进地更新人身安全知识库

案例与点评

2019年9月9日，昆明理工大学大二学生李心草的生命，永远停在了18岁。

10月12日，李心草的母亲陈美莲微博发帖还原了女儿遭遇。9月9日，李心草与“闺蜜任某”以及两名男子在一起，根据某酒吧视频录像显示，李心草疑被此三人控制虐待，其中一名男子压伏在李心草身上，疑似做出亲昵举动；随后，一名男子还先后两次掌掴李心草，另外两人对此行为没有阻止；“闺蜜任某”非但没有制止施暴男子的行为，还分别拥抱了在场的两名男子。此时，李心草疑似处于醉酒状态。在李心草离开房

间不一会儿，就听到大街上有人喊，“完了，完了，落水了！”随后，李心草溺亡。

李心草 9 个月大的时候，其父在一次矿难中遇难，多年来，母女二人相依为命。李心草成绩优异，是母亲“继续生活下去的力量”。如今，作为这个家庭精神支柱的李心草不幸死去，对其母的打击巨大。

那么，李心草的溺亡，跟此前的疑似被虐待、猥亵行为有没有关系？李心草与酒吧里这两男一女之间，到底发生了什么？是否正是前面的疑似施暴行为导致了她的死亡？截至本书成稿之日，具体事件原因仍在调查之中。

【点评】花季少女异地殒命，母亲痛不欲生。相信警方终将查明案件真相，解开案件的重重疑团，追诉相关责任人的法律责任，以抚慰这位苦难的母亲。但是，我们看到，正义阳光普照那天也无法挽回逝去的年轻生命。假如当晚李心草没有跟随闺蜜任某去往酒吧，一切是否会有不同？可惜现实生活中从来没有“复活甲”，我们无法预知危难和明天哪个先到来，只有防患于未然，增强安全意识，珍爱宝贵生命，远离安全隐患。

人身安全是指人的生存权利、生命质量不受威胁或侵犯。人身安全不仅与自己息息相关，更是一个家庭最大的牵挂。大学生多数是离乡背井来到陌生城市、陌生学校，第一次尝试独立学习、生活。学校尽全力为学生提供一个相对安全、舒适的环境，但是仍然存在校园欺凌、打架斗殴、性骚扰、黄赌毒、交往安全等一系列隐患，让人防不胜防。因此每名大学生都应认识到生命的宝贵和人身安全的重要性，自觉学习和提高人身安全的意识和知识，远离安全隐患，预防人身侵害，保障生命安全。

第一节　预防人身侵害、保障生命安全

大学阶段的年轻人，正是三观形成的重要阶段，虽然生理上已基本成熟，与成人无异，但是自控力较弱、社会经验不足，容易感性主导，做出冲动等不理智行为。因此务必要预防人身侵害、保障生命安全，拒绝校园欺凌、远离打架斗殴、防范性骚扰、抵制黄赌毒。

一、防范校园欺凌

【案例】5 名大学生校园欺凌被判刑

2018 年 11 月的一个深夜，宁波某学院学生董某、卢某、叶某、王某、韩某等人伙同校外人员陈某，经过商量策划，以同学小江（化名）人品不好、怀疑其勾引同学男朋友为由，在该校宿舍内对小江采用口塞纸巾、绑皮带、脱衣拍视频发微信群、灌酒、强迫抽烟、剪头发、身上写侮辱性语言等方式进行凌辱，并对小江进行殴打。欺凌、殴打行为持续数个小时。直到第二天早上，趁看管的董某睡着，小江才得以逃脱，并向宿管阿姨求救。

随后，警方将 6 人抓获归案。后经法医鉴定，小江的伤势已构成轻微伤。欺凌行为对小江产生了严重的影响。原来活泼的她，现在长时间不敢去上学，不敢和同学接触，不敢参加社团活动。出门一定要戴上口罩。小江说，她走在路上，总会感觉有人在背后议论她。

法院经过审理，作出一审判决，被告人陈某犯强制侮辱罪被判处有期徒刑五年；五

名在校大学生中，董某、卢某、叶某被判处有期徒刑一年九个月，韩某犯强制侮辱罪被判处有期徒刑一年五个月，王某因情节显著轻微被判处有期徒刑一年，缓刑两年。

（来源：中国新闻网）

【点评】小江因为莫须有的借口被欺凌，身心遭受重创。而同样是美好年华的陈某、董某、卢某、叶某、韩某等人为自己的行为付出了惨痛的代价。陈某等人的行为是道德的沦丧更是法律意识的淡泊，只因一点未经证实的臆想，就对被害人殴打、凌辱，并将视频上传微信群进行扩散，完全没有意识到这些行为已经触犯法律底线。本案件警醒大学生应主动在学校的正向引导下，提高思想道德修养和法律意识，树立正确的世界观、人生观、价值观，进一步增强法治观念。

2019 年，电影《少年的你》热映。影片中，胡小蝶、陈念等遭受校园欺凌的“花季少年”令人心疼，再次唤起公众对校园欺凌现象的关注。现实生活中，校园欺凌事件时有发生。据最高人民检察院 2019 年 5 月发布的数据，2018 年以来，检察机关共批准逮捕校园欺凌犯罪案件 3407 人，起诉 5750 人。而这或许只是冰山一角，因为不少遭受欺凌的孩子选择了沉默。让我们来了解什么是校园欺凌，共同抵制校园欺凌行为。

（一）校园欺凌的概念及形式

实际上，自 20 世纪 80 年代起，校园欺凌现象就已经是全球教育界的一个重要研究课题。1982 年，荷兰挪威三个男孩不堪忍受欺凌而相继自杀，引发了社会和政府的高度关注，开启了全国性的反校园欺凌干预运动，随即世界范围开始对校园欺凌现象的反思和研究。

校园欺凌主要是指发生在学生之间，蓄意一次或多次以肢体、器械、语言、社交、网络等方式对他人身心进行伤害的行为。校园欺凌不仅会对被欺凌者造成身心伤害，甚至会留下长期的心理创伤，而且影响了校园的正常秩序，影响恶劣，是学校师生需要共同努力抵制的暴力行为。我们现在常见的校园欺凌主要有肢体欺凌、语言欺凌、社交欺凌和网络欺凌等形式。

肢体欺凌，主要指以肢体或器械殴打、攻击被欺凌者的暴力行为。此种欺凌主要发生在中小学阶段，大学生法制意识增强、自控能力也较中小学高，因此大学校园较少出现肢体欺凌。但大学校园并非完全杜绝了肢体欺凌，此种欺凌后果严重，行为恶劣，是触犯法律底线的违法行为。

语言欺凌，主要指用语言威胁恐吓、侮辱被欺凌者的语言暴力行为。此种欺凌在大学校园更为常见。给同学起侮辱性的“外号”，嘲讽、奚落等行为都属于语言欺凌，欺凌往往发生在熟人之间，如寝室同学，老乡会等，给被欺凌者的心理造成伤害，会造成被欺凌者自卑甚至抑郁等心理障碍。

社交欺凌，主要指通过操控人际关系等方式孤立被欺凌者的行为。此种欺凌属于“隐性”欺凌，常发生于小团体，如班级、社团、团学会等学生组织中。大学生往往都是离开家庭和熟悉的成长环境的，被孤立后陷入无援的状态，同样对被欺凌人造成心理创伤，导致社交障碍、抑郁等。

网络欺凌，是随着传媒网络发展而逐渐出现的以网络为渠道的欺凌行为。网络欺凌的概念由“cyber bullying”翻译而来，也有“线上欺凌”“数字欺凌”“网络欺负”“网络欺侮”“网络霸凌”等不同译法。其发展之快、蔓延之广，严重程度甚至超过了传统的校园欺凌，已经引起了各国学校的重视。

（二）大学校园欺凌的特点及产生的原因

1. 大学校园欺凌的特点

大学校园中欺凌与中小学校有所同、有所不同，主要特点如下：

（1）具有普遍性。根据2019年联合国教科文组织报告显示，在报告统计的前一个月，32%的学生表示受到至少一次来自同龄人的欺凌。校园欺凌仍然普遍存在，网络时代背景下，网络欺凌现象也日渐增多。

（2）具有团伙性。欺凌往往出现在团体中，且经常有多人联结成小团体实施欺凌的现象。往往小团体中包括了典型的欺凌者、协助者及附和者等角色。

（3）具有隐蔽性。大学校园欺凌现象的最突出特点就是隐蔽性，因为大学校园校园欺凌以言语欺凌、社交欺凌、网络欺凌为主，被欺凌者或其他学生若未举报，老师、校方很难知晓。因此就需要学生充分建立防范校园欺凌的意识，发现校园欺凌现象及时向老师和学校反映。

（4）具有隐忍性。大学生较之中小学生更为独立自主，遭遇校园欺凌，担心向老师反映，会被同学认为是“告状包”，因此希望通过自身力量解决，所以不敢求助。有的欺凌者还会威胁利诱被欺凌者，这些都导致很多大学欺凌受害者不敢发声。

综上，大学校园欺凌现象的普遍性、团体性、隐蔽性、隐忍性，都导致被欺凌者不敢也不想向老师、家长求助，从而使自己陷入无助的深渊，有的人因此患上心理疾病，严重影响生活和学业，甚至给被害人的人生打上自卑的烙印。

2. 大学校园欺凌的成因

学界关于校园欺凌的成因存在各式各样的看法，从现实角度出发主要包括以下几类：

（1）教育科学性缺失。

一是家庭教育。家庭教育是影响学生人格的重要因素。缺少科学的家庭教育容易导致学生暴力、易怒、胆怯等不良人格，导致孩子成为欺凌者、协助者或附和者。如，有的家庭采取暴力权威式家庭教育，通过打骂方式管教孩子，这种方式下成长的孩子大多不会认识到暴力行为的错误，具有一定的暴力倾向。

二是学校教育。我国教育改革早已深入人心，学校以培养德智体美全面发展的高素质人才为目标。但有些中小学校仍旧以成绩论英雄，忽略了学生思想品德教育和心理健康引导。部分学生心智尚未成熟，受到周围不良环境影响，导致敏感多疑、攻击性强的人格。

（2）学校管理制度缺失。部分学校的管理制度缺失主要体现在两个方面：一方面是德育管理不到位，学校只重视教学目标的完成，而未将思想品德教育和法律基础教育融入教学过程，不重视学生世界观、人生观、价值观的正确引导；另一方面是校园的安全巡查制度执行不到位，同时对学生不良行为的教育力度不足，导致无法及时地发现并制止校园欺凌现象。

（3）不良风气的影响。信息爆炸的现今社会，一台智能手机，不停地向人们传输着各类信息，其中不乏夹杂黄色、暴力等不良信息。大学生处于身心发展不平衡阶段，容易冲动并出现模仿行为，导致校园欺凌现象。

（三）防范校园欺凌

由于校园欺凌现象普遍存在且已严重危害部分学生的身心健康，我国高度重视反校园欺凌工作，国务院、教育部等部门颁布了反校园欺凌的政策性文件，各省各地方也陆续出台相应的规章制度，我国防范校园欺凌工作日渐趋于完善。2016 年，我国政府相继出台了《关于开展校园欺凌专项治理的通知》等，首次从国家层面确定了“校园欺凌”这一概念。2017 年 4 月一系列文件的出台，更是提高了社会各界对校园欺凌的关注和认识。在此背景下，大学生更要不断增强防范校园欺凌意识，敢于大胆对校园欺凌现象说不。

1. 自己遭遇校园欺凌究竟该怎么办

首先，一定要保护好自己的人身安全。若遭遇暴力袭击，保护好自己的重要身体部位，尽量避免不可逆损伤。若有条件，保存好相关证据，以便追责。

其次，要充分信任家长、老师，克服“告状包”“恐惧”“自卑”想法，及时将遭遇告诉家长和老师，相信家长和老师能够守护好自己的身心健康。

最后，事后要主动接受心理干预。2016 年 3 月《校园欺凌受害者生存状况调查报告》中显示，校园欺凌事件发生后，自卑、抑郁、恐慌等情绪仍旧伴随着部分受害者。另外，32. 95%的受害者在校园欺凌事件发生后被确诊患有心理疾病，因此要重视事后心理咨询。

2. 如何预防校园欺凌现象

大学校园已不断加强预防校园欺凌的各项制度，加强思想道德和法律基础知识的教育，加强师生沟通和联络、搭建朋辈互助平台，共同构建防范校园欺凌的体系。那么作为大学生可以做哪些呢？

首先，要配合学校德育教育，不断提升思想道德水平，增强法律意识，树立正确的人生观、世界观、价值观，正是所谓“学到源处自然明”。

其次，要严格执行学校的各项规章制度，从我做起，从小事做起。

最后，要不断增强防范校园欺凌的意识，不做施暴者、协助者、附和者、旁观者。遇到他人遭遇校园欺凌，不当暴力的帮凶，敢于阻止、敢于举报，向被欺凌者伸出帮扶之手，挽救年轻的生命于水火。

二、远离打架斗殴

【案例】两名大学生“为爱”聚众斗殴 致 4 人受伤 9 人判刑

2015 年 11 月 11 日，在校大学生王某因不满毕某与其女友在手机 QQ 上聊天，与毕某发生争执，二人约定在保康路见面。随后，王某纠集同学金某、陆某等 5 人，并提议购置镐把 6 根；毕某也纠集同学吴某等 4 人。双方到约定地点后，王某一行持事先准备的镐把与毕某等人相互殴打，造成陆某等 4 人受伤。被告人毕某到医院就医并报警，后与陆某、吴某主动到公安机关投案。2015 年 12 月 1 日被告人王某等被传唤至公安机关。

人民检察院以聚众斗殴罪对该案件依法提起公诉，红桥区人民法院以聚众斗殴罪判处王某等 9 名被告人拘役及 1 至 3 年有期徒刑。

（来源：腾讯网）

【点评】爱情问题最好的解决方式是信任和沟通，一点小事就发展为群体械斗，冲动至此，实为不该。另外，真正的友情，不是电影中的“江湖气”，两肋插刀陪朋友做冲动的傻事，违法违规，一起受到法律制裁，追悔莫及。

打架斗殴是引发众多学生伤害事故中的一种最常见的现象。大学生身心发展仍处于不平衡阶段，生理已基本达到成熟，但心理上仍未达到完全成熟，处于自我意识不断统一、自控力有待提高的心理阶段，仍有着易怒、冲动等行为特点，因此高校中打架斗殴的事件仍然屡禁不鲜。它往往源于口角等小事，因双方互不相让，致使矛盾激化而造成。

（一）大学生打架斗殴的行为特征

高校打架斗殴的主体主要是在校大学生，受其年龄、生活方式和环境的影响，其打架斗殴具有以下特征。

1. 起因简单

大学生入校后，天南地北地聚集在一起，过的是集体生活，在长期的学习、生活中，同学之间难免会产生一些纠纷和矛盾，如在教室自习时因占座，或是食堂排队打饭时因不满对方插队、为女友争风吃醋等。如果没有很好地处理摩擦，很容易演变成打架斗殴事件。

2. 群体参与

高校大学生离乡背井，因此会以寝室、老乡、学生会部门等自发形成非正式小团体。一些正常的老乡和朋友关系逐步演变成“有福同享，有难同当”的江湖义气，特别是当其中某个老乡或朋友遇到“麻烦”时，他们就会招之即来，用拳头、刀棍向对方讨个公道。因此高校打架事件极易演变成群体打架斗殴。

3. 后果严重

打架斗殴的后果非常严重，轻则伤人肌肤，重则伤人筋骨甚至要人性命。更有甚者以人身自由为代价，打架斗殴发展到一定程度必定会触犯法律，学业丢了不算，更重要的是失去宝贵的人身自由，受到法律的制裁。

（二）打架斗殴的危害

打架斗殴是校园内的一大公害，是违法违纪行为，易危及人身安全，极易酿成治安、刑事案件。

打架斗殴不仅常常葬送自己的美好前程，而且妨碍内部团结，不利于优良校风和学风的建设，破坏大学生成才的优良环境，损害大学生的良好形象，对学校正常的教学环境造成恶劣影响，影响学校声誉。

学校和社会对于打架斗殴一向是“零容忍”态度，若为斗殴伤人，从“时代骄子”沦为“阶下囚”，则自毁前程，害人害己。

根据打架斗殴的危害程度和违法性质，其法律后果有以下几个方面。

1. 民事责任

在打架斗殴中，行为人给对方的人身或财产带来损害，行为人要承担赔偿责任。如果行为人属无行为能力的人，自己不能承担赔偿责任的，则由监护人承担。

2. 行政责任

有责任能力的行为人，如果侵犯他人人身权利，殴打他人，造成轻微伤害，或者结伙斗殴，寻衅滋事，扰乱公共秩序，尚不够刑事处罚，可依照《治安管理处罚条例》的规定处十五日以下拘留、二百元以下罚款或者警告。

3. 刑事责任

依照我国《刑法》规定，在打架斗殴中，有责任能力的行为人故意非法损害他人人身健康达到轻伤以上的，或故意非法剥夺他人生命的，分别构成故意伤害罪和故意杀人罪；行为人过失致人重伤或死亡的，分别构成过失致人重伤罪和过失杀人罪；如果出于私仇、争霸或其他不正当目的而纠集多人结伙斗殴，其首要分子和积极参加者构成聚众斗殴罪，聚众斗殴中致人重伤、死亡的，以故意伤害罪或故意杀人罪定罪处罚；如果在公共场所无事生非，起哄闹事，殴打无辜伤者，肆意挑衅，横行霸道，破坏公共秩序情节严重的，构成寻衅滋事罪。

（三）预防打架斗殴

打架斗殴有如此多危害，我们在大学校园如何预防打架斗殴事件呢？

1. 退一步，海阔天空

无论争执是由谁引起的，都应冷静克制，不可冲动。应当牢记“退一步，海阔天空”“男子汉能屈能伸”，退让不是怯懦，而是一种气度。一些小事，各退一步，就会发现其实都是云烟。做到“猝然临之而不惊，无故加之而不怒”，便会感觉一切豁然开朗。

2. 共同建设文明校园

很多纠纷都是由口角引起，而口角都是恶语伤人导致的。有时一句文明用语“对不起”“不好意思”等，就能化干戈为玉帛。另外做到按时就寝、先来后到排队、不乱丢垃圾等文明行为，就能达到减少纠纷和冲突的目标，共同建设文明校园是每个人的责任。

3. 当一个“益友”

有时当事人很难当下保持冷静和理智，这时朋辈的引导和规劝显得尤为重要。益友是那些帮你恢复理智的人，而不是“助纣为虐”“煽风点火”地看热闹不嫌事大的人。我们每个人都应当树立正确的爱情观、友情观，遇到纠纷，不是电影里江湖义气，而是帮助爱人和朋友保持理智，舒缓情绪才是正确的选择。

三、防范性骚扰

近年，随着网络的迅速发展，“性骚扰”逐渐成为舆论热点。随着相关案件层出不穷，我们看到高校也不再是净土，近年也曝光了许多发生在大学校园的性侵案件：

2015 年 5 月，湖南某学院大一女生佩佩（化名）和同校 4 名同学一起宵夜饮酒。佩佩醉酒后，被 3 名男同学抬入酒店，被同学王某性侵后死亡；2017 年 7 月 7 日，“女权之声”在微博发布信息呼吁大家关注四川某大学的校园性骚扰事件。该校通信学院某老师曾在课堂上传播具有性别歧视和性骚扰意味的言论，并多次利用考试成绩、保研名额等“条件”威逼利诱女学生以达性侵目的；2019 年 12 月，上海某大学知名教授钱某被曝将硕士生锁在车内，对其实施猥亵。

据不完全统计，仅从 2018 年至 2019 年年底，全国就有 40 多家知名高校曝出与性骚扰有关的争议性事件。我国高校已然成为性骚扰的重灾区。全国妇联针对北京、南京等城市15所高校大学生的调查发现，经历过不同形式性骚扰的女生比例达到57%，其中有44.3%的人表示遭遇过性骚扰，23%的人认为当前性骚扰“情况很严重”，60.4%的人认为“情况严重”。

（一）性骚扰的定义、危害及其形式

从世界范围看，高校性骚扰的发生具有一定的普遍性。性骚扰指向被害人施加与性有关的语言与行为，通常通过学习、深造、就业和生活方面的恐吓、威胁、冒犯或迫害达到性目的。性骚扰也可能发生于同性之间，受害者可能是任一性别。

性骚扰严重影响受害人的身心健康、学业表现，降低其自尊心和自信心。遭遇严重性骚扰的受害人，甚至会出现长期的精神抑郁和自杀倾向。同时此类案件对高校的安全环境造成破坏，影响了学校教育目标的实现，也有可能降低学校的声誉。

广州新媒体女性网络联合编制的《反制性骚扰，你也可以》指出，构成性骚扰的行为包括但不限于：

（1）性挑逗。不受欢迎的、不合时宜的、冒犯的性接近，包括不受欢迎的性语言，个人关注，身体触碰和性举动。譬如以跟踪、挡住去路等方式进行施压；故意触碰对方的肢体（掀裙子、趁机抚摸胸部及其他身体的部分或暴露性器官等）等俗称“吃豆腐”的行为。

（2）性贿赂。以利益承诺、利诱方式要求他人从事与性有关的行为或与性相关的活动。譬如：博导性骚扰女学生事件；校方、院系领导、学科带头人、任课教师或辅导员等，以约会或发生性接近行为，作为加分、及格、好的成绩、推荐升学、介绍就业等特别优待的条件。

（3）性胁迫。以利益承诺、利诱方式要求他人从事与性有关的行为或与性相关的活动。例如：老师以成绩、重修、开除学籍等威胁学生，要求学生提供性服务。

（4）性迫害。恶劣的性迫害（如强迫性的接触、抚摸、抓揉）或性侵害。性迫害在法律上已经构成强制猥亵或强奸。

（二）高校发生性骚扰的成因

1. 传统错误观念的影响

现今，性侵案件背后，依然有这样的声音：“活该，谁让你穿那么少”“一个巴掌拍不响，肯定是平时不检点”。这反映出社会上仍弥漫着性耻感文化和谴责受害人的氛围，认为是受害人的不当言行导致了其被骚扰，如果受害人洁身自好，就不会发生性骚扰。这种对性骚扰的无知或错误认知，助推了高校性骚扰的发生和再发生。

2. 制度缺失

至今，我国尚未有一所高校出台专门防治性骚扰的政策或办法，一方面是因为对高校性骚扰的普遍性和危害性认识不足；另一方面，立法以及教育行政部门也未对高校建立性骚扰防治机制做出强制要求。

3. 性教育缺失

在我国，受到传统观念的影响，性教育一直处于尴尬的位置。从中小学到高校大多数都没有开设性教育、两性教育的专题课程。这导致学生对性相关事情，不了解、不理解，有的人处理不好两性关系，导致性心理不健康，演化成性骚扰事件时有发生。

（三）大学生如何防范性骚扰、性侵害

（1）加强自我防范意识，学习法律法规，不断更新观念。很多人至今仍认为性骚扰及性侵害仅发生在女性身上，殊不知越来越多的案件说明，不论男生女生都应加强防范意识。

【案例】 张某（男）和王某（男）均系西安某高校在读大学生，2015 年 12 月 7 日中午，张某上完课返回宿舍的途中，发现被害人王某像自己以前浏览的同性交友网站上注册的一个人，于是主动上前结识被害人王某，并编造其班里一个女生想要王某号码的理由，从而获取了王某的号码。

回到宿舍后，张某添加王某为好友，并谎称自己在淘宝上卖衣服，要王某到其宿舍内帮忙给其试裤子，王某考虑到张某要给自己介绍女生认识，也就无奈地接受了。当日 14 时许，王某应约来到张某的宿舍，并试穿张某拿出的一条紧身裤，张某假装给其拍照。之后，张某对王某表达了其对同性恋很好奇，也在同性交友网站上看到过王某的信息，想尝试一下的想法。王某称自己并未注册该网站，是同学恶搞，拒绝了张某。张某但以“将刚刚拍摄的照片发到网上，自己是练体育的不要惹我生气”等话语相威胁，强行与王某发生了关系。

张某以暴力的方法强制猥亵王某，主观上有故意的目的，符合强制猥亵罪的构成要件，被判处有期徒刑 2 年。

（来源：搜狐陕西资讯）

【点评】 不论男生、女生都应提高防范性骚扰的意识，在《刑法修正案（九）》颁布之后，强制猥亵、侮辱妇女罪被改为强制猥亵罪，修改后的法条为：以暴力、胁迫或者其他方法强制猥亵他人或者侮辱妇女的，处五年以下有期徒刑或者拘役。男生被性侵也要第一时间报警，追究其法律责任。

（2）不要轻易相信结识的朋友，不要与刚认识的人饮酒，更不要单独跟随新认识的人去酒吧、KTV、酒店、家中等私密空间。

（3）住宿、出行、旅游尽量结伴，时间、场所要正确选择，约会要选择安全的环境。

（4）正确处理与异性/同性交往的尺度，不要接受超过一般的馈赠，对过分的举动要明确表明自己的反对态度。

（5）遭遇性骚扰不要慌张，保留好相关证据，向老师、学校、警方举报，以追究其法律责任。

知识链接

如果不幸遭遇了性侵害怎么办？

（1）第一时间报警。在有条件的情况下，应当立即报警，配合警方取证，体液、毛发、衣物或床单上的残留物等最佳取证时间是案发后数小时内。千万不能先洗澡、清洗衣物等，会破坏证据留存。

（2）至医院检查身体，防范性病、艾滋病等传染疾病。针对艾滋病，在 72 小时内

服用阻断药物，可以有效阻断艾滋病毒。

(3) 进行心理咨询，治愈心理伤害，将伤害程度降至最低。

四、抵制黄赌毒

黄赌毒，指卖淫嫖娼，贩卖或者传播黄色信息、赌博、买卖或吸食毒品的违法犯罪现象。在我国，黄赌毒是法律严令禁止的活动，是政府主要打击的对象。黄赌毒的刑罚从拘留至死刑不等。

(一) 黄色诱惑

1. “黄”的概念和危害

“黄”是指具体描绘性行为或者露骨宣扬色情的书刊、影片、录像带、录音带、图片和其他淫秽物品，以及组织、强迫、引诱、容留、介绍他人卖淫嫖娼等违法犯罪活动。

“万恶淫为首”，许多大学生通过网络接触黄色书刊、图片、视频等淫秽物品，这对于日趋成熟的大学生群体诱惑力很大，据不完全统计，大学校园有很多大学生都不同程度地接触过淫秽物品。

究其缘由，大学生在入学以前，忙于应考，生活既单调又被家长、学校、教师严格地管束和控制。进入大学之后生活更为自由，加之网络色情普遍且易得，导致少数大学生沉迷色情欲望，终日里只想满足欲望，从而影响个人身心健康和学业，导致学校风气败坏，严重的还将引起犯罪，需要大学生引起高度重视。

【案例】黄某当年20岁，为江西一所高校的在校大学生。2013年2月放寒假期间，黄某去找朋友玩，后在朋友的住处观看了大量的色情视频，回学校后，黄某一看见异性便觉得冲动，2013年3月4日22时30分许，黄某喝酒后在学校商业街见被害人万某独自一人行走，便尾随至偏僻处拦住万某欲搜身要钱，被万某推开后，黄某用手打其头部几下，然后将其推至附近小树林里，言语威胁其不准反抗，并一边用手掐住万某脖子，一边强行与其发生性关系。之后黄某强行从万某裤子口袋拿走约30元现金逃离现场。

2013年3月12日19时许，黄某下自习后到教学楼找人，见被害人夏某面容姣好便尾随其进女厕所，夏某见到黄某就大叫并欲跑出厕所，黄某言语威胁夏某不准喊叫，还要求其拿出钱来。黄某见夏某不再喊叫就将其拽到旁边的一小房间内对其搜身，没搜到钱后便对夏某进行猥亵，并言语威胁其不准回头看，强行与夏某发生性关系后逃离现场。

2013年3月13日15时，南昌市公安部门经过摸查，在学校内将黄某抓获归案。

【点评】黄某在黄色诱惑下，难以自控，逐步走上了犯罪道路，伤害了被害人万某、夏某的同时，也自毁前程，因强奸罪、抢劫罪数罪并罚，其大好年华将在监狱中度过。

还有个别大学生法律意识不强，“见利忘义”，直接参与制作、传播色情淫秽图片、视频等，殊不知这样的行为不仅将毁掉自己的花样年华，还对社会的平安、稳定产生威胁，等待他们的将是法律的制裁。

【案例】女大学生涉足黄播前途尽毁，被学校开除

晓晓（化名），95后姑娘，杭州人，是浙江某地一名在校大学生。从2017年12月开始到“九月久”APP 做黄播，她进入这一行的理由也非常“奇葩”——

前男友向晓晓借钱，晓晓从妈妈的支付宝拿了两三万给前男友，但是到了还款日还不出来。后来晓晓跟认识的一男子说起这事，男子便怂恿晓晓做黄播。

晓晓之前在正规的直播平台上也做过直播，有一定经验，便有点动心。

男子对晓晓说，他想跟晓晓“借位”假装发生关系，录一段视频上传，晓晓也同意了。结果假戏真做，视频流到了网上……

视频上传后，一名男子冒充深圳网警，说要调查晓晓，让晓晓到深圳配合调查，晓晓也去了。结果到了深圳，晓晓又被这个男子给骗了……

之后，晓晓便正式加入了黄播，因为是在校大学生，她的直播一般都是在深夜，地点是宿舍。她住的是下铺，等室友们都入睡后，她便拉起下铺的床帘开始直播……

从 2017 年 12 月到 2018 年 5 月，晓晓赚了 6 万元，但是代价非常大，原本的大好青春尽毁，已被学校开除。

【点评】晓晓法律意识淡薄，错误的人生观、价值观、金钱观，让她一步错步步错，逐渐深陷黄色直播，违规违法而不自知。这一行为毁掉了她的花样年华，更是影响了网络环境的健康。网络环境的治理是全社会的共同责任，和谐有序、文明清朗的网络空间需要全社会的参与，大学生要自觉遵守国家法律法规，坚守法律道德底线，依法上网、文明上网。

2. 拒绝“黄”

随着移动网络的发展，移动支付的便利，淫秽物品的传播载体从传统的书刊、画册、影碟、录像转为直接在互联网上通过手机软件传播，作为大学生应该从我做起，自觉抵制网络黄色诱惑等，如不浏览色情网站、不下载黄色 APP、不加入黄色群聊，做到不点击、不好奇、不参与、不传播。加入黄色群聊，并分享传播黄色视频、照片、网站等行为，从中获利，都是违法行为，将受到法律惩处。

（二）赌博诱惑

1. “赌”的定义及危害

“赌”是指以营利为目的，开设赌场赌局、聚众赌博或者进行网上赌博的违法犯罪行为，有以下危害：

（1）赌博费钱财、耗时间、损健康，助长不劳而获的习气，易造成价值观扭曲，滋生贪欲，坏心术、丧品行、毁前程，甚至导致骨肉分离。

（2）赌博还具有一定的成瘾性，一旦沾染，戒掉也比较难。

（3）影响家庭和睦、人际关系等。有很多人因沾染赌瘾，欠上巨额贷款，导致家破人亡，众叛亲离。

（4）赌博与疾病有着千丝万缕的联系。近年来专家根据临床症状向嗜赌者提出忠告，赌博是多种疾病的导火索。长期赌博可导致心理失衡、精神衰弱，引起消化功能紊乱、腰肌损伤等其他病态反应。

【案例】2018 年，刚大学毕业的小李与从事食品销售的被害人王某相识，因小李有销售渠道，能够以较低的价格进货，两人达成合作供给关系。但小李在收到定金货款后转手就投入到网络赌博中输个精光，没钱买货的他只能通过编谎话、拖延时间等方式来欺骗王某。2019 年元旦之后，眼看着纸包不住火，小李通过伪造供货商微信的方式先后又骗取王某2万余元。其坦言，当时走投无路，只想找钱靠继续赌博翻本。

最终，小李以诈骗罪获刑一年。

（来源：肥西县法院）

【点评】小李因深陷网络赌博输个精光，不思悔过，反而寄希望于继续赌博以期翻本，导致走上犯罪道路，毁掉了大好前程。对于误入歧途的小李来说，接受刑罚处罚，将其从赌博的泥潭中拯救出来，或许是一件幸事。

2. 拒绝“赌”

随着网络的不断发展，一些赌博软件、网站也不断地出现在了日常生活当中，赌博行为呈现出了网络化、移动化、隐秘性更高等特点，并不断地向校园渗透。网络赌博形式多样，宣传方式多以网络弹窗、新闻弹窗、游戏广告等方式呈现。因此大学生应从以下几个方面建立防范赌博的安全意识：

一是充分认识赌博的危害，关注新闻时事，以他人之鉴，时刻警醒自己。同时，大学生应当培养高尚的情操，多参加健康积极的文体活动，充实自己的业余活动。

二是思想上要时刻警惕，目前赌博形式多种多样，有的网络赌博甚至“长得像”一般游戏，比如扑克牌游戏、捕鱼游戏、消消乐游戏等，一开始网络赌博常常会给些“甜头”，让玩家花小钱赢些“大奖”，一旦成瘾后，就会开始让玩家输钱，但是往往这时，思想不够警惕的话，“扳本”心理占上风，总是想把输掉的钱赢回来，便越陷越深。因此对待“赌博”，能不接触就不接触，不幸中招，也要及时抽身。

三是共建抵制赌博的安全网。如果发现同学、朋友、家人参与赌博，应及时制止。若同学不为所动，可向老师或学校有关部门报告。

（三）毒品陷阱

1. “毒”的定义及危害

“毒”是指走私、贩卖、运输、制造毒品和非法种植毒品原植物，以及吸食、注射毒品的违法犯罪活动。

根据《中华人民共和国刑法》第357条规定，毒品是指鸦片、海洛因、甲基苯丙胺（冰毒）、吗啡、大麻、可卡因以及国家规定管制的其他能够使人形成瘾癖的麻醉药品和精神药品。《麻醉药品及精神药品品种目录》中列明了121种麻醉药品和130种精神药品。根据中国禁毒网权威发布，毒品分为传统毒品、合成毒品、新精神活性物质（新型毒品）。其中最常见的主要是麻醉药品类中的大麻类、鸦片类和可卡因类。毒品有以下危害：

（1）危害身心。据国外有关部门统计，吸毒者多数短命，一般寿命不超过四十岁。不管是什么类型的毒品都会产生身体依赖，一旦停药会出现痛苦的生理反应，因此吸毒者就只能定时用药，并不断加大剂量，使吸毒者终日离不开毒品。毒品还作用于神经系统，驱使吸毒者精神依赖，很难戒断。吸毒还易导致传染病，如乙肝、艾滋病病毒。

（2）危害家庭。吸毒会耗费大量钱财，吸毒者吸毒时精神错乱，残害家人的事情也屡有发生，导致大量的家庭悲剧，一个家庭出现一个吸毒者，家庭往往倾家荡产，家破人亡。

（3）危害社会。毒品活动加剧诱发了各种违法犯罪活动，扰乱了社会治安，给社会安定带来巨大威胁。毒品走私和贩卖是违反国家刑法规定的行为，但因为追求贩毒暴利，许多人铤而走险。

【案例】 2018 年 8 月左右，在校大学生张某军以每张人民币 300 元的价格向潘某文购得毒品 LSD（俗称“邮票”）5 张，后将 5 张 LSD 对半剪成 10 小张予以出售。同年 9 月 25 日晚，张某军通过微信与购毒者王某某约定以 850 元的价格出售 1 小张 LSD，通过微信收取毒资后，当晚 23 时许，张某军通过跑腿业务让送货员将 1 小张 LSD 送至王某某住处。次日凌晨 1 时许，张某军经微信联系再次通过跑腿业务将 1 小张 LSD 送往王某某处时被抓获，从送货员和张某军处查获 8 小张 LSD。经鉴定，均检出麦角二乙酰胺成分。

法院认为，被告人张某军明知是毒品而予以贩卖，其行为已构成贩卖毒品罪。根据张某军贩卖毒品的次数、方式，结合其归案后的态度等情节，于 2019 年 1 月 11 日作出判决，以贩卖毒品罪，判处被告人张某军有期徒刑一年二个月，并处罚金人民币二千元。

（来源：浙江天平）

【点评】 本案中“LSD 致幻剂”，俗称“邮票”，是一种强烈的半人工致幻剂，无色无味，但毒性极强。犯罪分子会将“LSD 溶剂”吸附在纸上，浸泡饮料或者直接含服；还有人把 LSD 做成卡通纸片，皮肤接触，毒性就会渗入。使用后，会出现幻觉，甚至引发自杀。而贩卖 LSD 的大多数是一群二十多岁的年轻人，这些大学生对新型毒品的危害认识不足，有些大学生则在获取暴利的诱惑下铤而走险，知法违法，亲手将学业和前途葬送。

2. 拒绝毒

（1）提高思想意识，筑牢心理防线。目前很多大学生还认为毒品离自己很远，未建立起心理防线。根据目前的情况，贩毒者会虚假宣传新式毒品无成瘾性，或有减肥、提神等功效，将毒品包装得与零食无异，甚至不惜无偿提供毒品。大学生由于社会阅历浅，辨别是非能力弱，若未提前筑牢思想防线很容易上当。因此大学生要提高警惕，抵制诱惑，不中圈套。

（2）多看、多学。新型毒品层出不穷，要经常关注官方新闻讯息。如上述“邮票”毒品，可以通过皮肤接触，渗入毒性，让人防不胜防。因此大学生一定要多看、多学，扩充防范毒品的知识库，第一时间识别危险。

（3）慎重交友，杜绝攀比。“近朱者赤，近墨者黑”。有很多大学生是在从众心理、攀比心理的作用下，走上吸毒贩毒道路的。大学生应自觉选择有理想、有道德、讲文明、守纪律的同学为朋友和伙伴，遇到交友不慎的情况，也要及时劝阻或向家长、老师、学校汇报。

据统计，在“黄赌毒”犯罪分子中“单一型”的占少数，“复合型”的占多数，嫖、赌、抽、抢、偷五毒俱全者所占比例更高。最主要的原因是，“黄赌毒”属于金钱挥霍，一般人的经济收入根本无法承受，在他们“手中无粮”的时候，必然会出现以贩养吸、卖淫买毒、以贪养赌等连环犯罪，有的还盗窃、诈骗、敲诈勒索、抢夺抢劫，甚至在光天化日之下杀人越货。

因此大学生一定要时刻绷紧抵制黄赌毒的弦，防范新型黄赌毒的侵害。大学生一定要不断提升思想境界，培养良好的兴趣爱好，塑造良好的人格和自控力，以理性、乐观、积极的态度对待人生，排斥侥幸、坐享其成、逃避的心理，才会从根本上远离“黄赌毒”。让我们一同团结起来拒绝黄、拒绝赌、拒绝毒，共同维护社会的和谐美好。

第二节 社交安全

有研究发现，大学生幸福感与人际困扰呈显著负相关，即大学生对人际交往越感到困扰，那么幸福感就越低。另外还有研究发现，大学生在社交中地位与其攻击性存在一定的负相关，即社交地位越低，攻击性就越强。校园中因社交引发的攻击案件也不少，其中“马加爵案件”和“复旦投毒案”轰动全国。

2004 年，云南某大学学生马加爵，钝器击打致死 4 名室友并藏尸衣柜，被捕时他如此陈述杀人动机：“被人瞧不起并时常被羞辱”，同年 6 月，他被依法执行死刑，年仅 23 岁。

2013 年，复旦大学上海医学院研究生林森浩，向同为研究生的室友黄洋投毒，导致黄洋中毒后死亡，投毒药品为剧毒化学品 N-二甲基亚硝胺。其作案动机为日常琐事，2015 年 12 月，他被依法执行死刑。

进入大学生活后，很多学生都是离乡背井来到学校读书，与中小学最大的不同，就是和同学之间不仅是共同学习的同龄人，有时更是一同居住的室友。不同性格秉性、不同生活习惯、不同语言习惯，往往给第一次远离家人的年轻人出了人际关系的难题。大学生应当如何处理好社交关系，并且防范社交安全事件呢？

一、宿舍交往安全

宿舍可以说是大学生在校期间停留时间最长的场所，宿舍同学之间的人际关系能够直接影响学生的学习、生活以及身心健康。因此与宿舍室友建立良好的沟通和互助的人际关系是学生的必修课之一。

根据中国青年网 2018 年对全国 958 名大学生进行的关于宿舍关系的调查显示，42.28%的学生与舍友曾经发生矛盾；与舍友发生矛盾时，47.81%的受访学生会选择“积极沟通”；28.29%的受访学生表示“有换宿舍舍友的想法”；“生活习惯不同”“不注意说话方式”“性格爱好不同”成为舍友间的矛盾主要起因；“尊重各自生活习惯”“生活中互帮互助”“不为小事计较”成为大学生维持和谐宿舍关系的关键。

当前大学生宿舍人际交往状况总体融洽包容，但存在一定的问题，部分学生对宿舍人际关系主观评价不高，不能理性处理宿舍矛盾以及进行问题归因。目前大学生宿舍人际交往主要存在的问题有：

（1）互不谦让，缺乏宽容。目前很多大学生是独生子女，在家庭中处于被关注、被包容的家庭核心地位，来到宿舍环境后，心理和生理都存在落差，很难换位思考，宽以待人。如他人都在休息时，他却大声打电话，类似事件极易引发宿舍矛盾。

（2）适应能力较差。宿舍同学来自天南地北，生活习惯、性格脾气多有不同，有很多学生难以包容和接受他人的不同，适应不了宿舍这一生活环境。

（3）冷漠处之，互不帮助。还有很多大学生对待室友冷漠，对于同学的困难视若无睹，同学生病时不予援手，同学悲伤时不予安慰，与同学间很少进行沟通交流。

（4）小团体风气。有的宿舍人不多，但是小团体多达数个，互相搞冷暴力、语言暴力，让宿舍成为一个“斗兽场”，所有生活其中的学生无不感到辛苦，直接影响学生的学习和生活质量。

【案例】2019 年 4 月 8 日，在广州中山大学南方学院里，大学生张某因为和室友发生矛盾，于是张某就往室友的杯中倒洁厕灵，所幸的是这名室友发现有异样，所以没有饮用。很快张某就被揭发了，学校对张某进行处罚并同时将两人隔离开来。警方也介入调查，最终双方互相道歉并接受调解。

（来源：搜狐网）

【点评】张某为他的过激行为付出了代价，但好在未造成不可逆的损失。一些小矛盾因为缺乏沟通，很容易引发悲剧。一般大学生的自我意识很强，不喜欢别人干预甚至进入自己的生活圈，发生矛盾后，自尊心作祟谁也不肯退让，让一些小矛盾变成悲剧。

以上宿舍常见的问题和矛盾，如果处理不当就将造成宿舍交往安全的隐患。一些小的矛盾积怨过深，加之年轻人易冲动，极易酿成伤人安全事件。有的学生还因宿舍关系问题患上心理疾病，因此正确处理宿舍人际关系是防范宿舍交往安全事件的最有效方法。那么在宿舍中，我们该如何与室友相处呢？

（1）彼此包容，互相理解。要容许不同声音、不同习惯、不同观点，每个人的成长环境不同，生活习惯不同，天南地北住在一起是缘分，应当互相欣赏优点、包容缺点，这是宿舍人际交往的第一个准则。

（2）相互关心，互帮互助。俗话说“远亲不如近邻”，在大学期间，室友是待在一起时间最长的、最为亲密接触的同学，应做到互帮互助，当室友遇到困难的时候，第一时间伸出援手，同学生病时，帮着打个饭，帮着带个药。当室友悲伤时，给予安慰和温暖，共渡难关。

（3）互相谦让，增进沟通。如果寝室已经出现矛盾和争执了怎么办？首先要正确认知，正如前述中国青年网的调查，超 4 成的学生都曾与室友产生摩擦，摩擦是不可避免的，不必上纲上线，只要互相谦让，加强沟通，大多数矛盾和摩擦都可以解决。如若通过沟通解决不了，可以向老师、学校寻求帮助。

（4）重大事件及时向老师和学校报告。对于宿舍同学的异常行为和表现，及时求助老师和学校，避免事件恶化。曾有宿舍同学及时发现同学情绪异常，有轻生想法，及时向老师反映，心理咨询老师及时介入，帮助同学走出了抑郁情绪。

综上，同宿舍的同学之间保持良好的人际关系是宿舍社交安全的核心，而保持良好人际关系的途径，不外乎“宽容、谦让、互助、关心”这些关键词，只有将心比心，坦诚相待才能建立良好的人际关系，从而提高同学们的学习和生活质量。

二、恋爱交往安全

大学生们正值青春年华，很多学生在大学阶段都有过恋爱经历，大学生恋爱现象已十分普遍。2018 年 12 月中国青年网对全国 1498 名大学生开展的问卷调查结果显示，近 7 成大学生谈过恋爱，其中超 4 成恋爱对象为同校；超 7 成大学生认为“恋爱使学习和生活更有动力”；仅有 2.07% 的大学生反对大学期间谈恋爱，认为“浪费时间，影响学习”。

“窈窕淑女，君子好逑”“愿得一人心，白首不相离”，自古爱情便是甜蜜、幸福的代言词，大学生除了享受恋爱带来的美好之外，还会遭遇恋爱失败的情况，但是不正确的恋爱观、不成熟的情感控制、不妥当的处置方式，导致部分学生无法接受恋爱失败的后果，从而发生一些安全事件。

【案例】2016 年 4 月 30 日，上海海事大学研究生徐某，因恋爱感情纠纷，在校图书馆四楼，携带化学试剂和刀具，向前女友周某泼洒化学试剂并将其捅伤致死。

2018 年 11 月 4 日晚，湖南一高校女生谢某在校内毛塘湖溺水，虽经现场多名同学奋不顾身施救，该女生在送往医院后经医学鉴定已死亡。事发后，经当地警方立案侦查，证实谢某系因恋爱纠纷导致情绪过激跳水身亡，排除他杀。

【点评】以上两个案例都是因为感情纠纷而导致的人间悲剧，正值青春年华的大学生失去了宝贵的生命，究其缘由，都与失败的恋爱和错误的处置方式相关。因此广大学生在恋爱中应持有正确的恋爱观，要保持清醒的头脑，珍爱生命，控制好情绪，不做违法违规的事情。

目前大学生在恋爱中存在的主要影响安全的问题有以下几点：

（1）恋爱功利性。有的学生恋爱带有极强的功利性，看重对方的家庭和经济条件，在交往中大量要求钱物，将感情夹杂钱物交易，极易引发矛盾，而且大学生还处于学习阶段，并未自己赚钱，大量使用钱物，实际上就是在给对方家庭造成压力。

（2）恋爱比天大。有的学生，尤其是部分女生，在恋爱中，不管不顾，满脑子只有恋爱这一件事，变成“恋爱脑”。不重视学业、无视家人朋友、不提升自我独立性，反而全身心依赖、无时无刻黏着对方，久而久之，对方必然感觉累，感情逐渐转淡。爱情不是无时无刻黏在一起，而是为着共同目标，不懈努力奋斗，共同进步的爱情才会更加长久。另外，如果在恋爱中不保持理性，很容易给不法分子可乘之机。

（3）恋爱如穿衣。有的学生，换男/女朋友的速度，如若穿脱衣服一样频繁。没有仔细甄别自己的感情是否为爱情，便与对方建立爱情关系，或是面对爱情中的一点点困难和争执便退缩分手。更有甚者脚踩几条船，极易导致爱情纠纷和相关案件。

（4）高危性行为。2019 年 7 月，疾控中心发布一项数据，中国 15~24 岁青年学生，每年约有 3000 例学生感染艾滋病。2019 年 6 月《科学》杂志发表的一篇评论文章曾指出，在过去几年中，国内新诊断的感染 HIV 的大学生人数年增长率从 30%~50%不等。导致艾滋病感染的主要途径就是高危性行为，随着目前大学生性思想解放，很多大学生尝试“网约”，殊不知，思想是解放了，但是性行为安全意识仍不到位，一次高危性行为，便足以毁掉一生。还有很多恋爱性行为，导致女方怀孕，后因害怕影响学业、家庭压力等原因，采取不正确的处置手段，导致终生不孕和大出血死亡的事件也屡见不鲜。

【案例】大学生胡某某于 2018 年 3、4 月份与其前男友发生性关系致怀孕，两人于 2018 年 5 月左右分手，胡某某于 2018 年 12 月 14 日下午 5 时许，在位于苏州市相城区的宿舍卫生间内产下一名活体女婴，因害怕哭声被舍友发现，胡某某采用卫生纸堵塞女婴嘴巴的方式阻止其哭泣，后胡某某将该女婴装入黑白相间的手提袋中，为了防止被人看见，在女婴身上盖上一条黑色裤子，同时将自己带血的棉拖鞋和内裤一同放入袋中，后于当日下午 18 时 17 分左右，携带该手提袋下楼丢弃在宿舍楼西北角的灌木丛中，次日早上 9 时许被学校环卫员工发现时该女婴已死亡。

法院认为，被告人胡某某非法剥夺他人生命，其行为触犯了《中华人民共和国刑法》第二百三十二条，犯罪事实清楚，证据确实、充分，应当以故意杀人罪追究其刑事责任。被告人胡某某归案后如实供述自己的罪行，根据《中华人民共和国刑法》第六十七条第三款的规定，可以从轻处罚。

（来源：中国江苏网）

【点评】无辜的女婴成为胡某某生命不可承受之重，错误的恋爱性行为导致怀孕的后果。而不及时纠正错误，采取相应措施，年轻“妈妈”断送了自己的前途，成为谋杀亲子的杀人凶手。造成悲剧的根源是法律意识的淡薄，是错误时间错误方式的恋爱观，大学生足以引以为戒。

那么大学生应当树立怎样的恋爱观，如何处理恋爱事件，如何在恋爱中保护好自己的人身安全呢？

（1）要正确处理好爱情与学业的关系，以学业为重。说一千道一万，学生最重要的任务还是学习，千万不能主次不分，被恋爱冲昏了头脑，只有不断提升自我，独立自信才是最大的魅力。

（2）擦亮双眼，学会鉴“渣”。在选择恋爱对象的时候，不能只听信当事人的甜言蜜语，还应多与其朋友接触，多方面了解对方。若认为对方不适合自己，一定要明确回复，不应“玩暧昧”，避免情感纠葛。

（3）要树立正确的恋爱观，不应以貌取人、过分看重对方的家庭背景等。要有正确的恋爱动机，不可随意确定恋爱关系，确定恋爱关系后，应给对方足够的尊重，不能朝三暮四。如果通过相处，发现两人并不适合，在良好沟通的前提下，和平分手。

（4）要建立正确的恋爱消费观。有的学生为了取悦对方，但因此而过度消费则不可取，这样不但有愧于辛苦劳作的父母，更不利于学生自身良好行为习惯和价值观的养成。

（5）如果恋爱失败，要合理发泄，切勿自暴自弃、一蹶不振。要正确看待恋爱失败，这只是漫漫人生中的一段情感体验，可以多向朋友、家人倾诉情绪，感觉情绪障碍严重、难以排解的，可向辅导员或心理辅导老师求助。

（6）要有责任感，对自己的行为负责。首先要对自己的行为负责，杜绝“网约”等高危性行为。其次不做有潜在威胁的事情，一定要洁身自好，控制好自己的情感和行为。2019 年 11 月，就读于福建省某学院的女大学生小韩（化名），疑似被前男友与郑某威胁散发裸照，而被威胁的小韩随后选择了自杀。

综上，大学生一定要重视恋爱交往安全，不能被爱情冲昏了头脑，在恋爱过程中要保持理智，以学业为重，保持人格的独立和自主，保护好个人权益，避免感情纠葛，让爱情为大学生活添彩，而不是成为一种负担。

三、网络交往安全

如今网络社交平台发展迅速，除了 QQ、微信等通信社交软件，许多短视频、游戏也都具有社交功能，可以说网络社交无处不在，网络社交具有开放性、自由性、虚拟性的特征，也因此存在一些潜在安全威胁。

【案例】2018 年 8 月底某高校学生赵某在学校宿舍内用手机玩游戏的时候，认识了一个女玩家杨某，二人在游戏中比较投机，就互相加了 QQ，很快发展为恋人关系。赵某虽然仅见过杨某的照片，但是很信任对方，先后向其转账1.6万余元，其中大部分为网贷和向同学借款。发现不对后，赵某报警，才发现恩爱有加的“杨某”，竟是一个和自己同龄的小伙子吕某。

【点评】赵某通过游戏认识网络朋友无可厚非，这是时下年轻人常见的交友方式。但是未核实对方身份的情况下，发展为恋人身份，并向对方转账，甚至不惜网贷，实在是网络交往安全意识过于淡薄，可悲可叹。

目前大学生网络交往安全问题主要集中在以下几个方面：

（1）大学生的判断辨别能力较差，社会经验不足，防范意识较弱，在网络社交过程中，对交往对象身份不予核实，难以识破骗局，被一步一步引诱被骗，小到淘宝兼职、大到骗财骗色。

（2）抵制错误思想的腐蚀能力较差。网络上鱼龙混杂，充斥着许多错误的思想和观点，比如拜金主义、享乐主义等。大学阶段是学生三观形成的重要阶段，如果对于网络社交中的错误思想不予抵制，很容易被侵蚀。

（3）网络并非法外之地。大学生在网络世界畅游时，极易迷失自我道德品质底线，在网络上发布不实言论，或发布攻击性言论，成为语言暴力的实施者。

综上，大学生在网络交往中应该注意以下问题：

（1）应该自觉提高思想道德品质和法律基础水平，树立正确的人生观、世界观、价值观，在网络社交中，也应当注意自己的言行，正确看待舆论事件，杜绝网络暴力行为。

（2）加强学习，多关注社会案件，增加自身阅历，从而提高防范意识、鉴别水平，谨防急功近利、贪利等心理作祟，理性对待网络交友，深入交往，请务必核实对方身份，切忌盲目受骗。

四、师生交往安全

师生交往是大学生人际交往的重要组成部分，教师的专业水平、学生对教师的信任程度、师生沟通是否顺畅等都直接影响着学生的学业、生活，乃至三观的形成。因此正确地处理师生交往，也是大学生人际交往的重要一课。

老师和学生之间的关系是一类特殊的人际关系，老师在交往中往往扮演的是学术权威、思想引领、生活导师等角色，而学生是跟随老师步入学术殿堂，提升自身思想境界，学习老师人格品质的跟随者。目前我国大学师生关系总体上体现出老师为人师表，学生尊师重道的良性发展态势，大学校园中的师生关系也逐渐向民主平等方向发展。但在师生交往过程中仍是存在安全隐患的，主要体现在以下几个方面：

（1）教师和学生具有“权威-跟从”的角色特性，使学生往往在师生交往中处于劣势。我国绝大多数教师能够严格要求自我，做到“师者仁心，香远益清”，通过课堂、课后辅导、谈话等方式引导学生学习和进步。但不排除小部分教师“师德”严重缺失，利用公权危害学生安全。前面第一节人身伤害中，我们已经列举了一些老师性骚扰学生的现象，还有的老师利用职权，通过挂科、评优等方式威胁学生。

【案例】2017年，安徽某高校的一名老师，只因学生在教学评估中给了差评便发文威胁学生将“挂科”，并威胁要揪出相关学生。4名学生在教学测评管理系统内为这位老师提出以下意见："教学水平有待提高，上课乏味，管理能力不够，没有领导力。太爱闲扯与上课无关的事……"等内容，而这位老师在QQ上威胁学生"我没有权利剥夺你受教育权，你有权利对我评教，但是我也有权利根据你的课堂表现和你期末考试成绩决定挂不挂科，或者补考通不通过。"

事情被网络曝光后，校方经研究立即与这位教师解除合同，考试成绩换由其他老师代为批改。

【点评】这一案例，首先反映出这位老师的失职失德，不虚心接受学生的建议，反而利用"挂科"威胁学生。其次学校在对教学测评管理系统的管理上也存在失职，学生的评价应当是匿名的，从制度上防治老师的"报复"行为。

2019年12月，我国教育部等七部门联合印发《关于加强和改进新时代师德师风建设的意见》，"把立德树人的成效作为检验学校一切工作的根本标准，把师德师风作为评价教师队伍素质的第一标准，将社会主义核心价值观贯穿师德师风建设全过程，严格制度规定，强化日常教育督导，加大教师权益保护力度，倡导全社会尊师重教，激励广大教师努力成为'四有'好老师，着力培养德智体美劳全面发展的社会主义建设者和接班人"。师德师风长效机制日趋完善，教育环境将呈现新风貌。

(2) 大学生也处于三观形成的阶段，有的学生认为自己已经成人，具备独立思考和处事的能力，面对老师的指导、批评置之不理，甚至有的人在被处分后，怀恨在心，殴打袭击教师，此种冲动行为，万不可取。

【案例】2016年国庆前夕，一条有关学生在老师办公室殴打老师的视频在网络间热传，这是四川省商贸学校的七名学生因提前离校的愿望未被老师批准，反而殴打系主任丁老师。学生张某想请假提前离校遭到班主任的拒绝，随后邀上另外6名同学来到办公室。而丁老师和张某的班主任在同一个办公室。得知张某的家在广汉，丁老师便在旁边说了一句，广汉很近，用不着提前离校类似的话，便引来张某等人的不满，于是就发生了视频中的一幕。随后学校报警，7名学生被带到了派出所。学校已对违规学生进行了严肃处理。

【点评】学生遵守规章制度是基本原则，无故提前离校，本就不符合制度规定，张某等人错上加错，反而殴打老师，倒行逆施，违反法制和公德，受到严处。所以同学与老师在沟通中，一定要充分沟通，而不是冲动之下就大打出手。

课后互动

如果你是他/她，你会怎么做？

1. 我是一名女生，今年20岁。上高中的时候我学习很刻苦，除了学习没有其他的爱好，也没什么朋友。因高考成绩不理想，补习了一年。考入大学后，班主任安排我当寝室长，我也想好好与寝室同学相处。但时间一长，我发现自己真的无法和室友们相处，我习惯早睡，她们却喜欢聊到深夜；我比较爱干净，她们却喜欢乱丢乱搭，把寝室搞得乱七八糟。我以寝室长的身份给她们提出一些建议和要求。她们不但不听，反而恶言相向。就这样我与室友经常因为一些琐事发生争执，我认为自己是对的，但她们并不理睬，几乎没人跟我说话。现在我和室友的关系很糟糕，已经到了孤立无援的地步。

2. 我是一名男生，进入大学后，认识了温柔可人的小可（化名），我们已经恋爱6个月了，但是这学期以来，她对我有些冷淡，发信息经常不回，约她一起散步，她也总是推脱，我怀疑她喜欢上了她们班长，这个家伙以前追过小可，仗着家里有钱，经常找借口接近小可。我要找个机会好好教训一下这个狂妄的小子，让他知道我的厉害，也让小可重回我的身边。

知识链接或拓展阅读

1. 《新型网络赌博 赌徒永远是输家》。

2. 《警惕！这种新型毒品已瞄准了00后 皮肤一碰就沾毒》。

3. 《非暴力沟通》，作者马歇尔·卢森堡博士。学会沟通是建立良好社交关系的第一步，本书通过观察、感受、需要以及请求四部曲，帮助人们构建平和沟通，摆脱语言暴力。

4. 《自控力》，作者凯利·麦格尼格尔。本书告诉人们如何改变旧习惯、培养健康的新习惯、克服拖延、抓住重点、管理压力的方法。

拓展训练

1. 大学生应当怎样远离打架斗殴？
2. 大学生如何防范性骚扰？
3. 大学生怎样抵制黄赌毒？
4. 在与他人交往中需要注意哪些问题？

第四章 财产安全

学习目的与要求

1. 了解大学生活中可能发生的财产安全事故

2. 了解高校盗窃案、抢夺抢劫案、大学生诈骗与敲诈、大学校园贷发生的原因、特点及作案手段，掌握相应的预防与应对方法

3. 了解大学生实体店购物和网购中可能遇到的财产安全事故，掌握相应的预防与应对方法

学习重点

1. 学会运用所学知识预防和应对生活中可能遇到的各种财产安全事故

2. 学会辨识不良校园贷和网购陷阱这两种新型威胁财产安全的作案手段，学会保护自身人身和财产安全

学习难点

1. 掌握各种财产安全事故的处理和应对办法

2. 辨识如诈骗、校园贷和网购陷阱中的作案手段

一定的财产，或者说，一定的经费和物质资料是完成大学学业的物质保证。但是如果发生了被盗、被骗、被抢，就必然使大学生的财产受到损失。因此，大学生要提高安全意识，做好防盗、防骗、防抢等防范工作，以确保财产安全。

案例与点评

【案例一】出入寝室忘关门，小偷趁机施贼手

2015年3月9日18时许，青岛黄岛区某高校大学生王某报警，称在学校宿舍内总价值约为1000余元的现金被盗。经民警现场了解，王某离开宿舍时随手将装有1000余元现金的钱包放在床上，忘记锁宿舍门就离开了，回来时发现财物被盗。经过开发区警方调查，于3月12日抓获犯罪嫌疑人李某。经审查，李某利用下午学生上课时间偷偷

溜进校园，发现王某所在的宿舍门未关后潜入盗走现金1000余元。

【点评】此校园盗窃案件被盗物品是大学校园容易被盗物品中的第一类，盗窃发生地点是学生宿舍。小偷乘学生上课宿舍内无人、房门未锁之机，溜进学生宿舍将室内的现金盗走。这种手段速度非常之快，甚至不到一分钟就可以完成。该盗窃案件中，学生去上课忘记锁宿舍门，且将装有现金这一类贵重物品的钱包就随意放在床上，说明该学生防盗意识薄弱。建议现金之类的贵重物品要么随身携带，要么锁好保管，且要养成随手关窗锁门的好习惯，不让盗窃分子有可乘之机。

【案例二】电话诈骗

据报道，武汉某大学某学生的父亲突然接到一个电话，一男子自称张某，是该学生的辅导员，说该生突患急性阑尾炎，已送到武汉市第一医院抢救，急需5000元医药费。着急的父亲赶忙打电话给该学生，发现该学生的手机关机，再打电话给该学生宿舍，也是无人接听。父亲救女心切，赶紧到附近的银行按照对方提供的账号汇了5000元钱。不久，张某又来电称该学生检查出是尿毒症，有生命危险，急需50000元救命。汇款后父亲再次打电话到该学生宿舍，发现该学生刚下课回来，方知被骗。

【点评】利用大学生离家远、信息渠道不畅和家人爱子心切的特点，向家长谎报学生病危或出现意外，骗取家长钱财，这是近年来颇为盛行的校园骗术之一。骗子通过大学生的同学录、求职信等材料，能轻易获得大学生以及其家庭的联系方式，这样其行骗也就带有很强的隐蔽性和欺骗性，所以经常能轻易得逞。

【案例三】某高校学生校园贷无力偿还，最终在青岛跳楼自杀

“爸，妈，我跳了，别给我收尸，太丢人。爸，妈，来世做牛做马报答你们。”这是2016年3月大学生小郑（化名）发给父母的最后一条短信，在发完这条短信后他跳楼结束了自己的生命。由于迷上了网络赌球，小郑先后通过某借贷平台共计借款6万块钱，这笔钱利滚利，慢慢地小郑就无力还款了。虽然借贷平台宣传贷款“无利息”，但其实他们巧立名目，偷换概念，将利息换成了所谓的手续费、违约金、迟延履约金、保证金等，加在一起，高出国家规定的银行同期利率的10倍、20倍甚至更多。走投无路之下，小郑偷偷用同学的身份信息去贷款还债。他先后用28名同学的身份证借钱，然而，这并没有缓解小郑的还贷压力。同学陆续收到催款电话，直到这时，他们才知道自己的身份信息被小郑用来贷款。最终，欠款像滚雪球一样越滚越大，变成了60多万元。小郑不仅要偿还巨额贷款，还面临着来自家庭和同学的压力。重压下，他最终以自杀来逃避。

【点评】这个案例是一个活生生的非法校园贷引发的惨案，正是由于非法校园贷的存在，使小郑同学能够轻而易举获得贷款，从而无所顾忌地延续其网络赌球的恶习；正是因为非法校园贷的高额利息，导致小郑同学难以还清贷款本息，只能从不同的平台借钱，甚至偷偷用同学身份证借款，拆东墙补西墙，贷款雪球越滚越大；也正是因为小郑同学对金融法律不了解，在遭受非法高利贷时，不知道去寻求学校、公安部门以及金融监管部门的帮助，正当地维护自身的合法权益，导致自己无法承受重压，选择自杀。

这个案例告诉广大学生，要远离非法校园贷，万一陷入非法校园贷陷阱，要第一时间寻求学校、家长的帮助，如遇到威胁、恐吓或暴力催收，要及时报警，依法维护自身的合法权益。

第一节　提高警惕，保障财产安全

一、预防盗窃

盗窃案件是大学校园中的多发性案件，盗窃是指一种以非法占有为目的，秘密窃取国家、集体或他人财物的行为。它是一种最常见并为师生员工最为深恶痛绝的违法犯罪行为。其中，数额较大的（财产价值一千元至三千元以上）称为刑事案件中的盗窃案，数额较小的按治安案件的偷窃案查处。

以作案主体进行分类，盗窃案可分为外盗、内盗和内外结伙盗窃三种类型。

高校中内盗发案率比较高，少数大学生对自己要求不严，人生观和价值观发生扭曲，法律意识淡薄，不顾家庭和自身经济的承受能力，追求时髦，从而导致没有钱花就去偷，逐步走上了违法犯罪道路。

预防和打击高校盗窃案，不仅是公安机关和学校保卫部门的重要任务，也是每个大学生应尽的责任和义务。增强防盗意识，了解校园内盗窃犯罪的基本情况、规律和特点，掌握防盗的基本常识和技能，是做好防盗、保证安全的基础。

1. 大学校园里容易被盗的物品

（1）现金、存折和汇款单等。无论是人民币还是外币，都是一般等价物，盗走后都能及时花掉，而且不易辨认。

（2）贵重物品。计算机、游戏机、手机、黄金饰品等。贵重物品被盗后，犯罪分子将它卖掉可以变成钱。

（3）衣物等生活用品和学习用具。

2. 大学校园里容易发生盗窃案件的地方

（1）学生宿舍。学生的现金、贵重物品、生活用品主要放在宿舍里，宿舍是最容易发生盗窃的场所。有些同学缺乏警惕性，安全防范意识太差，如：有的同学看到陌生人在宿舍里乱窜漠不关心，有的同学随便留宿外人或出借钥匙等。

（2）教室、图书馆、食堂、操场、浴室等公共场所。学生的现金、贵重物品、学习用品放在书包里，书包放在教室、图书馆、食堂，人离开了，发生被盗。贵重衣服、物品在锻炼身体时放在操场；在洗澡时放在浴室的衣柜中，也容易被盗。

3. 盗窃分子作案的主要手段

（1）顺手牵羊。盗窃分子乘主人不备，将放在桌上、床上的钱、手表及文具等或者将晾晒在阳台、走廊中的衣服偷走。这种盗窃的手段，不用撬门，不用撬窗，非常方便，所以叫“顺手牵羊”。

（2）溜门盗窃。盗窃分子乘室内无人房门未锁之机，溜进门来，将室内的现金、存折、信用卡、手机、照相机等贵重物品盗走。尤其是盛夏季节，夜间睡觉图凉快不关门，小偷趁机入室偷窃“浮财”。

（3）窗外钓鱼。盗窃分子乘室内无人或室内人员睡觉之机，用竹竿、木棍等工具在窗户外边将室内的衣服等物品钩走。

（4）翻窗入室。盗窃分子乘窗户敞开之机，割破纱窗，进入室内盗窃。

（5）撬锁入室。盗窃分子乘室内无人之机，撬坏门锁，入室盗窃。

（6）先盗钥匙，再盗物品。盗窃分子乘人不备，在宿舍等处偷来钥匙，或在图书馆、教室、食堂等公共场所，先从书包中盗窃学生的钥匙，然后尾随学生认清他的宿舍，再乘宿舍无人之机用钥匙开门，进行盗窃。

除上述六类外还有偷配钥匙预谋行窃的，也有以找人卖东西等名义混入宿舍相继行窃的，等等。

4. 盗窃分子的主要作案时间

盗窃是用不合法的手段秘密地取得他人财物，因而盗窃分子必然要回避人，尽量不让人发觉。一般来说，盗窃分子在作案时间上有如下规律：

（1）上课时间。上课时间学生大都去上课，特别是上午一二节课，宿舍内几乎空无一人，是盗窃分子的可乘之机。

（2）夏秋季节。天气炎热，许多学生敞开门窗睡觉，为盗窃分子大开方便之门。

（3）新生入学、老生毕业之际。天南海北的新生，带着数千元的学费、生活费来到大学，对大学情况尚不了解，加上缺乏生活经验，警惕性不高，成为犯罪分子的可乘之机；老生毕业时，宿舍内进进出出的人较多，卖旧书、卖生活用品，收购废品的人也较多，学生忙于离校，警惕性放松，也容易发生被盗。

（4）放假前后。放假前，学生忙于复习考试，精力集中在学习上。这期间家里寄来路费，学生手中的现金较多。放假期间，绝大多数学生回家，宿舍内人员很少，犯罪分子撬锁作案的比较多。开学后，学生带来的现金较多，稍有疏忽，也易被盗。

（5）早操时间。早操时间一些同学不愿起床，睡意蒙眬时给溜门盗窃分子提供了可乘之机。

5. 高校盗窃案件的特点

一般盗窃案件都有以下共同点：实施盗窃前有预谋准备的窥测过程；盗窃现场通常有遗留痕迹，如指纹、脚印、物证等；盗窃手段和方法常带有习惯性；有被盗窃的赃款、赃物可查。由于客观场所和作案主体的特殊性，决定了高校盗窃案件有以下特点：

（1）时间上的选择性。不法分子在有人的情况下是不会行窃的，作案人必然选择作案地点无人的空隙实施盗窃。例如，上课期间，同学们都去教室上课了，作案人便会“光顾”宿舍；下班的时间或节假日期间，实验室、办公室、财会室、计算机室通常均处于无人状态，作案人便会乘隙而入。

（2）目标上的准确性。高校中内盗案件比较多。财会室、计算机室在什么位置，作案人都掌握得一清二楚；哪个学生有钱或贵重物品，常放在什么地方，有没有锁在箱子中或柜子里，钥匙放在何处，作案分子都基本上了解。不动手便罢，一旦动手目标十分准确，常很快便十拿九稳地得手。

（3）技术上的智能性。高校中盗窃案件的作案主体，一般以高学历、高智商的人为多，有的本身就是大学生。他们智力超群、比较聪明，盗窃技能高于一般盗窃作案人员。他们经常会用你的钥匙开你的锁，或制作“万能”钥匙等，进行智能型违法犯罪活动。

（4）作案上的连续性。如上所述，正是由于作案人比较“聪明”，所以其第一次作案很容易得手。“首战告捷”以后，作案人往往产生侥幸心理，加之报案的滞后性或破案的延迟性，作案人极易屡屡作案而形成一定的连续性。

（5）作案人员构成特点。一是外部人员窜入高校内部作案，始终占大多数；二是大学生作案占有一定比例。各高校发生的盗窃案，有一部分是内部大学生作案。

6. 预防盗窃，确保财产安全

（1）要牢固树立防盗意识，克服麻痹思想。千万不要以为大学校园是太平世界，是保险箱。盗窃分子的眼光时时盯着大学校园，特别是盯着缺乏经验的大学生。大学校园里时常有盗窃分子出入，身边的大学生中极个别人也有盗窃行为。因此，在防止盗窃时，既要防外贼，也要防内贼。

（2）妥善保管好现金、存折、汇款单等。现金最好的保管办法是存入银行，尤其是数额较大的要及时存入，绝不能怕麻烦。要就近储蓄，储蓄时设置密码。密码应选择容易记忆且又不易解密的数字，千万不要选用自己的出生日期做密码。这样，即使存折或现金卡被盗，犯罪分子也不容易取走钱，事主也有时间到银行挂失。身份证是最有效的证件，存折丢失，可以凭身份证去挂失和取款。因此，存款单据、汇款单据、存折及现金卡要同身份证、学生证分开存放，防止被犯罪分子同时盗走。因购买贵重物品而需要大额现金时，应当天取当天用，因故不能当天购物时，应将钱再存入银行，不要怕麻烦。

（3）保管好自己的贵重物品。贵重物品不用时，不要随便放在桌子上、床上，防止被顺手牵羊、溜门盗走或窗外钓鱼给盗走，要放在抽屉、柜子里，并且锁好。寒暑假离校时应将贵重物品带走，或托付给可靠的人保管，不要放在宿舍里，防止撬锁盗窃。贵重物品、衣物最好做上一些特殊记号，一旦被盗，报案时好说明，认领时也有依据，这样，即使被盗，找回的可能性也大一些。

（4）养成随手关窗锁门的好习惯。上课、参加集体活动、出操、锻炼身体等外出离开宿舍时，要关好窗、锁好门，包括关好玻璃窗，因为仅仅一层窗纱不足以防盗。一个人在宿舍时，即便上厕所、上水房洗衣服，几分钟、十几分钟的时间即可回来，也要锁好门，防止被犯罪分子溜门盗窃。

（5）在教室、图书馆看书，在食堂吃饭时，不要用书包占座，不在书包里放现金、贵重物品、钥匙，防止书包被盗或书包内的现金、贵重物品、钥匙被盗。

（6）不带较多的现金和贵重物品到公共浴池去洗澡，这些场所往往是犯罪分子行窃的地方。

（7）关于自行车防盗。高校里自行车被盗案时有发生，规模大的高校每年发生数百上千起，规模小的院校每年也发生上百起到数百起。要养成随手锁车的好习惯，尤其好车要严锁严管，最好存放在有人看管的车棚里。

（8）发生被盗，要保护好现场，及时报案。下课回到宿舍，如发现门窗被打开，或窗上玻璃被打碎、纱窗被割破、室内物品被翻得比较乱，这是室内发生盗窃的明显标志。遇到这种情况发生，头脑要清醒，不要急于到室内查找自己的物品。首先要保护好犯罪分子留下的现场，任何人不要进入室内，以便公安人员在现场提取犯罪分子留下的痕迹。其次，要马上报告学校保卫部门或公安机关，请他们来现场调查了解。第三，配合公安保卫部门查破案件，如果发现存折或汇款单丢失，要马上到银行、邮局去报告、挂失。平时如果丢失贵重物品、自行车等，也要及时到学校保卫部门报告，讲明丢失或被盗情况及自己物品的特征。

二、预防抢劫和抢夺

抢劫是指以非法占有为目的，以暴力、胁迫或者其他方法施行的将公私财物据为己有的一种犯罪行为。抢夺是指以非法占有为目的，乘人不备，公然夺取他人的财物。这两类犯罪行为同时都侵害了他人的人身权利，而且容易转化为凶杀、伤害、强奸等恶性案件，严重侵犯大学生的财产及人身权利，威胁大学生生命安全，造成大学生生命、健康及精神上的损害，比盗窃犯罪具有更大的危害性。这两类犯罪行为在大学校园里远比盗窃行为发生得少，但也时有发生，因此，也必须积极防范。

1. 大学校园里抢劫、抢夺案件的特点

（1）案发时间多为晚上，特别是校园内夜深人静、行人稀少时；午休时间也可能发案。

（2）发案地点多为校内偏僻场所，人少的地段。

（3）抢劫、抢夺的对象多为携带贵重物品的人或滞留在阴暗处的恋爱男女或独自一人的，特别是女同学。

（4）犯罪分子攻击的目标是抢夺现金、贵重物品。

（5）犯罪分子较凶残，多数携带凶器，极具侵害性。

（6）作案人一般为校园附近农村、工厂或城镇中不务正业有劣迹的小青年。

2. 大学生如何预防抢劫、抢夺

根据上述大学校园中抢劫、抢夺案件的特点，要做到以下几点：

（1）外出时不要携带过多的现金和贵重物品，特别是必须经过抢劫、抢夺易发生地段，如果因购物需要必须携带大量现金或较多的贵重物品，应请同学随行。

（2）现金或贵重物品最好贴身携带，不要置于手提包或挎包内。

（3）不外露或向人炫耀贵重物品，应将现金、贵重物品藏于隐蔽处。

（4）尽量不要在午休、夜深人静时单独外出，特别是女同学；不要在僻静、阴暗处行走、逗留。如必须通过僻静阴暗处，最好要结伴而行，或者携带一些防卫工具。

（5）发现有人尾随或窥视，不要紧张，更不要露出胆怯神态，可以大胆回头多盯对方几眼，或哼首歌曲，或大叫同学、教师的名字，并改变原定路线，立即向有人、有灯光的地方走去。

（6）不要单独滞留或行走在偏僻、阴暗处。女生独自外出或回校，穿着不要过于时髦、暴露。

3. 发生抢劫、抢夺时怎么办

某校一男一女两名大学生正在一僻静的树林中散步，突然，一群小混混围上来要强行搜身。当时，女生吓得直发抖，男生则镇定自若，掏出香烟、打火机和身边的数百元钱，假说自己也是同道上混的，愿意和他们交个朋友。小混混一见他那么爽快，也没有过多地为难他们，拿了钱便扬长而去了。等他们走了一段距离以后，男生急忙叫女生去报案，自己却悄悄跟在小混混后面。不久，有说有笑正在分享“战果”的小混混，便全部被警察抓获了。

这位男生临危不惧、处事不慌、随机应变、巧转话题、化险为夷，既保护了自己又捉拿了罪犯。可见，万一遭遇抢劫、抢夺时，大学生应当保持镇定，根据所处的环境，对比双方的力量，针对不同的情况采取不同的对策。

（1）案发时要在保证自身安全的情况下尽力反抗，分析犯罪分子和自己的力量对比，只要具备反抗的能力或时机有利就应发动进攻，以制服或使作案人丧失继续作案的心理和能力。

（2）与作案人尽量纠缠。可利用有利地形和身边的砖头、木棒等足以自卫的武器与作案人形成僵持局面，使作案人短时间内无法近身，以便引来援助者并对作案人造成心理上的压力。

（3）实在无法与作案人抗衡时，可以看准时机向有人、有灯光的地方或宿舍区奔跑。

（4）巧妙麻痹作案人。当已处于作案人的控制之下而无法反抗时，可按作案人的需求交出部分财物并采用语言反抗法，理直气壮地对作案人进行说服教育，晓以利害，从而造成作案人心理上的恐慌。切不可一味地求饶，应当尽力保持镇定，与作案人说笑斗口，采取幽默方式表明自己已交出全部财物并无反抗的意图，使作案人放松警惕，以便自己看准时机进行反抗或逃脱其控制。

（5）采用间接反抗法。采用间接反抗法是指趁其不注意时在作案人身上留下记号，如在其衣服上擦点泥土、血迹，在其口袋中装点有标记的小物件，在作案人得逞后悄悄尾随其后注意其逃跑去向等。

（6）如果敌强我弱，要采取灵活做法，注意观察作案人，尽量准确记下其特征，如身高、年龄、体态、发型、衣着、语言、行为等特征。

（7）及时报案。要在最短时间内向公安机关、学校保卫部门报案，说明案发时间、地点，犯罪分子特征，自己财物损失情况等。作案人得逞以后，很有可能继续寻找下一个抢劫目标，甚至还敢在作案现场附近的商店和餐厅进行挥霍。所有高校一般都有较为严密的防范措施，能及时报案和准确描述作案人特征，有利于有关部门及时组织力量布控、抓获作案人。

（8）无论在什么情况下，遇到抢劫时只要有可能就要大声呼救，或故意高声与作案人说话。犯罪分子逃跑时，应大声呼叫周围的群众，堵截追捕，迫使犯罪分子放弃所抢物品。

三、诈骗

诈骗是危害公民财产安全的一种违法犯罪行为。它是指以非法占有为目的，用虚构事实或者隐瞒真相的方法，骗取公私财物的行为。其中骗取数额较大的，目前司法实践掌握在三千元及以上，以诈骗罪论处。骗取所得在三千元以下的，属于一般违反治安管理的行为，酌情给予批评教育或者治安处罚。由于它一般不使用暴力，而是在一派平静甚至“愉快”的气氛下进行的，受害者往往会上当。提防和惩治诈骗分子，除需要依靠社会的力量和法治以外，更主要的还是大学生自身的谨慎防范和努力，认清诈骗分子的惯用伎俩，以防上当受骗。

1. 大学生上当受骗的原因

大学时代对于人生，是一个伴随探索与追求、理想与奋进的黄金时代，年轻的大学生才华横溢，精力充沛，热情奔放，少不了人际交往。然而值得提醒的是，少数大学生书生气十足，只记得“世界充满爱”，忘却了世界的多样性和复杂性，忘记了美与丑、正义与邪恶并存，因而不加选择或不懂选择，轻率交友，尽管有善良的动机却落得不幸的结局，这些正是诈骗分子屡屡得手的根本原因。

诚然，同学们的初衷往往是无可非议的，但是，从众多受骗上当的事实中反思，不难看出我们大学生身上的确存在一些容易被利用的因素。

（1）思想单纯，防范意识较差。主要原因是大学生从小到大一直在学校里读书，社会生活经验少，思想单纯，分辨是非能力差。有的学生感情用事，见到自称是“落难者”就想“慷慨解囊”，结果疏于防范，落入骗子设下的圈套。

（2）贪小便宜，急功近利。贪心是受害者最大的心理缺点。很多诈骗分子之所以屡屡得手，很大程度上是利用了人们的贪心等非分之想，受害者往往是被诈骗分子开出的“好处”“利益”所吸引，这些人见“利”就上，对诈骗分子的所作所为不加深入分析，不作调查研究，最后落得“捡了芝麻，丢了西瓜”的可悲下场。一些同学往往为诈骗分子所开的“好处”“利益”所吸引，有的自认为是用最小的代价获得最大的利益和好处，结果却落得个“鸡飞蛋打”的结局。

（3）有求于人，轻率行事。每个人免不了有求他人相助的事，能否如愿这就要看是何事，对象是谁。如果不辨青红皂白，为达目的而轻率交友，弄不好会上当受骗。据调查，当前大学生容易被利用的心态是：想经商助学而缺乏经商实际经验；急于成名爱慕虚荣而无意戒备；想谋到理想的工作而又缺少门路等。

2. 诈骗作案的主要手段

随着社会治安的日趋复杂，形形色色的违法犯罪分子往往在我们年轻幼稚、思想单纯的大学生身上打主意，借结交之际或推销之名，变换手法，施展骗术，引大学生上当。

（1）伪装身份，直接骗钱。

（2）假冒身份，流窜作案。

（3）故意找茬，勒索钱财。

（4）骗取信任，寻机作案。

（5）招聘为名，设置骗局。

（6）以次充好，恶意行骗。

（7）投其所好，引诱上钩。

3. 预防被诈骗，维护自己财产的安全

“害人之心不可有，防人之心不可无”，不要以为现在世界都充满了爱，人人都是正人君子。对任何人，特别是陌生人，不可以轻信，也不可以盲目随从。

（1）提高防范意识，学会自我保护。社会环境千变万化，青年大学生必须尽快适应环境，学会自我保护。要积极参加学校组织的法制和安全防范教育活动，多知道、多了解、多掌握一些防范知识对于自己有百利而无一害。在日常生活中，要做到不贪图便宜、不牟取私利；在提倡助人为乐、奉献爱心的同时，要提高警惕性，不能轻信花言巧语；不要把自己的家庭地址等情况随便告诉陌生人，以免上当受骗；不能用不正当的手段谋求择业和出国；发现可疑人员要及时报告，上当受骗后更要及时报案、大胆揭发，使犯罪分子受到应有的法律制裁。

（2）交友要谨慎，遇事要冷静思考，避免以感情代替理智。人的感情是主体与客体的交流，既是主观体验也是对外界的反映，本身应该包含合理的理智成分。如果只凭感情用事、一味“跟着感觉走”，往往容易上当受骗。交友的基本原则有两条：一是择其善者而从之，真正的朋友应该建立在志同道合、高尚的道德情操基础之上，是真诚的感情交流而不是简单的利益关系，要学会了解、理解和谅解；二是严格做到“四戒”，即戒交低级下流之辈，戒交挥金如土之流，戒交吃喝嫖赌之徒，戒交游手好闲之人。与人交往要区别对待，保持应有的理智。对于熟人或朋友介绍的人，要学会“听其言，观其色，辨其行”，而不能“一是朋友，都是朋友”。对于“初相识的朋友”，不要轻易“掏心窝子”，更不能言听计从、受其摆布利用。对于那些“来如风雨，去如微尘”的上门客，态度要热情、处置要小心，尽量不为他们提供单独行动的时间和空间，以避免给犯罪分子创造作案条件。

（3）同学之间要相互沟通、相互帮助。在大学里，无论哪个学院、哪个专业，班集体总是校园中最基本的组织形式。在这个集体中，大家向往着同一个学习目标，生活和学习是统一的、同步的，同学间、师生间的友谊比什么都珍贵，因此相互间应该加强沟通、互相帮助。有些同学习惯于把个人之间的交往看作是个人隐私，但要注意的是，既然是交往就不存在绝对保密。有些交往关系，在自己认为适合的范围内适当透露或公开更适合安全需要，特别是在自己觉得可能会吃亏上当时，与同学有所沟通或许就会得到一些帮助并避免受害。

（4）服从校园管理，自觉遵守校纪校规。为了加强校园管理，学校制定了一系列管理制度和规定用来约束同学们的行为，在执行过程中可能会给同学们带来一些不便，但却是必不可缺的。况且，绝大多数校园管理制度都是为控制闲杂人员和犯罪分子混入校园作案，以维护学生正当权益和校园秩序而制定的。因此，同学们一定要认真执行有关规定，自觉遵守校纪校规，积极支持有关部门履行管理职能，并努力发挥出自己的应有作用。

四、防止敲诈勒索

敲诈勒索罪是指以非法占有为目的，对被害人使用恐吓、威胁或要挟的方法，非法占有被害人公私财物的行为。敲诈勒索罪是一种重要的侵犯财产罪，其犯罪对象是公私财物。也有学者认为，敲诈勒索罪的对象是复合的，包括人和公私财产。从敲诈勒索罪的客观要件入手，敲诈勒索的客体只能是财产所有权，因而其犯罪对象只包括公私财物，而不包括人。

1. 提高防骗敲诈的意识

（1）谨防“首感效应”。

（2）谨防“标签效应”。

（3）谨防“贪利心理”。

（4）谨防“急功近利”。

（5）谨防“盲目同情”。

（6）谨防被人抓住把柄而被敲诈。

2. 识别常见的诈骗敲诈方式

（1）通过上网聊天交友，取得信任后，编造谎言进行诈骗。

（2）编造学生在学校受到意外伤害，对学生家长及亲属实施诈骗。

（3）冒充学校工作人员进行诈骗。

（4）利用别人恋爱行为进行诈骗。

3. 掌握防骗防敲诈方法

（1）如果大学生已经上当受骗，要立即向学校保卫部门或就近的公安部门报案，要如实回答公安保卫人员提出的各种问题。

（2）尽可能地掌握各种证据，以便给公安机关侦破案件提供线索。

五、校园贷预防与应对

校园贷，又称校园网贷，是指一些网络贷款平台面向在校大学生开展的贷款业务。无须任何担保，无须任何资质，只需动动手指，填填表格，就能贷款几千甚至几万元。据调查，校园消费贷款平台的风控措施差别较大，个别平台存在学生身份被冒用的风险。此外，部分为学生提供现金借款的平台难以控制借款流向，可能导致缺乏自制力的学生过度消费。

1. 校园贷的危害

（1）网络贷款会给大学生心理产生极大的压力，让大学生的生活陷入网贷的泥潭中不可自拔。

（2）网贷会促使大学生不良消费以及连环贷款，容易使其消费理念及价值观产生偏颇。

（3）若大学生不能及时还清贷款，可能导致辍学、自杀等情况的发生。

（4）网贷会使原本幸福的家庭陷入网贷的阴影，增加了家庭的经济负担以及父母的心理负担。

（5）网贷的大学生在同学及朋友间的信誉受损，影响正常的人际交往。

2. 校园贷的套路

套路一：以好处为诱饵，引诱贷款。诈骗分子在大学校园内以“给好处费”为诱饵，让大学生以自己的名义在网贷平台贷款，事后给大学生几百元至数千元不等现金作为“好处费”，并承诺所有贷款均由自己来还，与帮其贷款的大学生毫无关系，然而一旦贷款成功，便人间蒸发。

套路二：发布虚假广告，骗取押金。诈骗分子一般在搜索引擎上大量散布虚假网络贷款信息，待大学生搜索到该公司信息后与其联系，便伪造贷款合同，并要求大学生缴纳数千元的保证金，有些还会继续以信誉不足等为由，多次要求学生向其转账。

套路三：骗取学生信息，迅速转账。诈骗分子还会先通过各种手段，如制作虚假贷款申请表获得大学生手机暂时使用权、银行卡以及个人信息，将银行卡与自己的微信、支付宝等绑定后再交还学生，并以该大学生名义在网贷平台多次办理大学生贷款，时刻关注到账信息，一旦到账迅速转移，随后销声匿迹。

套路四：谎称“黑户”漏洞，套现分红。诈骗分子谎称大学生分期贷款可以操作为银行内部的“黑户”，从而不用还款，可以利用这一软件漏洞赚钱。这种方式主要是让大学生分期贷款购买高端电子产品后再低价出售，套现后诈骗分子成功“分红”，事后贷款平台催大学生还款时，“大忽悠”已不知去向。

套路五：额度小，期限短。“额度小”是为了迎合大学生的借款需求；“期限短”是为了间接提高贷款利息，而且短期的总利息看起来不会很高，大学生比较容易接受。但是，如果真正计算贷款成本，费用是非常高的，因为它还包括了手续费及其他费用。若借款学生未按时还款，逐日累积，还款能力将受到影响。

套路六：采用“砍头息”。给借款人发放借款时，贷款公司（或贷款平台）会从本金中扣除一部分钱，这部分钱就是“砍头息”。比如，甲借给乙 5 万元，但在付给乙钱的时候，甲将扣除 5000 元作为利息，也就是说，乙实际拿到手的钱只有 4.5 万元。

套路七：还不起款？给你介绍还款路径。若借款学生还不起款，放款人往往会主动为其介绍路径，而该路径就是向另外一家贷款公司借钱，还上一家公司的欠款。这意味着借款人将签下更高额的欠款合同，易引发“连还贷”。不少大学生通过网络借贷后，拆东墙补西墙、利滚利，借款人的债务就越滚越高，后患无穷。

套路八：规避法律风险，做假流水。由于高利贷是不受法律保护的，为了规避这一风险，一些贷款公司先将承诺的款项打入借款人的账户，然后让借款人取出来，再从中取走一部分钱，所以，最后借款人拿到手的钱并没有承诺的那么多，但实际还款金额却是承诺的借款数额。

套路九：贷款合同免责条款无本万利。一些校园贷款平台的服务协议里都有免责条款，其中明确有些情况是网贷平台不承担责任也不赔偿的。比如电信设备出现故障不能进行数据传输的；由于黑客攻击、电信部门有技术调整或故障、网站升级、银行方面的问题等原因而造成的服务中断或者延迟。在实际操作中，网贷平台完全可以利用这些免责条款不承担应承担的责任。

3. 校园网贷的防范措施

（1）大学生应树立正确的消费观，不虚荣，不攀比，应该理性消费，防止冲动消费。

（2）坚决不做卡奴、贷奴。很多大学生通过各种渠道办理信用卡和网贷，虽然短期获得了经济上的高消费，但是以后的日子里压缩生活开支，为还款付出更多的金钱和精力，更严重者会走上歧途，对自己的学业和未来都产生影响。购物分期需量力而行且要综合比较，尽量不分期购物，同时切忌以贷还贷。

（3）平时可参加勤工俭学缓解压力。节流的同时还需要开源，在大学里有很多可供学生自己支配的课余时间，可以在平时多参加一些兼职，不仅能得到一定的收入改善生活，还能提前适应社会环境，当然在兼职的过程中一定要防止上当受骗。

（4）大学生应注意对自己个人信息的管理，无论是身份证、学生证还是支付宝、银行卡账户，都不宜随便透露给他人，哪怕是学校的熟人（包括老师、学长、室友等），以免被有心人用作其他用途，如用你的个人信息去进行校园贷，在你自己不知情的情况下背了一身债，有许多大学生就是因为这样而走向了极端。

（5）强化法律意识，知道什么行为是合法的、是受法律保护的，假如进行了校园贷自己的权益却被侵害，应如何维权。

（6）不参与校园网贷行为，不在校园内宣传网贷，不做网贷代理人或中介，不向同学介绍网贷经历或网贷路径，更不能直接开展网贷业务。

（7）正规公司都有正规流程，放贷之前就要求缴纳费用的贷款公司统统可计为骗子公司，请不要相信。

（8）以贷款培训作为入职前提的公司也可直接列为骗子公司，可上工商局查询。

（9）无论在任何场合都要谨慎充当担保人，更不要用自己的身份信息替他人贷款，否则要承担贷款连带责任或还款责任。

（10）法律是一道红线也是一道护身护。作为大学生不要参与不良校园网贷，不做网贷代理，不宣传网贷，不触碰法律这条红线；如果不慎深陷网贷陷阱，一定要寻求警方的帮助和法律的保护，不可走向极端。

第二节　购物安全

一、实体店购物安全

实体店是千百年流传下来的卖货经营模式，在当前电子商务不断发展的潮流下，实体店购物有其自身不可替代的优点。比如在实体店购物可以看到实物，尤其是在购买衣服时，可以现场试穿、感受色差等。还有就是即买即食的物品，实体店购买更有时效性。因此，实体店购物还是一种必然的存在。

1. 实体店消费可能存在的陷阱

（1）以小恩小惠当诱饵，骗取更大利益。

（2）用很大的名头或专家名义骗取信任。我们经常会看到一些商家打着一些很大的名头或者专家的名义来销售商品。在我们购买产品的过程中，特别是一些较为昂贵的物品，或者牵涉我们健康的物品，一定要认真权衡再三之后再进行购买。特别是涉及一些专业性的证书和专家认定，我们可以到网上进行这类信息的核实。如果信息是虚假信息，我们一定要及时向有关部门披露。

（3）大打亲情牌，让你陷入陷阱，让消费者觉得自己和销售者达成了一种较为亲密的关系，那么消费者购买产品也是理所当然了。

（4）以真套牢，以假调包。消费者试用时的产品是真的，购买到手的是次品。

（5）附加条款，小字显示，混淆视听。有些商场搞“优惠活动”，大字注明优惠，附带条件小字显示，让消费者落入陷阱。

2. 实体店购物可能出现的财产安全问题及应对方法

（1）在实体店购物时要认清所购买物品的品牌、质量，防止价格过度虚高。某些商贩利用大众“贪便宜”的心理搞促销活动，实则背后有消费陷阱或连带消费，或者是类似只要提供自身信息就可免费领取物品的活动造成自身信息泄露。遇到这类情况，一定要有“天下没有免费的午餐”的心理准备，谨防掉入不良商家设置的圈套。

（2）在商场购物时，要看管好自己随身携带的物品，尤其是贵重物品，特别是在重大节日、人流量大的商场、超市。

（3）采用现金支付时，担心自己现金被调换成假钞和找零中混杂有假钞从而造成直接经济损失，要做到现钞当面清点。采用刷卡支付时，有可能出现银行卡密码泄露，银行卡丢失和被盗。要保护好自己的银行卡和密码，且身份证和银行卡最好不要放在一起，以免同时丢失或被盗，银行卡一旦丢失或被盗，要第一时间到银行挂失，防止进一步损失。采用微信支付或支付宝支付时，有可能出现支付密码泄露，微信或支付宝被人盗用等。手机支付一定要设置支付密码，且要保护好自己的支付密码，另外也要做好手机防盗。

（4）实体店购物要记得保留购物小票或索要发票，作为所购商品售后的凭证。

（5）在实体店购物时，一旦发生财产损失事件，第一时间保留证据并报警。

二、网上购物安全

随着当代中国经济的增长，我国互联网技术不断完善，尤其是电子商务领域不断发展，网络、通信和信息技术取得了突破性进展。物质信息时代的发展，影响了越来越多投资者的思维方式，许多商家开起了在线商店，向消费者展现出一种新的购物理念，网上购物热潮掀起，网上购物的现象正随着以下几个趋势呈现。

（1）网上购物人群性别和年龄阶段较为集中。网上购物主要集中在青少年、大学生以及女性人群上，当代大学生处在信息高速发展的新时期，心理和思想随着物质世界的变化也发生着巨大的改变。事物是不断发展的，大学生更容易接受新的事物，赶时髦，追潮流的思想正在影响着大学生群体，因此加强了网上购物热潮的兴起。而网上购物又以女性为主，相比于时政、新闻，大多数女性更倾向于服装首饰的搭配，而网购也就成为最受女性欢迎的一种购物方式。

（2）网上商品价格参差不齐，但价格普通低于市场价格。因为网上商店相对传统商店少了中间环节，同时省去了实体店面的租金费用，成本相对较低，加之大部分网上商店的进货渠道又很便捷，同样使网上商店成本降低，导致所销的商品价格降低。

1. 大学生网购兴起的原因

（1）网购的便利性和新颖性。网购的便利性是促使大学生网购的主要因素，网购没有时间的限制，对于不愿意花时间去实体店购物的学生来说，网购无疑是最佳的选择。网购方便快捷的特性很好地迎合了大学生的需求，对于挑选、对比各家的商品来说，只需要登录不同的网站或是选择不同的频道就可以在短时间内完成，而且可以由商家快递送达，直接省去了传统购物舟车劳顿的辛苦，这是传统购物无法达到的。从订货到货物上门，省时省力，极大满足了大学生的求新心理。

（2）大学生的求廉心理。大学生的消费心理受商品价格的影响，对于大学生而言，由于自身可支配的资金少，在消费时价格会是考虑因素之一，而网店商品价格低，满足了大学生追求物美价廉的消费心理。

2. 网购的利处

（1）符合大学生的消费水平。网络购物中的商品价格虽然参差不齐，但其价格都普遍低于市场价格，购买者通常都可以在网店中以一个比较低廉的价格购买到自己所需物品的替代品，以满足自己的物质或精神方面的需要。然而无论是人的物质需要还是精神需要都是客观的，都决定于自己的实际生活状态。大学生的收入来源较少，可以支配的资金数额不多，所以在选择商品的过程中，网络平台更加符合大学生的消费需求和满足大学生的需要。

（2）满足大学生的生活需要。网络平台上的商品，由于信息交换量大，更新速度快，所以时时把握着社会的发展潮流。几乎任何一个受到关注的事物，都会在第一时间以各种形式迅速地席卷整个网购平台。当客体能够满足主体的需要时，客体对主体就有价值，客体满足主体的需要程度越高，价值也就会越大。网络购物的商品品种齐全、更新速度快，不用出门，就能买到本地买不到的商品。由此可见，网络商品的潮流性、时代感、更新率等方面都十分适应当代大学生的心理和生活各方面的需要，理所当然地被大学生所喜爱。

（3）适应大学生的生活节奏。在生活节奏普遍较快的现代，年轻人特别是大学生都偏向于“快餐式”生活。网购这种新型的线上购物、消费方式，可以方便快捷地与全国各地甚至海外的网络卖家进行对话和交易，使各地的卖家、买家通过互联网联系在一起，形成网购交易链的整体。

（4）顺应当代社会生活。21 世纪是电子商务的时代，随着商业的进步，社会的发展，互联网走进千家万户，网上购物作为一种新兴的购物方式，不仅方便省事省时间，而且在一定程度上保证了货币流通的安全。网购作为一种新事物，它的发展是社会进步的表现，它抛弃、克服了传统购物过程中时间地点的限制，在时间、空间等方面都较之前有很大的优越性，具有强大的生命力。

3. 网购的弊处

（1）影响正常的学习。任何事物都有两面性，网购既有利处，也有弊处。前面说到网购的群体主要集中在青少年和大学生中，学习是他们的主要任务。现今手机的普及，学生人手一部手机，随时随地可以点开各种软件进行网上购物，不论是上课还是休息时间，很多人可以说是沉迷于网购。这种做法扰乱了学生的正常学习，初高中生的后果会是影响学习成绩，大学生的后果会是挂科。不仅父母为之担心，自己的前途也会受到影响。如果尝到苦果后还不改正，只会继续恶性循环。

（2）乱花钱现象严重。由于网上购物形式新颖，较实体商店来说更方便、快捷、便宜，因此吸引了大批年轻人把钱投资在网店上。再加上有如“双十一”等特价活动，许多平时很少网购的人都在这一天大买特买，不想错过好时机。但每当活动过后，就会出现大量“剁手党”“吃土少年”，购物花了很多钱。确实有许多年轻人头脑一热付了款，东西到了又不想要了，乱花钱现象十分严重，而且年轻人的钱大多来自父母，这样任意挥霍很不好。

（3）网购容易被骗。网络世界是个虚拟的世界，买家和商家谁也看不见谁，对方的情况难以获得，付钱的途径也存在着风险，一不小心卡里的钱都会被骗走。除了钱会被骗，所买的商品也会被骗。许多到货的商品颜色与图片不符，质量与商家说的天差地别，找卖家理论也得不到回应，最后只能自认倒霉。究其原因，还是警惕性不高，没有安全意识所致。

（4）易与他人产生纠纷。有些对商品不满意的买家为了维护自己的利益不惜与卖家纠缠到底，告上法庭的也大有人在。同学之间也会因为网购产生矛盾，导致同学和谐的关系出现问题。这些问题值得我们去反思和解决。

网购这一新事物的出现是社会、经济发展的产物，发展也有一个过程，遵循一定的发展规律，势必会利弊共存。这就需要我们认清其发展规律，顺应它的规律，正确地对待网购，多多利用“利”为自己及大家服务，共同建设出一个良好的购物环境。

4. 正确应对网购

（1）正确看待网购。网购的利与弊是相生相克、相互依存的，有利才有弊，有弊方有利。这个特点就决定了我们要正确看待网购必须用客观的态度。不能片面地认为网购只有好处，没有坏处，反之亦然。将网购的利弊统一起来，才能客观地看待网购，最终促进自己更好地网购。既看到网购的好处，也看到网购的害处。看到网购的好处，充分利用网购对人们的益处，同时善于发现潜在的益处，让网购更好地为人们服务。看到网购的坏处，避开对人们的不良影响。同时，作为网购的主体，大学生应该结合自身的发展特点，坚持自我，调整自己的心态。首先，要克服盲目猎奇的心理，适度网购，控制购买的次数、数量和金额。其次，克服从众心理，不要因为不良的动机而网购，不能出现如攀比、追求奢侈，更不能进行超出自己以及家庭现有收入水平的消费。另外，大学生还应该理性网购，认识到自己网购的真实需求，有计划有目的地进行合理的、适合自己的消费。除此之外，大学生要善于思考和总结，探寻网购的利弊，挖掘更利于自己网购的方法，避开害处，甚至将害处转化为好处，为自己所用。

（2）熟悉遵守网络管理的相关法律法规是基础。熟悉相关法律法规，不仅有利于大学生在网购时摆正心态，及时辨别网购中的虚假、极端等行为，在受到商家不合理对待时也能及时采取合法合理的方式，可以积极维护自己的合法权益。而因为大学生群体青春、富有活力和号召力、对社会现象积极发声并能产生较大影响的特点，熟知网络管理相关法律法规，在一定程度上推动了社会网络文明的发展，同时，因其影响力的作用，大学生要善于并积极传播相关法律法规，并以身作则，践行文明网购，使大学生身边即社会上其他群体也得到积极的影响，从而扩大网购的积极性，响应国家的法治号召。故大学生应该将遵守规则和法律作为网购的前提，从容地应对网购中出现的问题，才能更放心地进行网购。

5. 大学生如何进行网购

（1）提高自制力。网上购物因物美价廉吸引了大学生，满足了他们消费水平的同时，也伴随着他们沉迷于网购的现状。价廉并不代表物美，在下单之前应该时刻提醒自己该商品是否为近期所需。当遇到“双十一”“粉丝狂欢节”或者“周年庆”等活动时，要提高自制力，降低购买频率。购物需在一些闲暇的时间进行，不要在课堂上或者忙正事的时候进行，这既浪费了时间又耽误了正事，这从整体上来说是不值得的。

（2）提高安全意识。大学生在网购中安全意识薄弱。为此，在网上购物之前，首先，应该充分了解相关网站知识。其次，当我们在网站选购自己所需的物品之前，先要查看售货公司和商家的信用度。公司是否已经通过工商登记注册，消费者也可以通过拨打该公司在网上提供的电话来核实其真伪。查看商家的信用情况，主要通过该商家的交易次数、个人信用度、网友对其的评论留言三方面综合考察。第三，勿被不合常理的低价所诱惑，勿被巨额奖金或奖品所诱惑。第四，在购物下单前，多与店主交流，一方面了解交易商品的细节问题，如邮费、商品质地、尺码、功能等；另一方面，通过回答可以知道商家的责任心、售后服务。第五，使用银行卡或信用卡支付时，要建立专门的购物卡，切忌一卡多用；卡内金额以购物付款额为准，不宜多放，确认无误时才输入密码，如果可以，应在每一次付款后更改密码。

课后互动

以小组为单位，就以下问题进行交流讨论：

1. 作为大学生如何避免“校园贷”事件发生。
2. 大学生在网购过程中如何避免发生财产损失。

拓展训练

1. 大学盗窃案件有哪些特点？大学生如何预防被盗？
2. 大学生面对抢劫、抢夺时，应该采取哪些措施？
3. 诈骗者常用的诈骗手段有哪些？
4. 不良校园贷有哪些套路？
5. 试论述网购的优缺点。

第五章 公共卫生安全

学习目的与要求

1. 督促大学生养成良好的生活卫生习惯，远离疾病
2. 具备饮食卫生方面的一般常识
3. 拒绝烟酒，文明与健康同行
4. 知悉常见传染病、艾滋病现状及传播途径，知悉预防方法

学习重点

1. 良好的生活卫生习惯，健康伴随一生
2. 大学生的饮食健康

学习难点

1. 流行性感冒、病毒性肝炎等传染病的传播途径，知悉预防方法
2. 学会基本的食物中毒应急处置方法
3. 如何正确看待艾滋病的感染者
4. 大学为什么成为艾滋病的“重灾区”

案例与点评

出门戴口罩、勤洗手、多通风、注意消毒……2020 年年初，席卷全球的新冠病毒感染发生以来，很多人养成了良好的卫生习惯。上海市政府举行的防控新闻发布会上，上海中医药大学附属曙光医院主任医师崔松提醒大家，无论防控期间还是之后，都要养成居家健康好习惯。

2020 年 4 月初，中国青年报社社会调查中心联合问卷网对 4002 名受访者进行的一项调查显示，感染发生以来，98.0%的受访者更加注重个人卫生了。防疫期间，绝大多数受访者养成了出门戴口罩、勤洗手和多通风等好习惯。在身体素质提升方面，受访者会经常锻炼（41.9%）、均衡饮食（41.6%）和作息规律（41.0%）。77.6%的受访者表示结束后仍会继续保持这些习惯。

受访者刘书（化名）表示，出门做好防护、回家完成一系列消毒程序，让她感觉心里非常踏实，“这样做，我潜意识里就觉得自己非常安全，心情是愉悦的”。

“我现在闻着家里的空气总是清新的，整个人都觉得非常清爽。”王媛认为，保持良好的卫生习惯，才能有健康的居家氛围，远离细菌和病毒。

王媛（化名）还告诉记者，她以前经常不吃早饭，最近吃饭非常规律，感觉身体新陈代谢也变好了，“我以前一直想减肥却越来越胖，最近因为养成好习惯，反而瘦了一些”。

（摘自2020年04月09日，作者：杜园春　来源：中国青年报）

【点评】良好的卫生和生活习惯是高素质市民的重要标志，不仅有利于个人身体健康，也是尊重自己、尊重他人、道德良好、修养高雅的表现；不仅是个人的习惯，也有利于他人、有利于群体、有利于社会。

第一节　保持良好的卫生和生活习惯

杰出的思想家培根说：“习惯是人生的主宰，人们应当努力求得好习惯。”大学生保持良好的卫生和生活习惯，对他们一生的健康发展至关重要。随着社会的发展，人类的生产与生活习惯、行为方式都发生了巨大变化，由于人类生活习惯、行为方式和心理等社会因素导致的疾病越来越多，健康促进工作的重要意义已经为越来越多的人所认识，行为干预在生活方式病中的预防和治疗作用也已经为世界各国的大量研究所证实。

一、均衡饮食，拒绝烧烤油炸食品

人体生长发育共需要七大营养素：蛋白质、碳水化合物、脂肪、维生素、矿物质、纤维素和水，这些都是维持人体生命的元素。人体的营养是金字塔形的，最底层是谷类食物，每天约占32%，第二层是蔬菜和水果各占30%和13%，鱼、禽、肉、蛋等动物性食物位于第三层占13%，奶类和豆类食物合占第四层，约占10%，第五层塔尖是油脂类，每天不超过2%。而现在的情况不是营养不够，而是营养不全。大学食堂一般都会引进专业的餐饮公司托管，营养搭配比较全面，坚持到食堂就餐，就能满足每天的营养素。

瑞典国家食物管理局（Swedish National Food Administration）和斯德哥尔摩大学的科学家经过研究，发现富含淀粉的食物在经受高温油炸或烧烤时能生成对人类身体极为有害的污染毒物——丙烯酰胺。丙烯酰胺是食物，特别是富含淀粉的食物，诸如土豆、甘薯、面粉等在经受较长时间过度加热、烧烤或油炸情况下自然生成的，主要食品有油炸土豆片、炸薯条、爆米花、烤面包、饼干等。

大学生一般都是在离家很远的地方上大学，没有父母的精心照顾，导致学生在学校暴饮暴食现象严重，上午没有课程安排，就会睡到中午，把早饭和午饭一起吃，并且随意乱吃一些垃圾食品，忽视食品营养合理均衡搭配。三餐饮食不规律，饮食营养结构搭配不均衡，造成身体内分泌紊乱，对学生身体新陈代谢造成干扰。要注意吃早餐，有调查显示，女生经常吃早餐的比例在38%左右，一定吃的比例在15%左右。男生经常吃的比例在30%左右，一定吃的比例在14%左右，充分说明了男生的饮食习惯没有女生的好。

为了身体健康，要改变我们的饮食习惯，尽量少食用油炸和过度烧烤食品，少食用油条、油饼，少进烧烤店，多食用一些水果、蔬菜，以保持我们食物结构的平衡，这样才能保证我们的食物安全，有利于我们的健康。

二、坚持规律的作息时间

有针对大学生的调查显示，比较同意或者同意规律作息时间的学生占到总人数的50%左右，认为自己作息时间比较不规律的占到25%左右，非常不规律的占到10%左右。晚上不睡觉，早上起不来，中午不午睡的比较普遍。

科技不断进步，电脑不断普及，无论是家庭还是学生自己几乎都有电脑。大学生的主要任务是学习，忙完一天的紧张课程学习，在网吧或者寝室上会儿网就成了学生放松的主要方式，网上打游戏、看视频、网页浏览、与网友聊天等对大学生大脑疲劳无不起到缓解作用。但是，网络环境还不是很完善，一些不良信息的传播，吸引了学生的大部分时间，尤其是当代大学生这个群体受害面是最广泛的。长时间的上网，导致眼睛出现相关问题，还会使腰颈椎得病等，从而使当代大学生的健康出现问题。例如，一些大学生沉迷网络游戏，上课睡觉，晚上去网吧，甚至更严重的现象就是白天黑夜无时无刻不在网吧度过，荒废了学业，最后只能放弃。

作息时间不固定，黑白颠倒。根据现代医学研究，合理的作息时间，对促进身体荷尔蒙分泌有着良好的作用，并且为人体的每个器官创造了良好的工作环境，但长时间的熬夜就像赌博，睡眠就是筹码。由于大学课程安排情况，全日制的教学形式，使得学生有课就去上，没课就在寝室睡觉等，促使了很多大学生养成晚睡晚起的作息习惯，不良的生活方式也随之养成了。长时间的熬夜会扰乱人身体的生物钟，一定程度上降低了人体免疫力。

三、自我减轻压力

随着市场经济不断发展，激烈的竞争导致学生竞争压力增大，但过度的竞争就会造成学生长时间处于紧张状态，进而导致严重的心理健康问题。现代的大学生面临人际关系压力、就业压力、顺利完成学业的压力，学校各种奖学金、优秀干部评选等都会给学生造成严重压力，导致学生心理负担不断加重。结合目前人类的身体状况和各种疾病威胁，世界卫生组织相关专家做出总结和分析，导致各种疾病发生，甚至死亡的现象，罪魁祸首就是缺乏锻炼。现在的大学生动手实践能力较动脑能力弱，学校的一些体育课程，学生都是被迫参与的，没有主动行为，对体育课不感兴趣，不仅造成了大学生身体抵抗能力下降，而且对学生健康水平提高没有起到一个很好的促进作用。

四、让讲卫生成为习惯

讲卫生，最简单、最普通、最日常、最基本，却也最重要。良好的卫生习惯，就是一道阻断感染的隔离墙，反之就是一条传播病菌的通道。

讲卫生包括个人卫生、环境卫生及食品卫生。个人卫生就是勤洗澡、勤洗手、勤换衣、勤剪指甲等。个别大学生进校后，衣服、袜子轮着穿，基本不洗，宿舍里臭味熏天。大学生一般都住在学校，有调查显示，教室宿舍卫生堪忧，食品残渣、果皮随手丢弃现象普遍，这样很容易滋生细菌、传播疾病。部分同学还在宿舍内吸烟，给公共卫生带来很大的破坏。食品卫生要做到不喝生水，吃熟食，餐具洗净消毒，不吃来历不明、腐败和过期食品，不食用“三无”食品。值得重视的是，有现象表明，方便面在大学生中很畅销，方便面经过高温油炸，蛋白质、矿物质、维生素均严重不足，营养价值低，还存在脂肪氧化的问题，经常食用不利于大学生的身体健康。

五、远离烟酒

调查显示，大学里高年级饮酒的学生比例高于低年级，大学一年级到四年级，学生饮酒比例不断增高。由于四年级面临就业、学生聚会等各种场合，导致饮酒比例高达45%以上。喝酒会对人体的肝脏、肾脏等器官造成损害。湖南某高校某年年底，一名毕业班同学参加同学聚会，醉酒后独自一人回校，倒在操场上昏睡，后被巡逻保卫人员发现叫回宿舍，否则后果不堪设想。

抽烟有害健康，烟气成分中含有致癌成分，这是全社会的共识，会对学生的呼吸系统造成损害，还会降低人体对氧气的摄取量，降低人体的肺活量。

法律提示

2018 年 12 月 29 日，全国人大常委会修订的《中华人民共和国食品安全法》第五条：国务院设立食品安全委员会，其职责由国务院规定。国务院食品安全监督管理部门依照本法和国务院规定的职责，对食品生产经营活动实施监督管理。国务院卫生行政部门依照本法和国务院规定的职责，组织开展食品安全风险监测和风险评估，会同国务院食品安全监督管理部门制定并公布食品安全国家标准。国务院其他有关部门依照本法和国务院规定的职责，承担有关食品安全工作。

第二节　食品安全

一、常见的食物中毒及其预防

食物中毒是指吃了不洁或有毒食物而导致的疾病。通常在吃了有问题的食物 1～72 小时内发病，病情严重者可以致命。食物中毒一般分为微生物性（包括细菌性和真菌性食物中毒）、化学性、有毒动植物中毒。

细菌性食物中毒是指进食含有细菌或细菌毒素的食物而引起的食物中毒。在各类食物中毒中，细菌性食物中毒最多见，其中又以沙门氏菌、金黄色葡萄球菌最为常见，其次为蜡样芽孢杆菌。细菌性食物中毒发病率较高但病死率较低，多发生在气候炎热的季节。

（一）几种常见细菌性食物中毒的特点

1. 沙门氏菌食物中毒

沙门氏菌常存在于被感染的动物及其粪便中。进食受到沙门氏菌污染的禽、肉、蛋、鱼、奶类及其制品即可导致食物中毒。一般在进食后 12～36 小时出现症状，主要有腹痛、呕吐等。

2. 金黄色葡萄球菌食物中毒

金黄色葡萄球菌存在于人或动物的化脓性病灶中。进食受到金黄色葡萄球菌污染的奶类、蛋及蛋制品、糕点、熟肉类即可导致食物中毒。一般在进食后 1~6 小时出现症状，主要有恶心、剧烈的呕吐（严重者呈喷射状）、腹痛、腹泻等。一般在 1~3 天痊愈，很少死亡。

3. 蜡样芽孢杆菌食物中毒

蜡样芽孢杆菌主要存在于土壤、空气、尘埃、昆虫中。进食受到蜡样芽孢杆菌污染的剩饭、剩菜、凉拌菜、奶、肉、豆制品即可导致食物中毒。

（二）预防措施

（1）严把食品的采购关。禁止采购腐败变质、油脂酸败、霉变、生虫、污秽不洁、混有异物或者其他感官性状异常的食品，以及未经兽医卫生检验或者检验不合格的肉类及其制品（包括病死牲畜肉）。

（2）注意食品的储藏卫生，防止尘土、昆虫、鼠类等动物及其他不洁物污染食品。

（3）食堂从业人员每年必须进行健康检查。凡患有痢疾、伤寒、病毒性肝炎等消化道疾病（包括病原携带者），活动性肺结核，化脓性或者渗出性皮肤病以及其他有碍食品卫生的疾病的，不得从事接触直接入口食品的工作。食堂从业人员有皮肤溃破、外伤、感染、腹泻症状等不要带病加工食品。食堂从业人员工作前、处理食品原料后、便后用肥皂及流动清水洗手。

（4）加工食品的工具、容器等要做到生熟分开。加工后的熟制品应当与食品原料或半成品分开存放，半成品应当与食品原料分开存放。

（5）加工食品必须做到烧熟熟透，需要熟制加工的大块食品，其中心温度不低于 70℃。

（6）剩余食品必须冷藏，冷藏时间不得超过 24 小时，在确认没有变质的情况下，必须经高温彻底加热后方可食用。带奶油的糕点及其他奶制品要低温保藏。

（7）储存食品要在 5℃ 以下。若做到避光、断氧，效果更佳。生、熟食品分开储存。

化学性食物中毒是指误食有毒化学物质，如鼠药、农药、亚硝酸盐等，或食入被其污染的食物而引起的中毒，发病率和病死率均比较高。

毒鼠强中毒：毒鼠强毒性极大，对人致死量为 5~12 毫克。一般在误食 10~30 分钟后出现中毒症状。轻度中毒表现为头痛、头晕、乏力、恶心、呕吐、口唇麻木、酒醉感。重度中毒表现为突然晕倒，癫痫样发作，发作时全身抽搐、口吐白沫、小便失禁、意识丧失。

亚硝酸盐中毒：摄入亚硝酸盐 0.2~0.5 克就可以引起食物中毒，3 克可导致死亡。发病急，中毒表现为口唇、舌尖、指尖青紫等缺氧症状，重者眼结膜、面部及全身皮肤青紫。自觉症状有头晕、头痛、无力、心律快等。

预防措施：

（1）严禁食品储存场所存放有毒、有害物品及个人生活物品。鼠药、农药等有毒化学物品要标签明显，存放在专门场所并上锁。

（2）不随便使用来源不明的食品或容器。

（3）蔬菜加工前要用清水浸泡5~10分钟后，再用清水反复冲洗。一般要洗三遍，温水效果更好。

（4）水果宜洗净后削皮食用。

（5）手接触化学物品后要彻底洗手。

（6）加强亚硝酸盐的保管，避免误作食盐或碱面食用。

（7）苦井水勿用于煮粥，尤其勿存放过夜。

（8）食堂应建立严格的安全保卫措施。严禁非食堂工作人员随意进入学校食堂的食品加工操作间及食品原料存放间。厨房、食品加工间和仓库要经常上锁，防止被人投毒。

有毒动植物中毒是指误食有毒动植物或摄入因加工、烹调方法不当未除去有毒成分的动植物食物引起的中毒。发病率较高、病死率因动植物种类而异。近几年学校常见的集体有毒动植物中毒有四季豆中毒、生豆浆中毒、发芽马铃薯中毒等。

（1）四季豆中毒。未熟四季豆含有的皂苷和植物血凝素可对人体造成危害，如进食未烧透的四季豆可导致中毒。一般在进食未烧透的四季豆后1~5小时出现症状，主要有恶心、呕吐、胸闷、心慌、出冷汗、手脚发冷、四肢麻木、畏寒等，一般病程短，恢复快，预后良好。

预防措施：烹调时先将四季豆放入开水中烫煮10分钟以上再炒。

（2）生豆浆中毒。生大豆中含有一种胰蛋白酶抑制剂，进入人的机体后会抑制体内胰蛋白酶的正常活性，并对胃肠有刺激作用。进食后0.5~1小时出现症状，主要有恶心、呕吐、腹痛、腹胀和腹泻等。一般无须治疗，很快可以自愈。

预防措施：将豆浆彻底煮开后饮用。生豆浆烧煮时将上涌泡沫除净，煮沸后再以文火维持煮沸5分钟左右。

（3）发芽马铃薯中毒。马铃薯发芽或部分变绿时，其中的龙葵碱大量增加，烹调时如未能去除或破坏掉龙葵碱，食用后就容易发生中毒，尤其是春末夏初季节多发。一般在进食后10分钟至数小时出现症状。先有咽喉抓痒感及灼烧感，上腹部灼烧感或疼痛，其后出现胃肠炎症状，剧烈呕吐、腹泻。此外，还可能出现头晕、头痛、轻度意识障碍、呼吸困难。重者可因心脏衰竭、呼吸中枢麻痹死亡。

预防措施：马铃薯应低温储藏，避免阳光照射，防止生芽；不吃生芽过多、黑绿色皮的马铃薯；生芽较少的马铃薯应彻底挖去芽的芽眼，并将芽眼周围的皮削掉一部分。这种马铃薯不易炒吃，应煮、炖、红烧吃。烹调时加醋，可加速破坏龙葵碱。

二、防范食品中毒如何做

（1）勤洗手是饮食安全的第一步。

（2）路边饮食、零食拒入口，疾病远离我们。

（3）不买包装不完整、标示不明的食品，不吃隔餐食品、牛奶。

（4）购买眼睛、鳞片明亮有光泽、肉质有弹性、无腥臭味的鱼；呈粉红色具弹性的肉；绝不买头、脚部以及尾扇部变黑、头部快脱落的虾。

（5）防交叉污染：买回家中的食物，应分类分区存放；烹调时，生、熟食分开处理，保持餐具与食器清洁。

（6）禽畜类食物先除去内脏、清洗，并依每餐分量个别包装存放冰箱；蔬菜去污、除烂叶，不以一般报纸（可用白塑料薄膜纸）包裹置冰箱内，防油墨食入体内有碍健康。

（7）在选购食品时，务必做到“六不买”。无证无照经营的食品不能买；有包装的食品标签内容不全的不能买；感觉不好的食品不能买；假冒伪劣、掺杂使假的食品不能买；露天经营的食品不能买；过期食品不能买。

三、食物中毒如何处理

如果就餐后出现呕吐、头晕、冒冷汗、发烧、腹泻等症状，疑似食物中毒的，可以采取以下的应急措施：

（1）封存。将吃过的食物、呕吐物、大便样本封存，交医院化验。

在学校就餐的学生发生食物中毒后要迅速报告学校。在外就餐的学生应索要发票作为凭据，报告卫生监督部门（举报电话：12320），避免更多的人受害。

（2）饮水。饮用大量加盐的温水促进呕吐，以稀释毒素。

（3）催吐。用手指压迫咽喉，尽可能地强迫患者将胃里的食物吐出；侧卧，防止呕吐物堵塞气管，引起窒息。

（4）就诊。不要拖拉，及时去医院救治。

第三节　日常用药安全

一、药物的概念及常见种类

根据《中华人民共和国药品管理法》的规定，药品是指能用来预防、治疗、诊断人的疾病，或者能有目的地调节人的生理功能的物质（如维生素类）。简单地说，有明确的适应证，有规定的用法、用量的物质就是药品。

根据不同的分类标准，可以将药物进行如下分类：

一是按药品管理分类，分为处方药和非处方药。处方药就是必须凭执业医师或执业助理医师处方才可调配、购买和使用的药品。非处方药（又称 OTC 药物），是指经国务院药品监督管理部门批准生产，不需医生处方，消费者即可自行判断、购买和使用的药物。根据非处方药的安全程度，分为甲类和乙类两种。非处方药的包装、标签、说明书上均有其特有标识 OTC。红色为甲类，必须在药店出售；绿色为乙类，除药店外，还可在药监部门批准的宾馆、商店等商业企业中零售。相对而言，乙类药物比甲类更安全。消费者要正确使用非处方药，切记在使用前要仔细阅读使用说明书。

二是按功能与用途分类，有抗生素、心脑血管用药、消化系统用药、呼吸系统用药、泌尿系统用药、血液系统用药、五官科用药、抗风湿类药品、注射剂类药品、糖尿病用药、激素类药品、皮肤科用药、妇科用药、抗肿瘤用药、抗精神病药品、清热解毒药品、滋补类药品、维生素、矿物质药品、受体激动/阻断药和抗过敏药等。

三是按药品品种分类，可以分为中药和西药。中药是指中医理论指导下应用的天然药物及其制品，包括中药材、中药饮片和中成药。西药即为有机化学药品、无机化学药品和生物制品。看其说明书则有化学名、结构式，剂量上比中药精确，通常以毫克计。需要注意的是，很多中成药中添加了西药成分，应谨遵医嘱用药，避免用药过量。

二、用药的误区

2018 年 10 月 17 日，中国药学会发布了“2018 年公众十大用药误区”，分别是：追求疗效滥用药、自行停药没危害、胰岛素有依赖性、使用药品不得法、别人能用我就能用、不良反应很可怕、偏方秘方治大病、海淘药品放心用、换季就去洗血管、回避风险不接种等用药错误行为。其中在大学生中比较常见的有以下几种。

1. 追求疗效滥用药

滥用药物很常见，部分年轻人追求尽快起效，一种药吃两天没效果，就换一种，甚至还有几种药物混在一起吃。滥用药物的危害很大，过量用药对肝肾功能影响较大。有的药物混用，甚至有不可逆的肝肾毒性，严重的将危害生命。

大学生要端正治疗用药观念，大多疾病有其病程病理，药物起作用也是渐进的过程，因此切忌追求快速起效而滥用药物。

此外，常见的服药方式中，安全性方面口服>肌肉注射>静脉注射，因此建议优先考虑口服给药，避免滥用注射剂。

2. 自行停药没危害

一项网络调查显示，在何时停药问题上，所有人都选择“自己感觉好了就停药”，在治疗达到预期效果后，很多人会选择在疗程未结束便停药。但并不是所有药物都想停就能停，停药不当，有时会引起反跳现象、阶段现象、停药危象等停药综合征。不要症状刚刚消失，就停止用药，药物自行停药反而更容易导致耐药。如抗生素一定要遵医嘱按时按量服用。一般抗生素应使用至症状消失或化验结果正常后 3 天才可停药。

3. 使用药品不得法

药物的使用一定要谨遵医嘱或认真阅读药品说明书。以用药时间为例，大部分人的第一反应是最好是在饭后服用以免伤胃，减少副作用。事实上，有些药物在吃饭时甚至空腹服用效果更佳。不同类型的药物服用时间和方式也各有不同。饭时服药是指进餐少许后服药，药服完后可继续用餐。这主要是因为食物中的油类有助于药物的吸收，可以及时发挥药效。空腹服药是指在餐前 1~2 小时或餐后 2 小时左右服药，可避免食物对其吸收的影响，药物可迅速进入小肠发挥药效。

4. 别人能用我就能用

生活中，还经常会遇到这种情况，听说别人吃了什么药疗效非常好，就也买来试试，殊不知每个人体质不同、基础水平不同，此外还有合并禁忌等情况。所以切忌不能道听途说，使用不适应自己身体状况的药物。

5. 不良反应很可怕

药品上市前都会进行安全性研究，然后在药品说明书中详细列举可能出现的不良反应。部分人在阅读过说明书后，对其中的不良反应担心不已，不敢服用。事实上，不良反应发生是有概率的，并不是所有人在服用后都会出现说明书中列举的所有不良反应。即使出现不良反应，也应由专业医师权衡利弊，并不能因此耽误治疗。此外，有些不良反应是可以避免的。比如有些药物消化道不良反应发生率较高，可改为饭后服用，这样会大大减少消化道的不良反应。这里需要提醒的是，用药后一旦出现较严重不良反应，应及时就医，避免引发严重后果。

三、安全用药

我们大学生应牢固树立安全用药的意识，并积极掌握用药基本常识，对家人、朋友用药不当的行为予以阻止，谨遵医嘱安全用药。关于安全用药我们要牢记5个关键时刻。2019年3月，世界卫生组织向公众发布了一个针对用药的特别提醒——用药安全“五时刻”，不同时刻，要提出具体问题并寻求答案，以降低用药相关风险。呼吁所有国家未来5年内将严重、可避免的药物相关伤害减少50%。这5个时刻分别是：认识药品、服用药品、加用药品、检查药品和停用药品。

1. 认识药品（Starting）

这个药品的名称是什么，作用是什么？服用这个药品有什么风险，可能出现什么副作用？我的疾病还有别的治疗方法吗？是否已经告诉了医生我的过敏史和其他健康状况？我如何储存这个药品？

2. 服用药品（Taking）

我应该什么时候服药，每次服用的剂量是多少？我应该如何服用这个药品？进食和饮料对正在服用的药物有影响吗？漏服了怎么办？当我出现副作用怎么办？

3. 加用药品（Adding）

我必须加用别的药吗？我是否已告知医生正在服用的药？现在服用的药物会不会出现相互作用？如果怀疑有相互作用，我该怎么办？我能正确管理现在的多个药品吗？

4. 检查药品（Reviewing）

是否保留了用药清单？每种药物我吃了多久？是否服用了现在不需要的药品？医生定期检查了我的药品吗？应该多久检查一次？

5. 停用药品（Stopping）

我应该在什么时候停药？我的药品中是否存在不能骤然停用的药物？如果药品用完了我该怎么办？如果因出现一些不良反应而停药，我应向哪里报告？如何处理多余或过期的药品？

四、识别处理药物不良反应

大学生应学会识别药物不良反应并联系医生，在医生的指导下采取有效措施处理：

（1）出现严重的不良反应。如尿量明显减少、黄疸、乏力等，可能是药物引起了肝肾功能损害、血细胞减少等，患者应立即停药并及时就医，医生会给予必要的保肝、升高血细胞治疗。对危及生命的不良反应，如急性肾功能衰竭、急性重型肝炎等，医生会采取有力的措施积极抢救。

（2）对药物产生过敏反应，或由于遗传因素造成的特异性反应：如过敏性休克、过敏性药疹、磺胺药引起的溶血性黄疸等，一经发现，应立即停药。因为这一类不良反应与用药的剂量无关，而且反应的严重程度难以预料。

（3）不良反应的产生与服药剂量有关，而且反应较重，难以耐受：需在医生的安排下，减量或改用其他药物。例如，一种抗高血压药物服用剂量较大时，可以出现明显不良反应，若改成联合用药控制血压，则每一种药物剂量都不大，可使不良反应降到最低程度。

（4）药物不良反应较轻，按病情不允许停药：可在医生的安排下继续用药，同时作对症处理。例如，为了避免药物的胃肠道反应，可改在饭后服药；服用容易在尿中形成结晶的药物（如磺胺类药物等）时，应多饮水以增加尿量，可以减少药物对肾脏的损害。

拓展训练

安全用药知识

1. 复方甘草片：连续吃不能超 7 天

需凭处方购买，服用时不能擅自用药，应遵药师指导，按规定剂量和疗程服用。处方用量不超 3 天，连续用药不能超过 7 天，或用其他祛痰止咳药代替复方甘草片。

2. 止咳药水：1 次超过 60 毫升会兴奋

学名复方磷酸可待因溶液，含有可待因、麻黄碱。口服 1 次超过 60 毫升，有些人就会出现兴奋、烦躁不安。大量服用则会产生快感和幻觉，有飘飘欲仙感。正常使用并不会上瘾。

3. 滴鼻液：长期使用危害大

感冒别自己到药店买滴鼻液，血管收缩类滴鼻剂长期使用可致鼻腔黏膜血管一直处于收缩状态，引起局部黏膜组织增生，导致药物性鼻炎，时间长了还会产生依赖。

4. 哮喘吸入剂：使用有讲究

吸入剂是急救药，没有症状的时候不能长期使用，会形成抗药性。吸入用药后立即用清水漱口，不但可减轻或避免局部不良反应，而且还可减少由药物从口咽部吸收而引起的全身不良反应。

5. 润喉片：吃太多可诱发口腔疾病

在口腔没有炎症或炎症原因不明确的情况下常吃润喉片，容易抑制和杀灭口腔内的正常菌类，反而可能引发口腔溃疡、扁桃体炎等疾病。而不少润喉片中含有冰片成分，其性质寒凉，可能加重脾胃虚寒，引发腹泻，还容易造成孕妇流产。

6. 中草药必须辨证服

俗话说“是药三分毒”，很多人认为中药性情温和，与毒性无关，但如果脱离了中医辨证论治，中药的配伍减毒也会引起毒副作用。“良药吃多了，可能成为毒药；而毒药用对量，也可能治病救人。”中药必须经过严格的辨证论治，把握好量，才能将疗效放大，将毒性尽可能地降低。

7. 头孢类抗生素：停药 7 天内不能沾酒

服用头孢类抗生素时不能喝酒，且停药 7 天内都不能碰酒或进食含乙醇制品的饮料、食物，比如酒心巧克力、藿香正气水、发酵的食醋，否则可能发生中毒反应。

8. 女性经期用药：活血药物要远离

女性在月经期间用药时，有些药物是不能应用或慎用的。包括：活血化瘀类中药，可扩张血管，加速血液流动；某些抗凝血药，如阿司匹林、华法林、肝素等；泻下药，如硫酸镁、硝酸钠（芒硝），下泄作用剧烈，可引起反射性盆腔充血，上述三种药物均可造成月经量增多；性激素类药，如雄激素能导致月经减少或停经，孕激素可导致阴道不规则出血。

9. 止痛药：注意分清病症，不可乱用

不同的药物可能会引发胃黏膜损伤、肾脏损伤乃至心血管疾病。长期乱吃止痛药还会产生心理依赖。如果止痛药掩盖了病情，比如癌症，则可能错过最佳治疗时间。而明确原因的轻微疼痛，如果连续服药 3 天后还没有效果，就要去医院检查。

10. 维生素：服用过量可能变“毒药”

饮食规律的健康人一般不需要补充维生素，任何一种维生素都最好不要连续服用 5 天以上。脂溶性维生素从体内排出的过程较慢，摄入过多会增加中毒风险。

婴幼儿过量补充维生素 A，可能引起呕吐、皮肤干燥等症状，甚至脑压增高。维生素 D 摄入过量则可能让儿童骨骼过早闭合，影响骨骼发育。

（来源：人民日报微博）

参考资料：

［1］本刊讯．中国药学会发布“2018 年公众十大用药误区”追求疗效滥用药等错误行为位列其中［J］. 中国药学杂志，2018，53（20）：71.

［2］赵岩．大学生健康教育读本［M］. 昆明：云南大学出版社，2016.

第四节 传染病防治知识

一、什么是传染病

传染病是由细菌、病毒、寄生虫等特殊病原体引发的，具有传染性的疾病。其主要特征是：有特异的病原体；有传染性；有流行性、季节性、地方性；有一定潜伏期；有特殊临床表现，包括高热、肝脾肿大、毒血症、皮疹等。

二、传染病的预防和救治

（一）传染病防治总则

有效地抑制传染病的流行，关键在于切断传染病的传播链：即控制传染源、切断传播途径、保护易感人群。为此，要做到：

（1）养成讲卫生的好习惯，注意个人卫生、食品卫生、环境卫生。

（2）加强身体锻炼，提高免疫力。

（3）按规定接种疫苗。

（4）对传染病人要早发现、早报告、早治疗、早隔离，防止交叉感染。

（二）各季节高发传染病

春季：春季流行的传染病主要包括流行性脑脊髓膜炎（简称流脑）、麻疹、水痘、腮腺炎、猩红热、风疹、流感等呼吸道传染病；甲型病毒性肝炎；接触传播引起的手足口综合征等。

防治方法：居室常通风、熏醋消毒素、被子勤晾晒、疫苗按时注、春季好郊游、莫去人密处。

夏季：夏季是肠道传染病高发期，主要包括细菌性食物中毒、细菌性痢疾、阿米巴痢疾、病毒性肠炎、伤寒、病毒性肝炎等。

防治方法：食物采购严把关、餐具消毒双保险、个人卫生要注意、生蔬凉拌莫多餐、瓜果食前先去皮、大型家宴要消减、室内清洁灭蚊蝇、保证营养足睡眠。

推荐食品：杀菌食品如大蒜、洋葱、韭菜、香葱、蒜苗、醋；凉性排毒食品如苦瓜、丝瓜、黄瓜、番茄、茄子、芹菜、生菜、芦笋、豆瓣菜。

秋季：秋季位于夏、冬之间，因此，夏冬季节的传染病都可能在秋季发生。此外，脊髓灰质炎也常在秋季发生。

脊髓灰质炎预防方法：出生足 2 个月、3 个月、4 个月儿童各服一次脊髓灰质炎减毒活疫苗，积极参与各次强化免疫，服食糖丸。

冬季：受气候和人口流动（春运）等因素的影响，易发生呼吸道传染病的局部性大爆发。冬季常见的呼吸道传染病包括普通感冒、流行性感冒、麻疹、水痘、风疹、腮腺炎、流脑等，主要通过空气飞沫传播。

防治方法：按时接种疫苗、注意增减衣服、加强体育锻炼。

三、几种传染病的症状和预防

（一）病毒性肝炎

1. 什么是病毒性肝炎

病毒性肝炎是由肝炎病毒引起的、以肝脏损害为特征的一组传染病。我国人群中甲型肝炎病毒的感染率高达 80%，发病率居病毒性肝炎首位，占 40%~50%。

2. 病毒性肝炎的传播途径

肝炎患者或无症状携带者可成为病毒性肝炎的传染源。病毒性肝炎的传播途径可分为两种：一种主要经胃肠道传播，如甲型；另一种主要经血液传播，包括母婴垂直传播、医源性传播（如使用不洁医疗器械、输血及血液制品等）及性传播等，如乙型、丙型肝炎。人类对各种病毒性肝炎普遍易感，各种年龄均可发病。

急性甲型肝炎起病急，临床表现的阶段性较为明显，可分为 3 期：黄疸前期、黄疸期和恢复期。总病程 2~4 个月；急性乙型肝炎起病较慢，常无发热，其他表现与甲型肝炎相似，但部分病例可转变为慢性肝炎。

3. 预防措施

病毒性肝炎作为一种传染性强、传播途径复杂的传染病，其预防应采取综合措施，具体包括以下几个方面：

（1）管理传染源。对急性甲型肝炎病人应采取早期隔离措施。急性黄疸型肝炎病人如不能住院治疗时，应在医生指导下，在家严格隔离治疗。一般从发病日期起隔离 3 周（不能确知发病日者，可从确诊日期算起）。必须做到：①病人与健康人不在一个床上睡眠，病人的被、褥、衣物要与健康人分开，并进行消毒。②病人的食具、漱口用具、水杯、脸盆、毛巾、便盆等也与健康人分开使用。病人要单独吃饭，剩余的食物不要给他人吃。③病人的书报、刊物、物品、玩具等不要借给他人传阅、玩耍，必须经过消毒处理后才能转借他人。④在病人隔离期间，邻居、亲友不要到病人家串门，尤其儿童不要与病人一起玩耍。⑤病人在患病期间不要串门，不要到公共场所，更不要到饮食部门用餐。

（2）慢性肝炎也有传染性，应同样注意隔离。对于甲型肝炎病人的密切接触者要注意观察，一般观察 45 天，没有发病的才可视为健康人。

（3）切断传播途径。①提倡用流动水洗手，注射时要一人一针一管，用后高压或煮沸消毒；不使用他人生活用具，搞好个人卫生。②非必要时不输血及血制品；输血员要进行筛选。③肝炎病人确诊后，病人家应及时做一次较彻底的消毒，食具、漱口用具、毛巾等要煮沸 30 分钟，家具、物体表面、地面要用 3%漂白粉液擦拭。病人的粪便要用漂白粉或生石灰进行搅拌后放 2 小时倒掉。病人使用的便器要专用，使用后，用 3%漂白粉水浸泡 2 小时后再洗刷。病人和大家应做到饭前、便后用 2%过氧乙酸溶液浸泡洗手 2 分钟。

（4）保护易感人群。①注射人体免疫球蛋白，适用于接触甲型肝炎的儿童，注射越早越好。②注射乙肝疫苗和乙肝免疫球蛋白，用于阻断母婴传播。以上两种都最好在医生指导下应用。

（二）流行性感冒

1. 什么是流行性感冒

流行性感冒是由流行性感冒病毒引起的急性呼吸道传染病，传染性强、传染迅速、发病急。

流行性感冒潜伏期短，1~2 天。症状轻的，仅觉全身不适，持续 1~2 天。症状重的，畏寒高热、体温可达 39~40℃、四肢腰背酸痛、头痛，全身中毒症状严重。

2. 流行性感冒传播途径

流行性感冒主要通过病人咳嗽、喷嚏等飞沫直接传播，发病 3 天内传染性最强。

3. 流行性感冒的预防措施

保持良好的个人及环境卫生，勤洗手，使用肥皂或洗手液并用流动水洗手，不用污浊的毛巾擦手。双手接触呼吸道分泌物后（如打喷嚏后）应立即洗手。每天开窗通风数次（冬天要避免穿堂风），保持室内空气新鲜。在流感高发期，尽量不到人多拥挤、空气污浊的场所，不得已必须去时，最好戴口罩。

4. 流感疫苗的接种

一般来说，年龄在 6 个月以上，没有接种禁忌者均可自愿自费接种流感疫苗。建议 60 岁以上人群；慢性病患者及体弱多病者；小学生和幼儿园儿童；养老院、老年人护理中心、托幼机构的工作人员；服务行业从业人员，司乘人员，商业及旅游服务的从业人员；经常出差或到国内外旅行的人员等要接种流感疫苗。

（三）SARS

1. 什么是 SARS

SARS 是一种传染性极强的呼吸道系统疾病，其病原体为变异的冠状病毒，传染性强，有极为重症类型引发死亡病例存在，并且易在无良好防护的医护人员群体中传播流行。由于部分患者很快表现出呼吸困难、呼吸窘迫、呼吸衰竭，因此已被世界卫生组织统称为“严重急性呼吸道综合征（SARS）”。

SARS 的临床症状：SARS 潜伏期为 1～11 天，大多数感染 4 天后发病。此病起病急，以发热为首发症状，体温一般高于 38℃，干咳、气短或呼吸困难，发冷、头痛、食欲不振、身体不适、皮疹和腹泻。没有一般流感的流涕、咽痛等症状，也没有通常感冒常见的白色或黄色痰液，偶有病人痰中带血丝，病人出现呼吸急促的现象，个别病人出现呼吸窘迫综合征。如诊治不及时可引起死亡。

2. SARS 的传播途径

（1）短距离呼吸道飞沫传播。

（2）接触病人呼吸道分泌物传播。

（3）密切接触传播。

（4）人群普遍易感，以医护人员为高发群体，在人群密集的地方如军营、学校、工厂等感染率也较高。

3. SARS 的防治措施

总则：加强预防，告别恐慌；根除源头，阻断传播；讲求卫生，居室通风；佩戴口罩，经常洗手；勤换衣服，多多饮水；规律起居，增强免疫；减少出行，人多勿去；家有病人，观察周详；疑似症状，医生帮忙；突发事件，无惧有防。

（四）新冠病毒感染

1. 新冠病毒感染症状

2019 新型冠状病毒，2020 年 1 月 12 日被世界卫生组织命名为“2019-nCoV”。

新型冠状病毒有以下症状：

（1）新型冠状病毒感染后人体早期的症状和一般病毒感染引起的感冒症状有相似之处，主要表现为疲倦、乏力、肌肉酸痛，也有少数病人会表现为胃肠道的反应，比如腹痛和腹泻。

（2）随着病情的发展，病人会出现发烧的症状，发烧度数在 37.3℃以上。另外还会出现呼吸道相关症状，包括咳嗽、喉咙疼痛等。

（3）随着症状的加重，病人会出现呼吸困难、胸闷、气短，甚至会出现呼吸窘迫等严重症状。进行影像学的检查会发现肺部有毛玻璃一样的肺间质的改变。表现严重的还会出现脓毒血症、感染性休克、凝血功能障碍和肾功能衰竭等。

2. 传播途径

目前可以确定的新型冠状病毒感染的肺炎传播途径主要为直接传播、气溶胶传播和接触传播。

直接传播是指患者喷嚏、咳嗽、说话的飞沫，呼出的气体近距离直接吸入导致的感染；气溶胶传播是指飞沫混合在空气中，形成气溶胶，吸入后导致感染；接触传播是指飞沫沉积在物品表面，接触污染手后，再接触口腔、鼻腔、眼睛等黏膜，导致感染。

3. 预防措施

新型冠状病毒暂时没有有效的疫苗和预防方法，做好个人防护是最切实可行的方法，包括：

（1）保持手部和呼吸道卫生，坚持安全饮食习惯。

（2）尽可能避免与任何表现出有呼吸道疾病症状（如咳嗽和打喷嚏等）的人密切接触。

（3）多饮水、注意休息，提高免疫力。

（4）居住及工作环境中多保持通风状态。

行为习惯就是要做到戴口罩、勤洗手、不聚集。

（五）水痘

1. 什么是水痘

水痘是由水痘带状疱疹病毒初次感染引起的急性传染病。主要发生在婴幼儿，以发热及成批出现周身性红色斑丘疹、疱疹、痂疹为特征。

全年均可发生，冬春季多见。本病传染性很强，易感者接触患者后约90%发病，故幼儿园、小学等幼儿集体机构易引起流行。

2. 水痘传播途径

水痘主要通过飞沫和直接接触传播。在近距离、短时间内也可通过健康人间接传播。

3. 水痘的预防措施

本病的预防重点在管理传染源，隔离患者。对有接触史的高度易感者可在3日内注射水痘带状疱疹免疫球蛋白或高效带状疱疹免疫血浆，以减少发病的危险性。隔离患者至全部皮疹结痂或出疹后7天，其污染物、用具可用煮沸或暴晒法消毒。

（六）禽流感

1. 什么是禽流感

禽流感是禽流行性感冒的简称，又称真性鸡瘟或欧洲鸡瘟，是一种由甲型流感病毒的亚型引起的传染性疾病综合征，被国际兽疫局定为A类传染病。

人类直接接触受H5N1病毒感染的家禽及其粪便或直接接触H5N1病毒也会受到感染，发病后死亡率高达60%。

H5N1型禽流感病毒目前还处于由禽类传染给人的阶段。然而，如反复发作，一旦病毒基因发生变异，就有可能变成人与人之间传播的新型流感。

早期症状：类似流感，主要表现为发热、流涕、鼻塞、咳嗽、咽痛、头痛、全身不适等症状。年龄较大、治疗过迟的患者会因病情迅速发展成进行性肺炎、急性呼吸窘迫综合征、肺出血、胸腔积液等多种并发症而死。

2. 禽流感的传播途径

（1）空气传播。病禽粪便中，以及病禽咳嗽和鸣叫时喷射出的H5N1病毒在空气中飘浮，人吸入呼吸道被感染发生禽流感。

（2）食物传播。食用病禽的肉及其制品、禽蛋，食用病禽污染的水、食物，用被污染的手拿东西吃，都可能受到传染而发病。

（3）接触传播。经过损伤的皮肤和眼结膜容易感染H5N1病毒而发病。

3. 禽流感的防治措施

（1）洗手。预防疾病最好的方法是注意个人卫生，勤洗手。

（2）熟吃。鸡蛋和鸡肉一定要煮熟后食用。不吃半熟的白斩鸡、醉鸡，半熟的鸭鹅肉，不吃半熟鸡蛋。到正规场所购买经过检疫的禽类制品，不自行宰杀食用。

（3）消毒。高温加热的方式：60℃下加热10分钟，70℃下加热数分钟。阳光直接照射：40到48小时均可消毒。乙醚、丙酮等有机溶剂和常见家用消毒药品亦可。

（4）强身。增强体质，多锻炼，保证睡眠，保证营养。

（5）保护儿童。12岁以下的儿童最容易受到感染。不要让小孩触摸、拥抱禽类动物，更不要带小孩去禽类市场。

（6）鸟类宠物。清除鸟粪时注意消毒；笼舍要保证通风和卫生；与鸟接触后及时洗手；鸟患病后，及时联系兽医诊治。

（七）甲型H1N1流感

1. 什么是甲型H1N1流感

这是一种H1N1亚型流感病毒新毒株，它包含人流感病毒、北美禽流感病毒和北美、欧洲、亚洲三类猪流感病毒的基因片段。H被称为红细胞凝聚素，N被称作神经氨酸苷酶，它们都是糖蛋白，分布在病毒表面。H有1~15个亚型，N有1~9个亚型。由于H和N的组合不同，病毒的毒性和传播速度也不相同。

2. 甲型H1N1流感病毒的传播途径

主要通过飞沫或气溶胶经呼吸道传播，也可通过口腔、鼻腔、眼睛等处黏膜直接或间接接触传播。接触患者的呼吸道分泌物、体液和被病毒污染的物品亦可能造成传播。

3. 甲型H1N1流感主要临床表现

表现为流感样症状，包括发热（腋温≥37.5℃）、流涕、鼻塞、咽痛、咳嗽、头痛、肌痛、乏力、呕吐和（或）腹泻。可发生肺炎等并发症。少数病例病情进展迅速，出现呼吸衰竭、多脏器功能不全或衰竭。患者原有的基础疾病亦可加重。

4. 预防甲型H1N1流感的主要措施

（1）避免接触流感样症状（发热、咳嗽、流涕等）或肺炎等呼吸道病人。

（2）注意个人卫生，经常使用肥皂和清水洗手，尤其在咳嗽或打喷嚏后。

（3）避免接触生猪或前往有猪的场所。

（4）避免前往人群拥挤的场所。

（5）咳嗽或打喷嚏时用纸巾遮住口鼻，然后将纸巾丢进垃圾桶。

（6）如在境外出现流感样症状（发热、咳嗽、流涕等），应立即就医（就医时应戴口罩），并向当地公共卫生机构和检验检疫部门说明。

5. 甲型H1N1流感流行期间如果发烧了怎么办

第一种情况，没有到过疫区，未与疑似或确诊病例有过接触史的人，如果出现发烧、咳嗽等症状，如果仅是嗓子疼，有点发烧，或者发热但很快退烧，一般来说是普通感冒，可以不去医院，只要多喝水，在家注意休息即可。

第二种情况，到过疫区，和疑似病人坐过同一趟车或航班，或是来自同一地区，哪怕只有一点发烧，或者浑身不舒服，都应该及时去医院就医，同时向医生说明有过这样的经历。另外，这部分人要多留意媒体发布的疫情信息，以及乘坐过的航班是否出现病例等信息。

第三种情况，如果发烧39℃以上，咳嗽较重，有憋气的感觉，明显嗓子疼，并持续高烧，伴有严重腹泻等症状，也需考虑就近到医院就医。

对后两类人来说，如果突然出现高热，应采取以下步骤就医：

第一步，不要在家待着，应该戴上口罩，尽快去有发热门诊的医院就医；第二步，不要乘坐公交车或者地铁等公共交通工具，最好乘坐出租车，下车时索要发票；第三步，就近选择一家医院，不要舍近求远；第四步，直接到发热门诊就诊，而不要到普通门诊或者急诊；第五步，到了发热门诊，需要向医生汇报的几个信息：是否到过疫区，近期有无接触外籍人士，周围有没有人出现这种症状，是否很多人发病，是否与疑似病人共同生活过以及共同乘坐过交通工具，家人是否接触过外籍人士，家人是否有发热的情况，是一发热就来就诊了还是自己用过药物等；第六步，经过医生询问，如果排除了疑似可能，就没有必要担心，因为很多病毒都会造成发热表现，一般会归到呼吸道传染病或者普通流感。如果是普通流感，应该多喝水，多注意休息，或在医院注射抗生素。如果患上的是普通的上呼吸道病毒感染，一般情况下都不需要治疗，如果体温高，不妨进行一些退热处理，或者检查一下血常规、血象等；第七步，只要接触过疑似或确诊病例的人，出现体温升高（一般为37.5℃以上），以及浑身不舒服、嗓子疼、嗓子发红等症状，一般需要转移到当地指定的传染病定点医院进行隔离，医生会使用快速检测试剂进行血清检测。只要及时进行早期治疗，多数可以恢复。

（八）鼠疫

1. 什么是鼠疫

鼠疫（plague）是由鼠疫耶尔森菌感染引起的烈性传染病，属国际检疫传染病，也是我国法定传染病中的甲类传染病，在39种法定传染病中位居第一位。鼠疫为自然疫源性传染病，主要在啮齿类动物间流行，鼠、旱獭等为鼠疫耶尔森菌的自然宿主。鼠蚤为传播媒介。临床表现为高热、淋巴结肿大疼痛、咳嗽、咳痰、呼吸困难、出血，以及其他严重毒血症状。本病传染性强，病死率高。鼠疫在世界历史上曾有过多次大流行，我国在新中国成立前也曾发生过多次流行，目前已大幅减少，但在我国西部、西北部仍有散发病例发生。

2. 鼠疫的传染源和传播途径

传染源：为鼠类和其他啮齿类动物，其中褐家鼠和黄胸鼠是主要传染源。野狐、野狼、野猫、野兔、骆驼和羊也可能是传染源。病人是肺型鼠疫的传染源。

传播途径：

（1）鼠蚤叮咬传播。鼠蚤叮咬是主要的传播途径，由此可将动物身上的病原体（鼠疫耶尔森菌）传播给人，形成“啮齿动物→蚤→人”的传播方式。

（2）呼吸道感染。病人呼吸道分泌物带有大量的鼠疫耶尔森菌，可经呼吸道飞沫形成人际间传播，并可造成人间鼠疫的大流行。

（3）经皮肤传播。健康人破损的皮肤黏膜与病人的脓血、痰液或与患病啮齿动物的皮肉、血液接触可发生感染。

3. 鼠疫的防治措施

（1）严格控制传染源。

管理病人：发现疑似或确诊病人，应立即按紧急电话和网络报告疫情，城市不得超过2小时，农村不得超过6小时。同时将病人严密隔离，禁止探视及病人互相往来。病人排泄物应彻底消毒，病人死亡应火葬或深埋。对于肺鼠疫病人要进行严格的隔离。各型鼠疫病人应分别隔离，肺鼠疫病人应单独一室，不能与其他鼠疫病人同住一室。腺鼠疫病人隔离至淋巴结肿完全消散后再观察 7 天，肺鼠疫病人要隔离至痰培养 6 次阴性。鼠疫接触者应检疫 9 天，对曾接受预防接种者，检疫期应延至 12 天。

消灭动物传染源：对自然疫源地鼠间鼠疫进行疫情监测，控制鼠间鼠疫，广泛开展灭鼠卫生运动。

（2）切断传播途径。

消灭跳蚤：病人的身上及衣物都要喷洒安全有效的杀虫剂杀灭跳蚤，灭蚤必须彻底，对猫、狗、家畜等也要喷药。

加强交通及国境检疫：对来自疫源地的外国船只、车辆、飞机等均应进行严格的国境卫生检疫，实施灭鼠、灭蚤消毒，对乘客进行隔离留检。

（3）保护易感者。

保护接触者：在流行时应避免接触鼠蚤，与疑似或确诊的肺鼠疫病人接触后，要用多西环素预防。

预防接种：自鼠间开始流行时，对疫区及其周围的居民、进入疫区的工作人员均应进行预防接种。常用为 EV 无毒株干燥活菌苗，皮肤划痕法接种，即 2 滴菌液，相距3~4 厘米。2 周后可获免疫。目前的疫苗仍不能对腺鼠疫和肺鼠疫产生长久的免疫保护，因此，一般每年接种一次，必要时 6 个月后再接种一次。我国新研制的 06173 菌苗免疫动物后产生 F1 抗体较 EV 株效果高 1 倍。

医务人员的个人防护：进入疫区的医务人员，必须接种菌苗，两周后方能进入疫区。工作时必须着防护服，戴口罩、帽子、手套、防护眼镜，穿胶鞋。

有疫情时，不要到疫区旅游，尽量减少疫区活动，避免接触啮齿类动物。去过疫区的人，如果在 14 天内突然出现发热、寒战、咳（咯）血、淋巴结肿痛等表现应及时就医，并如实告知去疫区旅行史。

（九）狂犬病

1. 什么是狂犬病

狂犬病（rabies）是狂犬病毒所致的急性传染病，人兽共患，多见于犬、狼、猫等肉食动物，人多因被病兽咬伤而感染。临床表现为特有的恐水、怕风、咽肌痉挛、进行性瘫痪等。因恐水症状比较突出，故本病又名恐水症（hydrophobia）。狂犬病病毒属于弹状病毒科狂犬病毒属，单股 RNA 病毒，动物通过互相间的撕咬而传播病毒。我国的狂犬病主要由犬传播。对于狂犬病尚缺乏有效的治疗手段，人患狂犬病后的病死率几近100%，患者一般于 3~6 日内死于呼吸或循环衰竭，故应加强预防措施。

2. 狂犬病的传播途径

主要是由狂犬病毒通过动物传播给人而致。狂犬病毒含 5 种蛋白，即糖蛋白（G）、核蛋白（N）、聚合酶（L）、磷蛋白（NS）及基质（M）等。狂犬病病毒的糖蛋白能与乙酰胆碱结合，决定了狂犬病毒的噬神经性。传染源主要为病犬，其次为病猫及病狼等。人被患病动物咬伤后，动物唾液中的病毒通过伤口进入人体而引发疾病，少数患者也可因眼结膜被病兽唾液污染而患病。人对狂犬病普遍易感，狩猎者、兽医、饲养动物者更易感。人受感染后并非全部发病，被病犬咬伤而未作预防注射者约 15%~20%发病，被病狼咬伤者约 50%~60%发病，其发病因素与咬伤部位、创伤程度、伤口处理情况、衣着薄厚及注射疫苗与否有关。

3. 狂犬病的防治措施

（1）管理传染源。对家庭饲养动物进行免疫接种，管理流浪动物。对可疑因狂犬病死亡的动物，应取其脑组织进行检查，并将其焚毁或深埋，切不可剥皮或食用。

（2）正确处理伤口。被动物咬伤或抓伤后，应立即用20%的肥皂水反复冲洗伤口，伤口较深者需用导管伸入，以肥皂水持续灌注清洗，力求去除狗涎，挤出污血。一般不缝合包扎伤口，必要时使用抗菌药物，伤口深时还要使用破伤风抗毒素。

（3）接种狂犬病疫苗。预防接种对防止发病有肯定价值，包括主动免疫和被动免疫。人一旦被咬伤，疫苗注射至关重要，严重者还需注射狂犬病血清。

主动免疫：①暴露后免疫接种。一般被咬伤者0天（第1天，当天）、3天（第4天，以下类推）、7天、14天、28天各注射狂犬病疫苗1针，共5针。成人和儿童剂量相同。严重咬伤者（头面、颈、手指、多部位3处咬伤者或咬伤舔触黏膜者），除按上述方法注射狂犬病疫苗外，应于0天、3天注射加倍量。②暴露前预防接种。对未咬伤的健康者预防接种狂犬病疫苗，可按0、7、28天注射3针，一年后加强一次，然后每隔1~3年再加强一次。

被动免疫：创伤深广、严重或发生在头、面、颈、手等处，同时咬人动物确有患狂犬病的可能性，则应立即注射狂犬病血清，该血清含有高效价抗狂犬病免疫球蛋白，可直接中和狂犬病病毒，应及早应用，伤后即用，伤后一周再用几乎无效。

第五节　艾滋病预防

【案例】2018年5月，23岁的女大学生林林（化名）被确诊感染HIV病毒。“在拿到诊断结果的那一刻，眼前一黑，感觉整个世界天旋地转。坐在我对面的医生嘴巴一张一合地说着什么，可我却一丁点儿都听不见他的声音。”回想起确诊那天的情景，林林至今仍觉悲痛难忍。

林林告诉记者，打小她的异性缘就好。“从初中二年级起，我一直没断过恋爱对象，空窗期加起来不超过10天。”据林林介绍，她的恋爱对象有同班同学、乐队主唱、豆瓣好友、留学生、微博关注的人，还有手机摇一摇的“附近的人”。

“我特别不能忍受单身的日子，我希望每天都有人带我出去玩，围着我转，那样让我觉得自己很有价值，很有成就感。”林林说：“在得艾滋病以前，我一直觉得这种处事观，让我过得比其他同学幸福。”

2017年9月，正跟男友怄气闹分手的林林用手机软件搜索“附近的人”，并在上面结识了一位叫“光阴似箭”的男性，对方主动提出约会请求后，林林欣然前往，并在当晚和对方发生了性行为。

“虽然我对艾滋病病毒有一些了解，但没想过，自己竟然会遇到感染者，没想到，艾滋病竟然离我那么近。”回想过往，林林追悔莫及，她恨自己在发生性行为时没有做好安全防护措施，没有及早认识到艾滋病的风险，恨自己因为无知酿成大错。

在医院拿到检测结果后，林林说她感到非常害怕，她不敢向父母求救，也不敢跟别人诉说恐惧，更害怕别人歧视的目光。

“当时我哭得很厉害，医生们安慰并告诉我，他们会尽全力帮助我，也会对我的身份保密。他们说吃药可以有效抑制艾滋病毒，我以后也可以正常上学和生活。如果我真的能好好地活下去，我希望毕业后做一名防艾志愿者，把艾滋病的风险和防治办法教给更多的人，让大家都能认识艾滋病，远离艾滋病，健健康康地过完一生。”

【点评】 林林的前途本该是一片美好的，但就因为仅有的一次放纵，使自己染上了可怕的艾滋病，导致前途尽毁！

目前，大学已然成为艾滋病的重灾区，其根本原因就是大学生普遍好奇心强，没有足够的防护意识，抱有侥幸心理，以及所谓的“逞强、好面子”。因此作为大学生的我们一定要洁身自好，懂得对自己负责，否则当一切不可能变成可能时，就晚了。

一、认识艾滋病

艾滋病又称“获得性免疫缺陷综合征”，英文缩写是“AIDS”。

它是一种死亡率极高的传染病，传播途径主要有性接触、血液和母婴。艾滋病病毒（HIV 病毒）侵入人体后，可以破坏人体的免疫系统，使人体发生多种难以治愈的感染和肿瘤，最终导致死亡。艾滋病病毒在人体内的潜伏期平均为 8~9 年，患艾滋病以前，可以没有任何症状地生活和工作多年。当艾滋病病毒感染者的免疫系统受到病毒的严重破坏，以至不能维持最低的抗病能力时，感染者便发展成为艾滋病病人。目前还没有能够彻底治愈的药物和方法，所以感染了艾滋病病毒，除了药物控制延缓寿命外，没有好的治愈办法，如果不治疗的话，一般生存期不会超过两年。

二、艾滋病在中国的现状

据中国疾控中心、联合国艾滋病规划署、世界卫生组织联合评估，截至 2018 年年底，我国估计存活艾滋病感染者约 125 万。截至 2018 年 9 月底，全国报告存活感染者 85. 0 万，死亡 26. 2 万例。估计新发感染者每年 8 万例左右。全人群感染率约为 9. 0 万，参照国际标准，与其他国家相比，我国艾滋病疫情处于低流行水平，但疫情分布不平衡。

目前，我国输血传播基本阻断。全面实施临床用血艾滋病病毒核酸检测全覆盖，经输血及使用血液制品传播病例接近零报告。母婴传播得到有效控制。全面实施预防艾滋病母婴传播工作全覆盖，艾滋病母婴传播率从 2012 年的 7. 1%下降至 2017 年的 4. 9%，处于历史最低水平。感染者检测发现力度不断加大。实施扩大检测策略，检测人次数从 2012 年的 1. 0 亿上升到 2017 年的 2. 0 亿。

2018 年上半年中国艾滋病发病数为 27243 例，从 2011 到 2017 年，中国艾滋病发病数增加了 36744 例，增长率高达 179. 68%，其中 2012 年增长最多。2018 年上半年中国艾滋病死亡人数为 7524 人，2017 年中国艾滋病死亡人数为 15251 人。

近五年的数据显示，在 15~24 岁群体中，通过性传播感染艾滋病的占到 96%，男男同性传播占到 57%。从 2019 年 1 到 10 月的数据来看，15~24 岁的学生新增感染艾滋病病毒中，同性造成的感染占 82%。另外，感染艾滋病病毒的男女学生性别比是 11∶1。男男同性恋造成艾滋病病毒感染的增长幅度很大。

三、艾滋病易感人群

包括性乱者、药瘾者、血友病患者及 HIV 感染者的婴儿。

（1）性乱者。包括同性恋者、不洁性交者、多个性伴侣者，经常出入不正当娱乐场所者都是 HIV 的好发人群。

（2）药瘾者。静脉药瘾者和血制品使用人群好发。

（3）某些疾病人群。如血友病患者及 HIV 感染者的婴儿为本病的高危人群。

四、艾滋病预防措施

由于艾滋病毒广泛存在于感染者的血液、精液、阴道分泌物、乳汁以及伤口的渗出液中，具有很强的传染性，所以艾滋病的预防主要是切断传播途径，避免接触传染源。

大学生预防艾滋病，首先就要洁身自爱，避免婚前性行为，发生性行为时一定要用避孕套做好防护措施。还要注意不吸毒，不与他人共用牙刷、毛巾、剃须刀等个人卫生物品。不要到涉足色情的场所及一些如网吧、酒吧等人口密集的娱乐场所，以免被人欺骗或者是扎针感染艾滋病。

五、正确对待艾滋病病毒感染者

艾滋病病毒感染者，即指体内存在 HIV 病毒，但还未出现 AIDS 临床症状和体征的人。艾滋病病人是指感染艾滋病病毒后已经到发病期，即 CD4 细胞计数在 200 以下的人或者出现艾滋病相关症状、各种机会性感染及肿瘤。随着抗艾滋病病毒疗效的提高，艾滋病病毒感染者不再意味着“死刑判决”。

（一）从内心接受艾滋病病毒感染者和艾滋病病人

患了艾滋病的人，本身已经特别不幸了。而正常的日常生活接触是不会被传染上艾滋病病毒的，病毒也仅通过几种极其有限的方式传播（如无保护性行为，共用针具吸毒，直接血液交换等），所以不需要有任何特殊对待。我们要从内心里接受他们、尊重他们，和平、友善地和他们相处。

（二）参加关爱艾滋病病毒感染者和艾滋病病人的公益活动

每个城市的疾控中心和相关的公益组织每年都会开展艾滋病宣传活动和关爱活动。有时间的话，可以积极报名参加一下这些公益活动，真实地感受一下帮助和关爱艾滋病病毒感染者和艾滋病病人，那是一件很有意义的事情。这是一个特殊的群体，他们不需要你的同情，他们需要的是一个朋友、一份理解和一张张笑脸。

（三）将心比心，学会换位思考

很多人认为艾滋病病毒传播的途径都是通过不道德的行为，因此会有点歧视或害怕感染者。这是非常不正确的想法。我们既不知道每个人到底是因为什么原因感染，也不能让病毒成为人类道德的审判官。如果你是一名艾滋病人，你希望别人怎么看待你，别人怎么帮助你，或者别人怎么与你相处？所以，在这个问题上，我们不要因为自己想怎么样就怎么样，要学会换位思考，所谓“己所不欲，勿施于人”，将心比心，换位思考，然后再去行动。

（四）亲人的安慰和包容、社会的关爱和温暖

感染了艾滋病病毒，也许有人会自暴自弃，也许有人会不堪一击，同时身体免疫能力也在逐步下降，这时更需要亲人的安慰、鼓励和包容。所以作为亲人，应该坦荡一

点，和往常一样一起吃饭、散步等，鼓励他们好好生活，要对未来有信心，要耐心等待可以治愈的医学技术或者抗病毒药物的诞生。很多艾滋病病毒感染者和病人其实都很勇敢，很坚强地对抗着病毒。所以社会要以零歧视的状态来对待他们，号召全社会一起行动，让他们真实体验到温暖、关爱和包容。

法律提示

艾滋病患者是否有隐私权？

艾滋病患者当然也有隐私权，这是基本的人身权利。

《艾滋病防治条例》已于2006年1月18日国务院第122次常务会议通过，自2006年3月1日起施行。该条例第六十四条规定：1987年12月26日经国务院批准，1988年1月14日由卫生部、外交部、公安部、原国家教育委员会、国家旅游局、原中国民用航空局、国家外国专家局发布的《艾滋病监测管理的若干规定》同时废止。该条例第三十九条第二款规定：未经本人或者其监护人同意，任何单位或者个人不得公开艾滋病病毒感染者、艾滋病病人及其家属的姓名、住址、工作单位、肖像、病史资料以及其他可能推断出其具体身份的信息。

课后互动

1. 我们大学生如何做到洁身自好？
2. 假如你的同学小王在许多同学面前怂恿你去不良场所，你应该如何拒绝？

拓展训练

问：艾滋病主要的预防措施是什么？

答：艾滋病的预防主要是切断传播途径，避免接触传染源。

问：如何正确看待艾滋病患者？

答：

1. 对于艾滋病患者我们首先不要歧视他，因为，歧视艾滋病患者的这种行为对于患者来说比艾滋病病毒更可怕。

2. 我们要教育他积极面对生活和自己的疾病，及时到医院进行检查治疗。现在对于艾滋病的治疗，已经比从前有了很大的改观。

3. 我们在做好防护的前提下，可以像正常人一样的交往、饮食、外出等，不要远离或者疏离患者。

4. 关心艾滋病患者，给他信心，增加他的勇气。在生活和工作中多帮助患者，让他知道自己没有被大家、被社会抛弃。

第六章 交通与旅游安全

学习目的与要求

1. 学习交通安全的法律法规，遵守交通规则，加强安全意识，树立交通安全文明公德

2. 了解旅游安全常识

3. 敬畏规则，尊重生命

学习重点

1. 交通安全的法律法规

2. 交通规则

3. 旅游安全常识

4. 提供旅行和交通安全指导，预防可能的事故和伤害，提高学生的人身安全意识

学习难点

1. 交通事故频发的原因

2. 如何预防交通与旅游事故

案例与点评

案例 1

2010 年 11 月下午，某高校学生李某戴着耳机边听音乐边走路回宿舍，经过十字路口时，一辆大众轿车从他左侧开过来，汽车鸣笛，他丝毫没有避让的意思，结果汽车刹车不及将他撞倒，李某受伤。2007 年 10 月，某重点大学学生丁某与几个同学上街。街上车辆川流不息，行人熙熙攘攘，不一会儿丁某与同学掉了队。正当他着急四处张望时，同学在马路对面大声叫丁某的名字，他就慌忙朝马路对面跑去，此时一辆大卡车正飞驰而来，将其撞倒并从他身上碾压过去，丁某当场死亡。

【点评】大学生闲暇时购物、观光、访友到市区活动，由于这些地方车流量大、行人多，各种交通标志眼花缭乱，与校园相比交通状况更加复杂，若缺乏通行经验，发生

交通事故的概率会很高。有的学生公寓建在校外，每天上课、下课时在校园周边地区形成人流、车流高峰，成为大学生交通事故新的多发地带。大学生离校、返校、外出旅游、社会实践、寻找工作等外出活动中，乘坐各种交通工具，交通事故也时有发生，有时甚至造成群体性伤亡，教训十分惨重。

案例 2

2010 年 5 月，山西某高校两位男同学在操场踢完足球后，在回寝室的路上还余兴未尽，边跑边传球，此时身后正好驶来一辆两轮摩托车，驾驶员躲闪不及撞上了其中的一位，该学生被撞成右小腿骨折。

【点评】在路上进行危险活动：如嬉戏打闹，打球、滑板类活动等。大学生精力旺盛，活泼好动，即使在路上行走也是蹦蹦跳跳，嬉戏打闹，甚至有时还在路上进行球类活动，更是增加了发生事故的危险。

案例 3

2014 年 8 月，山东籍女大学生小金在离校途中搭载黑车，遭遇囚禁、捆绑、殴打、恐吓和性虐待。同样是搭乘黑车，当月，四川籍女大学生高某被途中偶遇的黑车司机蒲某残忍杀害，年仅 20 岁。

【点评】搭乘无牌无证不安全车辆酿成惨剧。

案例 4

2017 年 12 月 31 日，北京林业大学 9 名大四女生结伴乘坐中型客车从哈尔滨前往雪乡途中发生交通事故，导致 5 人当场死亡（4 人为林大学生，1 人为驾驶人），7 人不同程度受伤。经当地交管部门初步调查：肇事车辆为中型汇众牌普通客车，使用性质为非营运车辆，该车核载 15 人，实载 12 人，乘坐中型客车的大学生，通过一旅游网站与司机取得联系，约车到雪乡旅游。

【点评】通过交管部门取证鉴定，两车驾驶人涉嫌开车斗气、追逐竞驶，且行驶中均超过限定速度。轿车在超越客车时撞向中心护板，客车为躲避轿车而侧滑驶入公路右侧沟内。最终，中型客车车主、轿车驾驶人分别涉嫌非法经营罪和危害公共安全罪被警方刑事拘留，接受调查。

第一节　交通安全常识

随着我国经济水平的快速发展和人民生活水平的逐步提高，近些年来，各类机动车增速迅猛，城市道路车流量大幅攀升，交通事故频发，对人们的生命安全构成了极大的威胁。由于高校实行开放式办学，学校与社会的交流频繁，高校校园内的人流量、车流量大幅增加，校园交通环境面临严峻挑战，高校交通事故也随之增多，因此，了解交通安全的基本知识，掌握自我安全防范的基本技能，防止交通事故的发生，是维护高校正常教学及生活秩序的必然要求。

我国每一分钟就有一人因车祸伤残，每五分钟就有一人因车祸死亡。根据 2021 年《中国统计年鉴》统计：2021 年中国机动车保有量为 4 亿辆，机动车驾驶人数为 4.81 亿人，新领证驾驶人数为 2750 万人。生活场景扩大，人们的工作、生活越来越离不开交通工具。2020 年中国交通事故发生数量 244674 起，交通事故直接财产损失金额为

131360.6万元。生命和财产的损失，触目惊心！

大学生掌握交通安全常识，于己于人以及对于整个社会，都至关重要。

一、步行安全

（1）步行时，走人行道，靠右侧行走。

（2）横穿马路，要走人行横道。行走时，先看左侧车辆，后看右侧车辆。

（3）设有交通信号灯的人行横道，绿灯亮时，可通行。红灯亮时，禁止通行。

（4）设有自助式交通信号灯的人行横道，要先按人行横道使用开关，等绿灯亮、机动车停驶后，再通过。红灯亮或显示“等待”信号时，禁止通过。

（5）设有过街天桥或地下通道的区域，不横穿马路。

（6）无人行横道与通过设施的区域，横穿马路时，要在确认安全后，再通过。

（7）不在机动车道、非机动车道上打闹、猛跑。

（8）不跨越各种交通护栏、护网与隔离带。

（9）路面有雪或结冰时，防止滑倒，造成摔伤。

（10）上学路上、校园内禁止穿暴走鞋与飞轮鞋。

二、乘车安全

（1）所乘车辆靠站停止前，不要向车门方向涌动。车辆停稳后，先下后上，按顺序上下车。

（2）上车后，扶好或坐好，不故意拥挤。

（3）乘车过程中，不把身体的任何部位伸向车外，不向车外抛洒物品。

（4）乘车过程中，保管好自己的财物。

（5）不在机动车道上等候车辆或者招呼营运汽车；在机动车道上不得从机动车左侧上下车。

（6）不携带易燃、易爆、强腐蚀性等违禁物品乘车。

（7）所乘车辆发生交通事故时，要听从司售人员指挥。

三、驾车安全

随着高校年满十八周岁的学生获取驾照的普及程度提高，驾驶车辆已经成为工作与生活出行的必备技能。驾照有了，生活与工作方便了，法律意识、责任心、敬畏之心也必须随之建立。

（1）严禁酒后驾车。2008年世界卫生组织的事故调查显示，50%～60%的交通事故与酒后驾驶有关，酒后驾驶已经被列为车祸致死的主要原因。在中国，每年由于酒后驾车引发的交通事故达数万起；而造成死亡的事故中50%以上都与酒后驾车有关，酒后驾车的危害触目惊心，已经成为交通事故的第一大“杀手”。2010年8月，十一届全国人大常委会第十六次会议首次审议刑法修正案（八）草案，醉酒驾驶或被判刑。

车辆驾驶人员血液中的酒精含量大于或者等于20mg/100mL，小于80mg/100mL属于饮酒后驾车；醉酒驾车是指车辆驾驶人员血液中的酒精含量大于或者等于80mg/100mL的驾驶行为。如果发现驾驶员有饮酒嫌疑，交警可使用呼吸式酒精检测仪现场检验，由检测仪打印出结果，被检人当场签字。如被检人拒绝签字，只要有两名交警在场，检验结果便可生效。酒后驾车扣 12 分，并处暂扣驾照 6 个月，罚款 1000 元至 2000 元。因饮酒后驾驶机动车被处罚，再次饮酒后驾驶机动车的，将处十日以下拘留，并处 1000 元以上 2000 元以下罚款，吊销驾照。

（2）不要超载。在最初的 1000 千米内，国产车不能超过额定载荷的 75%～80%；进口车不能超过额定载荷的 90%。另外，尽量选择质量比较好的行车路面，避免过大震动、冲撞或紧急刹车，减少车身和动力系统的负荷。

（3）不要驾驶有机械故障的“带病车”上路，不要疲劳驾驶，开车途中严禁接打手机，礼让行人。

（4）通过铁路道口时，要主动避让火车，坚决杜绝强行闯关行为。

（5）了解车灯语言。车灯语言（有时需要用鸣笛辅助），可以有效加强交流。

四、交通事故逃生常识

（1）发生交通事故自己被困在所乘车辆中时，可击碎车窗玻璃逃生。

（2）从所乘车辆中逃出后，要远离事故发生地点，防止因车辆着火、爆炸而造成的伤害。

（3）逃生后要迅速报警或拦截车辆救助其他未逃生人员。

（4）所乘车辆着火时，应先防止吸入烟气窒息，再设法逃生。

五、认识交通信号灯

交通信号灯分为两种，一种是用于指挥车辆的红、黄、绿三色信号灯，设置在交叉路口显眼的地方，叫作车辆交通指挥灯；另一种是用于指挥行人横过马路的红、绿两色信号灯，设置在人行横道的两端，叫作人行横道灯。我国交通法规也对交通指挥信号灯做出了规定：

（1）绿灯亮时，准许车辆、行人通行，但转弯的车辆不准妨碍直行的车辆和被放行的行人通行。

（2）黄灯亮时，不准车辆、行人通行，但已越过停止线的车辆和已进入人行横道的行人，可以继续通行。

（3）红灯亮时，不准车辆、行人通行。

（4）绿色箭头灯亮时，准许车辆按箭头所示方向通行。

（5）黄灯闪烁时，车辆、行人在确保安全的原则下可以通行。

知识链接

交通安全顺口溜

隔离护栏不翻爬，发生事故受伤害；候车要在站台上，骑车不进汽车道。

黑车货车不能上，人身安全没保障；无证驾驶违交法，购车要办车牌照。

路口要看信号灯，红灯停止绿灯行；过街要走斑马线，或走天桥地下道；走路要走人行道，骑车不进汽车道。

开车之前想一想，交通法规记心上；交叉路口想一想，一看二慢三不抢；会车之前想一想，礼让三先显风尚；超车之前想一想，没有把握不勉强。

骑单车，看标志，切勿闯入汽车道；不带人，不超载，安全骑车不图快；出远门，乘汽车，不坐超员超载车。

第二节　大学生常见的交通安全事故、原因及预防

随着我国综合国力的增强，国民素质的提高，越来越多的国人能更好地遵守交通规则。但是，在校大学生漠视交通规则的现象时有发生。根据最近在某地区几所高等院校随机发放的500份调查问卷的调查统计结果显示，参与问卷调查的500名调查对象中，约有96.7%的受调查者曾经都有过闯红灯的经历，其中他们闯红灯的原因大都是为了节省时间，不愿意长时间等待。在有闯红灯经历的调查对象中，约占23.3%的调查对象对自己的闯红灯行为不以为然，约有46.7%的调查对象则是跟随大家，贪图便捷而闯红灯，只有30%左右的大学生认为应当严格遵守交通规则，不应该闯红灯。这说明，很多大学生的潜意识里根本没有正确意识到交通规则的重要性，认为闯红灯是无关紧要的小事情，不足挂齿。而现实的案例告诉我们，很多交通安全事故的发生其本质原因大都是由于大家忽视了交通规则，没有重视一些小意外。

一、大学生常见的交通安全事故及原因

（一）校园内易发生的交通事故

（1）注意力不集中引发交通事故：如边走路边看书边听音乐，左顾右盼、心不在焉等。

（2）校园“飞车”：单车和“小电驴”骑得慢一点，不然遇到危险时会来不及刹车。

（3）乱摆乱放：凡是进入校园的车辆必须停放在指定地点，不要随意停放，以免对他人的出行造成不便。

（二）校园外常见的交通事故

（1）搭乘不安全、无牌无证车辆。

（2）乘坐正规交通工具时发生交通事故：大学生社会实习，上班等都要乘坐各种长途或短途的交通工具，由此导致的事故时有发生。

（3）行走时发生交通事故：实习期出去上街、购物、观光，由于这些地方车流量大、行人多，各种交通标志眼花缭乱，与校园相比交通状况更加复杂，请大家出行注意信号灯情况。

二、大学生交通事故的预防

1. 行走安全

- 遵守交通规则，由斑马线及红绿灯路口穿越马路，过马路前一定要一停、二看、

三通过，在道路上行走，应走人行道，行道时靠右边行走。

• 走路时要集中精力，“眼观六路，耳听八方”。

• 不与机动车抢道，不横穿马路、翻越护栏，过街走人行横道。

• 不闯红灯，不进入标有“禁止行人通行”“危险”等标志的地方。

• 快步行走时，应注意不平整的行人道路面，以免摔跤。

• 女士应避免夜间单独行走。

• 夜间行走时，应穿着反光质料的衣服或加添荧光饰品，最好携带手电筒。

• 上下楼梯不要拥堵楼梯口，并靠右行走。

• 避免行走时玩手机或使用随身听。

2. 乘坐交通工具

乘坐市内公共交通等车停稳后，依次上车，不挤不抢不插队。车辆行驶中不得把身体伸出窗外；乘坐长途客车、中巴车时不能贪图便宜，乘坐车况不好的车，绝对不能搭乘“黑巴”“摩的”，因为这些车辆安全没有保障。乘坐火车、轮船、飞机时必须遵守车站、码头和机场的各项安全管理规定。

（1）火车。至2021年年底，中国高铁运营里程突破4万公里，总里程已能围绕地球赤道一周，中国铁路营运总里程突破15万公里。长途出行，越来越多的人选择乘坐便捷的高速列车。乘坐火车时，应注意以下事项：

• 应坐直达车，避免中途转车，以免周转之苦。

• 火车行驶途中，应避免与陌生人交谈及接受他们的招待（香烟、饮料和食物）。

• 尽量财不外露。

• 火车途中或到站时，应时刻检查自己随身携带物品。

（2）飞机。

• 选择航空公司原则：应选择信誉可靠、历史悠久以及拥有良好安全飞行记录的航空公司。

• 认真阅读飞行常识。

• 如果感到身体状况不佳，应及时休息恢复，否则延迟出行。

• 在去机场过程中，必须留有充分的时间，以防匆忙出错。

在飞行途中：

• 上飞机后，必须按照安全指示牌检查所有安全工具，确认备齐并状态良好。

• 一定要按照飞行安全的规定系好安全装备；上机后，必须注意安全门的位置。

• 飞行途中，不管安全指示灯是否亮起，应一直系好安全带。

• 严格按照机组人员的指示行事。

（3）车辆。

①长途汽车

• 乘车必须使用安全带。

• 在车内不准吸烟，行车时乘客不应与司机聊天。

• 用自己的判断力，视车况而定。如果车况太差，应当不上车。

• 上车后应选择中间偏右的座位，以减少碰撞的机会；避免最前排座位或前方没有座位的位子。

• 长途车行驶途中，应避免与陌生人交谈及接受他们的招待（香烟、饮料和食物）或接受其他引诱。

• 途中或到站时应该检查自己随身带的物品。

②出租车

• 选用安全的打车软件或者安全服务声誉高的出租车公司的汽车，若司机行为怪异，应立即在安全地带下车或换车。

• 在有选择的可能性下，以自己的判断，选用车况比较好的车子。

• 在前后座均有安全带的情况下，后座为安全座位；如果只有前座有安全带，使用安全带的前座为安全座位。

• 发现司机开车不安全，可劝告之，若不听，应考虑换车。

• 在街上拦车时，应在适合的、允许的地方进行。

• 女士应避免晚间独自坐车。

• 上车前后，应尽量记住车牌号或驾驶员的有关证件号以供必需之用。

• 由右方下车时，应确认右侧及后方无碍后动作。

③摩托车

• 车辆要进行日常保养，车况不良严禁使用。

• 上路前，要确保车灯、制动正常，行车中，严格遵守交通规则。

• 在机动车道路上，摩托车靠右边行驶，避免进入快车道。

• 限速行驶，市区内限速 30 公里/时，市郊限速 60 公里/时。

• 驾驶员必须戴头盔，乘搭者同样要戴头盔，不准侧身乘搭摩托车。

• 转弯时应减速，严禁超车行驶。

• 避免深夜在高速公路及城郊外行驶。

• 驾驶员酒后或身体状况不正常时，禁止开车。

• 遇到天气差或路况差，应避免行车或尽量减速。

• 不超载、不抢道、不闯红灯。

④自行车/助动车

• 上路前检查车况，确保刹车、铃铛作用正常。

• 遵守交通规则，行驶非机动车道；遵守交通规则，不抢超、强闯红灯。

• 不超载，不做危险动作。

• 若有同伴同行，不应勾肩或搭背及转头交谈。

• 留下充足的时间到达目的地，避免慌张、急躁。

• 十字路口大转弯或横过马路时，确认安全后方可行驶，最好下车推行。

• 下坡时或下桥时，应控制速度。

• 骑车由右方超过停在马路边的机动车时，应注意观察前面机动车的情况，以避免撞车及车门（突然开门）。

• 下雨天过十字路口、转弯或过马路时，应取下雨帽安全通过路口，避免雨帽妨碍视线。

• 如果路面很滑或比较泥泞，应下车推行。

• 骑车时避免使用手机和随身听。

我们要牢记“珍惜生命，关注安全”，也希望每位同学都能增强安全意识，时时注意安全，让欢笑和健康永远陪伴在我们身边。

第三节　交通事故预防与现场处置

紧急情况时有发生，掌握一些交通事故的急救常识很有必要，在现场自救的同时也可以帮助他人。车辆遇险时你可以这样做：

（1）双手紧紧抓住前排座椅或扶杆、把手，低下头，将头部放在两臂中间，利用前排座椅靠背或两手臂保护头部和面部。

（2）若遇到翻车或坠车时，迅速蹲下身体，紧紧抓住前排座位的座脚，身体尽量固定在两排座位间，随车翻转。

（3）事故车辆还在行驶中时，不要盲目跳车，应待车辆停下后再陆续撤离。

（4）交通事故发生后，要立即拨打 110 报警或向附近的公安交管部门报案。如有人员受伤，要拨打 120 电话请求医生帮助。还要在来车方向设置警告标志扩大示警距离，高速公路上警告标志应当设置在故障车来车方向 150 米以外，防止二次碰撞。

（5）发生交通事故后，要立即下车并快速转移到安全地点。防止事故车辆漏油、起火、燃烧、爆炸，发生危险。

（6）发现驾驶人肇事逃逸，要快速记下车辆的车牌号码、车身颜色及特征。

（7）在交通事故现场抢救时，要先抢救人员后抢救财物；先抢救重伤人员，后抢救轻伤人员。

（8）遇伤员被挤压夹嵌在事故车辆内时，不要生拉硬拖，而应用机械装置拉开或切开挤压的车辆部位再救出伤员。

如不幸遭遇交通事故，那么要依法依规处理。发生交通事故的处理办法如下。

1. 遇到交通事故，请及时报警

无论在校外还是在校内，一旦发生交通事故后，首先想到的是及时报案，有利于事故的公正处理，千万不能与肇事者“私了”。若在校外发生交通事故除及时报案外，还应该及时与学校取得联系，由学校出面处理有关事宜。

2. 保护现场

事故现场的勘查结论是划分事故责任的依据之一，若现场没有保护好会给交通事故的处理带来困难，造成“有理说不清”的情况。切记，发生交通事故后要保护好事故现场。

3. 控制肇事者

若肇事者想逃脱一定要设法控制，自己不能控制可以发动周围的人帮忙控制，若实在无法控制也要记住肇事车辆的车牌号等特征。

第四节　外出旅游，安全至上

大学生具有自身群体性特征。大学生一般长时间远离家人生活学习，具有相对自由的独立活动空间，这为其假期中甚至在校学习期间参与旅游活动提供了便利。其次，大学生精力旺盛，对外面的世界充满好奇，旅游和探险无疑是网络空间之外具有极大吸引力的活动领域。除了人头攒动的旅游景区以及著名的城市景观，一些因奇、险、怪而人迹罕至的地方，往往也是大学生热衷的探险地。比如无人登临的小岛，假日海滩的远海深处、灌木丛生的深山密林，等等。从近年来发生的一系列大学生旅游安全事故来看，事故发生要么是大学生因为缺乏安全防范意识拥挤踩踏而致重大伤亡，要么是大学生有意或无意地进入不向游人开放的危险海域、深山林区等。再次，据对湖南部分高校大学生的随机调查表明，大学生普遍存在安全意识不强的情况，崇尚的是所谓“说走就走”的旅行，出发前往往没有做好必要的安全知识和设施准备，不能有意识地评估可能出现的危险，极可能在救生能力和心理准备不足的情况下以身涉险。

一、大生旅游安全措施

（一）住宿安全

（1）进出宾馆房间随时关门锁门，离开宾馆时把钥匙交回总台，不要让陌生人进入房间。

（2）正确使用房间电器等设备，不要在床上吸烟，不要把衣物放在电灯台架上，避免发生火灾等事故。

（3）要熟悉宾馆安全通道和紧急出口等疏散标志，遇到火灾时不要搭乘电梯。

（4）离开宾馆前要携带一张记有该宾馆的地理位置和联系电话的卡片，以防迷路后安全返回。

（5）到健身房和游泳池锻炼时，要注意自我保护。

（二）观光安全

（1）观光游览时要服从领队和导游的安排，紧跟团队，不要擅自离队。

（2）记下导游的手机号码，以防万一离队后联系方便。

（3）记住旅游车车牌号和所在停车场位置，以便走失后找回。

（4）万一联系不上或者找不到旅游车时，可自行乘坐出租车返回宾馆或者请警方协助并设法告诉领队。

（5）在拍照、摄像时注意往来车辆是否有禁拍标志，不要在设有危险警示标志的地方停留。

（6）要慎重参加带有刺激性的活动项目，量力而行，提高自我保护意识，服从安全人员的指挥，不要到色情场所消费。

（7）夜间自由活动要结伴而行，并告知领队大致的活动范围。不要乘坐无标志的车辆，不要围观交通事故、街头纠纷，不要太晚返回。

（三）购物安全

（1）购物时要保管好随身携带的物品，不到人多、拥挤的地方购物。

（2）在洗衣试鞋时，最好请同团好友陪同和看管物品。

（3）不要当众数钱，并避免在同一个地方大批量地购买贵重物品。

（四）人身安全

（1）要远离毒品，不接受陌生人搭讪，防止人身侵害。

（2）要尊重所在国，特别是有特殊宗教习俗国家的风俗习惯，避免因言行举止不当引发纠纷。

（3）遇到地震等自然灾害或政治战乱，突发恐怖事件或意外伤害时，要冷静处理并尽快撤离危险地区，并及时报告我国驻所在国使馆或与国内有关部门联系寻求营救保护。

二、大学生安全出游攻略

（1）不要带贵重物品，如携带贵重首饰、照相机、摄像机等须谨慎保管好。

（2）请携带身份证、学生证等有效证件，带上折叠伞以防下雨。如有晕车或感冒的同学，请提前做好准备，带好药物（如晕车药、感冒药）。

（3）由于地区差异，可能有温差，出行前要查看旅游地区天气，一定要备足衣物。

（4）在出游时由于人比较多，一定要给自己预留足够的安全空间，避免因拥挤或推搡发生挤压、拉伤、跌伤、落水、坠落等意外事件，注意保持安全间距。不要单独行动，必须成群出入，并保持手机电量充足，携带好充电器。

（5）住宿宾馆酒店客房，注意周边环境，保管好随身携带物品，不招领陌生人进入房内；旅游期间严禁搞赌博等违法活动。

（6）去旅游时，必须遵守参观地点旅游规定，禁止吸烟、随地吐痰、乱扔垃圾和随意进入非参观游览区内拍照等不良行为；攀爬高处，既要防止跌落受伤，同时也要预防脚被尖锐物扎伤或被山区蛇虫咬伤；经过台阶和狭窄、路滑地段，谨防跌倒；如经过有正在施工地段，需保持安全距离，走安全通道，不要随意进入施工现场，防止跌落、扎伤、触电、坍塌等事故，出游攻略见图 6-1。

三、大学生出游需注意

（1）入乡随俗，尊重当地的文化。中国是一个多民族的国家，每个民族都有自己的习俗。随着旅游业的蓬勃发展，很多少数民族地区都成了旅游景点，黄金周假期更是人山人海。因此，了解当地的习俗是十分必要的，不仅能够和当地人友好交流，也能赢得当地人的好感。

（2）不去未开发，偏僻的地方旅游。很多有冒险精神的大学生热衷于登山，特别是去那些荒无人烟，陡峭的山上挑战自己，觉得这样可以从身心上全面地锻炼自己。然而，很多人因为把探险想得太美好，往往忽略了安全的考虑。

（3）太廉价的地方不去，学会保护自己。近年来，自助游在大学生中间流行起来，很多人会觉得这样旅游很方便，自由，便宜，但殊不知这样的危险性，特别是对于女生。

（4）尽量不与陌生人结伴而行。随着网络的蓬勃发展，很多年轻人通过网络搜索贴吧，论坛等寻找志同道合的陌生人一起去探险、穷游，但这是十分危险的。

（5）安全出行小贴士：

• 搭乘飞机时，应注意飞行安全，扣好安全带，不带危险品或易燃品，不在飞机升降期间使用手机等相关电子用品。

• 贵重物品请放置在酒店保险箱，如随身携带，注意保管，切勿离手。

• 出入酒店房间请随手关门，勿将衣物披在灯上或在床上抽烟，听到火警铃响，请

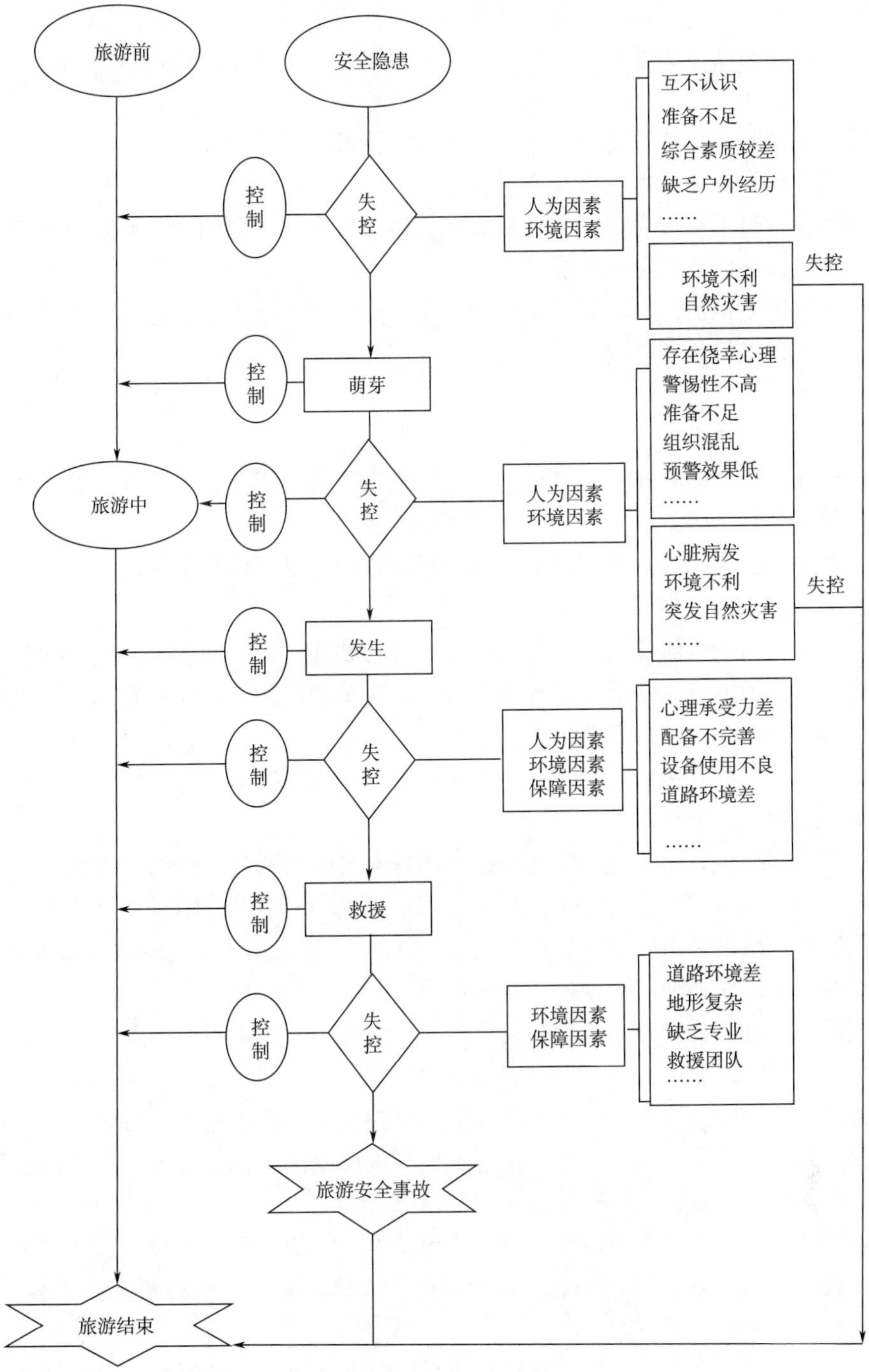

图 6-1　出游攻略图

由紧急出口迅速离开，切勿搭乘电梯。

- 搭乘快艇，漂流木筏，参加水上活动，请按规定穿着救生衣，并遵照工作人员的指导。
- 海边戏水，请勿超越安全警戒线，不熟悉水性者，切勿独自下水。
- 行程中或自由活动时若见有刺激性活动项目，身体状况不佳者请勿参加。患有心脏病、肺病、哮喘病、高血压者切忌从事水上、高空活动。

• 搭车时请勿任意更换座位，头、手勿伸出窗外，上下车时请注意来车方向以免发生危险。

• 搭乘缆车时，请依序上下，听从工作人员指挥。

• 行走雪地、陡峭山路，请小心谨慎。

• 团体旅行时不可擅自脱队，单独离队，请征得全陪导游同意，并随身携带当地所住宿饭店地址、电话，以免发生意外。

• 抵达景区游览前，谨记导游交代的集中地点、时间、所乘游览巴士车号。万一脱团，请于集中地点等候导游返回寻找。

• 外出旅行，注意身体健康，切勿吃生食、生海鲜、已剥皮的水果，光顾路边无牌照摊档，暴饮暴食，多喝开水，多吃蔬果。

• 夜间或自由活动时间自行外出，请告知全陪导游或团友，应特别注意安全。

• 切勿在公共场所露财，购物时也勿当众清数钞票。

• 每次退房前，请检查所携带的行李物品，特别注意证件和贵重财物。

（6）自驾游安全注意事项。

• 自驾车外出旅行前要进行必要准备。携带驾驶证、行驶证、公路安全行车指南和公路交通地图，了解沿途路况信息和天气情况。对车辆转向、制动、轮胎、灯光等安全设施进行检查，不要驾驶有安全隐患的车辆。

• 保持安全车速。在道路上行驶，车速不要超过限速标志、标线标明的速度，要时刻保持安全车速，拒绝超速。

• 保持安全距离。驾驶人要时刻保持车辆纵向与横向的安全距离，谨慎驾驶，避免交通伤害。

• 谨慎通过路口。路口是交通情况复杂的地方。驾驶人在接近路口时要减速慢行，观察前方的交通情况，确认安全后谨慎通过路口。

• 谨慎通过弯道、坡道。车辆驶近急弯、坡顶等安全视距不足的路段，应当在本方车道内行驶，提前减速，勿超车，必要时鸣喇叭示意。

• 拒绝疲劳、酒后驾车。饮酒导致人运动机能低下，反应迟钝、行动迟缓、判断失准，疲劳使驾驶人的注意力不稳定、视野狭窄、视线模糊和反应迟钝。为了自己和他人的安全，请勿疲劳驾驶、酒后驾驶。

• 拒绝超员、超载。车辆超员、超载，容易引发爆胎、突然偏驶、制动失灵、转向失控等，进而导致交通事故的发生。为了安全，驾驶人请按照车辆核定数载客、载货，切忌超员、超载。

• 系好安全带。使用安全带可减轻事故发生时驾驶人与车辆顶棚、前窗玻璃、转向盘等发生猛烈撞击的程度，增大生存的概率。因此，驾乘机动车时要系好安全带。

• 注意避让行人。机动车驾驶人在行经斑马线时要减速行驶。遇斑马线上行走的行人时要停车让行。

• 儿童乘车不要坐前排。儿童乘车坐后排是重要的安全措施，有条件的要配备儿童专用安全座椅，减轻车辆在紧急制动或发生事故时对儿童的伤害。

• 驾车勿拨打或接听手机。驾驶车辆时，驾驶人接打电话会分散驾驶人的注意力，易出现反应迟钝、措施不当等情况。因此，驾驶人不得在行车中拨打或接听手机。

• 冷静处理意外。出游途中车辆发生故障或意外需停车时，要立即开启危险报警闪光灯，将车辆移至不妨碍交通的地方停放；难以移动的，应当持续开启危险报警闪光灯，并在来车方向设置警告标志。高速公路设置警告标志应在来车方向 150 米以外，车上人员应迅速转移到安全地带，防止发生二次事故，并立即报警。

• 行人横过道路要确认安全。行人参与道路交通应在人行道内行走，没有人行道的要靠路边行走。通过路口或横过道路应当走斑马线或者过街设施，通过时要“左、右、左看，向前行”，确认安全。

• 骑自行车要各行其道。骑自行车应在非机动车道内行驶，不要占用机动车道。在没有非机动车道的道路上，应在车行道的右侧行驶。转弯及早打出手势，安全通过。

• 乘车中发现违法行为要及时报警。

法律提示

1. 《中华人民共和国道路交通安全法》
2. 《机动车驾驶证申领和使用规定》
3. 《最高人民法院关于审理道路交通事故损害赔偿案件适用法律若干问题的解释》
4. 《旅游法律法规》

课后互动

以小组为单位，就以下问题进行交流讨论：

1. 作为学生应如何避免交通安全事故的发生？
2. 如何做好旅游安全攻略，在旅行过程中如何做好个人安全防范工作？

知识链接或拓展阅读

1. 交通安全常识 安全管理网。
2. 中华人民共和国中央人民政府国家旅游局令（第 46 号）。

拓展训练

1. 交通事故的处理程序。
2. 高风险旅游项目安全的防范与应对。

第七章 网络安全

学习目的与要求

1. 了解网络世界的虚拟性，了解网络安全相关知识，树立网络安全意识。养成良好的信息活动习惯，掌握在网络中基本的自我保护方法

2. 了解网络成瘾的特征和危害，掌握网络成瘾的应对方法。懂得安全、正确、合理地使用网络的必要性，帮助学生树立正确的人生观和价值观，鼓励学生追求科学、健康、充实的学习与生活

3. 学习和掌握防范网络陷阱的知识和方法，树立防范网络陷阱意识，提高防范网络陷阱能力

4. 学习和掌握网络犯罪相关知识，树立防范网络犯罪意识，提高网络犯罪防范能力

学习重点

树立网络安全意识，掌握在网络中基本的自我保护方法，了解网络成瘾的严重危害，掌握防范网络陷阱的知识和方法，了解网络犯罪的行为及防范网络犯罪

学习难点

养成良好的信息活动习惯，掌握应对网络成瘾的方法，提高防范网络陷阱和网络犯罪的能力。

案例与点评

案例 1　网购官网也失守：消费者联名起诉亚马逊

2017 年 11 月，42 名消费者联名起诉亚马逊，称在亚马逊网购之后，不法分子利用网站多处漏洞，如隐藏用户订单、异地登录无提醒等登录网站个人账户植入钓鱼网站，然后再冒充亚马逊客服以订单异常等要求为客户退款，实则通过网银转账、开通小额贷款等方式套取支付验证码等方式诈骗用户。

【点评】 出于网购的便利和对时尚的追求，绝大多数大学生也喜欢通过互联网购

物。但由于缺乏网络安全意识和网购经验，多数大学生很难识别网上的虚假信息，上当受骗。账号和密码的安全至关重要，我们要提高网络安全意识，个人账号和密码信息不可泄漏给他人。

案例 2　女大学生患网络综合征

27 岁的王晓重点大学毕业后没考上研究生，男朋友又离她而去，遭受双重打击的她将全部的情感转移到网络中。整天把门一关，就是上网。父母想让她换个环境，到盘锦的亲戚家后，她见亲戚家也有电脑，于是又玩了起来。毕业两年来，一直在家闲待，也不找工作。无奈的父母将极不情愿的她带到康宁医院心理科咨询。她说："你们不让我上网，那我干啥？"问她未来有什么打算，她一脸的茫然，在医院待一会儿就急着回家，怕有网友在线找不到她。

【点评】这位女大学生这种不自主的强迫性现象被称为网络综合征。网络综合征对人的身心造成很大的危害。青少年是网络综合征的易感人员。青少年每天上网时间应控制在 2~3 小时，正确认识上网的目的，利用网络来开阔视野、增长知识和扩大交往面，而不是将自己与现实世界隔离。学校及家人应帮助其树立远大的目标，培养其高尚的情操，合理规划自己的业余生活，不可陷入"非上网不可"的陷阱。一旦罹患网络综合征，要尽快就医，求得心理帮助。

案例 3　"双 11"网购注意防范网络陷阱

2019 年 10 月底，市民邹女士添加了一个微信好友，对方给邹女士发来了一份商品价格表，邹女士购买任何一个产品，都可以获得一次猜拳或摇骰子的机会，不论输赢，都可获得价值 3699~5000 元不等的福利，或者直接赠送口红等化妆品。见活动优惠力度如此之大，邹女士先后花了 7000 元，参加了 20 余次活动。可过了一个星期，她不仅没有收到参加活动时获取的福利，甚至连自己购买的商品也没有收到。找对方催要，对方发来一个快递单号，但收货人并不是邹女士。意识到自己被骗，邹女士拨打了 110 报警。

【点评】网络发展越来越快，越来越多的骗子也设计了许多网络陷阱，大学生要提高警惕，不可落入网络陷阱，保护自己在网上的正当权益。在网上购物时千万要注意，一定不要私下直接与买家一对一转账支付；不要随意点击或扫描来源不明网址链接或二维码；不要轻信来路不明客服人员提出的任何充值、转账要求；不要泄露自己的个人信息，包括消费账户、密码及交易验证码等。

案例 4　网上出售淫秽视频构成犯罪

2016 年 10 月，被告人黎子文通过 QQ 和陈某在网上达成交易协议，通过分享资源的方式向陈某销售淫秽视频。经过滨海县公安局治安警察大队鉴定，被告人黎子文向陈某出售的视频及图片均为淫秽物品。被告人黎子文以非法获利为目的，在互联网上发布有关销售淫秽物品的信息，情节严重，其行为已构成非法利用信息网络罪。

【点评】大学生要认真学习网络相关法律法规，一方面要提高警惕，防止遭受网络犯罪的侵害；另一方面，也要加强道德自律，规范自己的网络行为，防范实施网络犯罪。

第一节 大学生与网络安全

根据《中国互联网络发展状况统计报告》显示，截至2021年6月，我国网民规模达10.11亿，互联网普及率达71.6%。随着新学期的来临，刚刚入校的大学生又成了网络环境下的新宠，现在的大学生在网络使用方面都具有一定的网络操作技能，但在现实生活中缺乏人生经验，又没有步入社会，网络安全意识薄弱，对维护网络安全的法律法规知之甚少，在网络的使用过程中出现了许多问题，针对这些常见安全问题，下面介绍一些网络安全知识，对大家今后的学习、生活能够带来帮助。

一、电脑上网的安全

（一）账号密码安全

在上网过程中，无论是登录网站、电子邮件或者应用程序等，账号和密码是用户最重要的身份信息，因此账号和密码的安全至关重要，一旦丢失会造成严重后果。在注册和使用的过程中应注意：

（1）密码的设定一定要科学严谨，不可过于简单，尽量使用字母和数字相结合，具有一定长度的密码。

（2）个人账号和密码信息不可泄漏给他人。

（3）在网吧等公用计算机上使用时切勿开启“记住密码”选项，使用完毕后应安全退出，最好重新启动电脑。

（二）网上浏览安全

（1）设置浏览器的安全等级。我们常用的浏览器都具有安全等级设置功能，通过合理地设置可以有效过滤一些非法网站的访问限制，从而减少对电脑和个人信息的损害。

（2）坚决抵制反动、色情、暴力网站。一方面这些不良信息会影响青少年的身心健康；另一方面很多非法网站会利用浏览器漏洞对用户进行各种攻击。

（3）不要随意点击非法链接。

（4）下载软件和资料时应选择正规网站或官方网站。

二、手机上网安全

目前在校大学生手机的普及率已接近100%，利用手机上网的人数也在80%以上，因此手机的安全问题已经成为当前网络安全的一个重要组成部分，同学们在使用手机上网的过程中一定要提高警惕，加强防范意识。

手机上网的基本注意事项：

（1）关闭常用通信软件中的一些敏感功能，如微信里的“附近的人”、微信隐私里“允许陌生人查看照片”等。

（2）不能随便晒家人及住址照片。长期这样下去，只要经过别人稍加分析汇总，你所晒出来的信息就会成为一套完整的信息，这就暗藏着各种不可预测的风险。

（3）不要随便在网上测试相关信息。有的网站搞调查，问你的年龄、爱好、性别等信息，你若为了一点小利益去做的话，这些信息就可能被人家利用起来，将你的信息逐渐总结，卖给别人盈利或威胁到你。

（4）不要随意扔掉或卖掉旧手机。尤其是那些涉密的旧手机，可能出了些毛病你就打算卖掉或扔掉。千万不要这样，因为一些人可以恢复你的数据，这其中暗藏着各种危害，你是无法预测到的。

（5）软件安装过程中不要都“允许”。尤其现在使用的智能手机，安装软件过程中，有的软件提示你是否允许安装全部服务，比如获取你的位置，读取你的电话记录等，这种情况下，要千万小心，不相关的服务不允许，或者不安装此软件。

（6）不要随便接入公共 Wi-Fi。公共 Wi-Fi 中有些是黑客获取你手机信息的一个重要渠道，可能直接盗取你的敏感信息，如卡号、账户密码等。所以，到公众场合后，有免费 Wi-Fi 也不要随意接入。

（7）不要随意发给别人验证码。验证码可以说是保密的一道重要防线，一旦突破了，那么可能就会有很大的麻烦等着你。

三、网络聊天交友注意事项

（1）聊天时要有所保留，切勿全盘托出，不建议在个人主页或博客上透露太多私人信息，尤其是你的住址、行踪、电话等信息。

（2）请勿急于与网友见面。见面前应收集更多对方的信息，可以先尝试电话聊天。

（3）见网友前最好让家人或亲戚朋友知道自己的去向以及要见网友的一些相关情况。

（4）见面地点最好是自己熟悉的地方，在人流量大的闹市区为宜；时间最好选择在白天；最好带上同伴前往；不要随便喝网友的饮料或酒水；要时刻注意自己的随身物品，特别不要将自己的贵重物品借给网友使用。

（5）网友若提出去自己不熟悉的地方或发现对方活动异常，考虑结束约会；发生紧急、意外情况时，及时求助或报警。

四、网络购物安全防范

（1）购买前要留意商家信誉。确定购买之前，一定要先了解一下卖家的信誉度。卖家的信用评价是一个重要的参考标准。要注意选择合法的网站和商家，一般正规网站都会标注网上销售的经营许可证号和工商机关红盾检验标志。而且，网站应当持有 ICP 证书，消费者可通过查看网站主页最下方商家的数字证书来验证其“身份”。

（2）不要被低价商品迷惑。特别是名牌产品，因为知名品牌产品除了二手货或次品货，正规渠道进货的名牌是不可能和市场价相差那么远的。

（3）小心商家的文字游戏。当遇到字意模棱两可的介绍时，一定要向卖家询问清楚，以防有些不良卖家玩文字游戏。

（4）最好通过第三方支付。网上购物最好通过安全可靠的第三方交易平台来实现，尽量选择货到付款或交易平台提供的诸如支付宝等带有第三方保障功能的支付方式。同时，使用银行卡进行网络支付时，千万注意不要在网吧电脑等公共设备上使用；最好有专用账户或专用卡作网上支付用，并且卡内不要放太多的现金。如发现问题，及时与银行联系。

（5）邮费太高要小心。购买之前，要跟卖家事先做好沟通，因为地域的关系邮费通常和所标价格不同，以防卖家把商品的价格定得很低，但是邮费却很高。

（6）保存原始证据。对于价格比较高的大宗货品，最好不要在网上购买。如果一定要买的话，则应该向卖家问清来路，并最好要求其开具发票。无论商品价格是否昂贵，消费者都应注意保存和卖家之间的往来邮件、聊天记录，以为日后维权留下证据。

五、如何防范 QQ 被盗

目前，QQ 骗钱、发布不良网站，甚至进入与 QQ 绑定的微信中，利用好友这种亲密的关系展开骗局的事件层出不穷。而据专业人士分析，多数原因跟木马病毒侵入有关，目前 QQ 被盗主要呈现三种方式：第一种是埋伏式的，就是电脑里本身就有病毒，一般是公共场所的电脑，网吧、宾馆、陌生人的电脑里。第二种是即时式的，有的网页上也有 QQ 登录的界面，但是如果你从这里面登，后台就很容易获取。第三种是硬件式的，在网吧有些键盘和电脑接口处多了一个接口，你用键盘输入密码的时候，就很容易被盗。有些人在潜意识里已经感觉自己中了木马，但却苦于没有进一步的防护举措，使黑客轻易得手。建议密码不要过于简单，要有数字、字母，还有字母的大小写。电脑要安装杀毒软件防火墙之类的保证安全。用户最好是到官网下载最新版本的 QQ 软件。少在公共场所登录 QQ，万一要登录，用鼠标点击软键盘输入号码和密码。还有就是不要访问不良网站，要加强密保工作，最好与手机捆绑，这样就可以随时监控。

六、常见网络诈骗手法及防范

（1）冒充即时通信好友借钱。骗子使用黑客程序破解用户密码，然后张冠李戴冒名顶替向事主的聊天好友借钱，如果对方没有识别很容易上当。大家如果遇到类似情况最好先与朋友通过打电话等途径取得联系，防止被骗。

（2）网络游戏装备及游戏币交易进行诈骗。常见的诈骗方式一是低价销售游戏装备，在骗取玩家信任后，让玩家通过线下银行汇款的方式，待得到钱款后即食言，不予交易；二是在游戏论坛上发表提供代练，待得到玩家提供的汇款及游戏账号后，代练一两天后连同账号一起侵吞；三是在交易账号时，虽提供了比较详细的资料，待玩家交易结束玩了几天后，账号就被盗了过去，造成经济损失。

（3）交友诈骗。犯罪分子利用网站以交友的名义与事主初步建立感情，然后以缺钱等名义让事主为其汇款，最终失去联系。

（4）网上中奖诈骗。网上中奖诈骗是指犯罪分子利用传播软件随意向手机用户、邮箱用户、即时通信用户等发布中奖提示信息，当用户按照指定的“电话”或“网页”进行咨询查证时，犯罪分子会以中奖缴税等各种理由让用户一次次汇款，直到失去联系。当收到一些来历不明的中奖提示，不管内容有多么逼真诱人，请大家千万不能相信。

（5）“钓鱼网站”诈骗。“钓鱼网站”诈骗是利用欺骗性的电子邮件和伪造的银行、金融机构网站进行诈骗活动，获得受骗者个人账户信息进而窃取资金。因此，在访问这类邮件和网站时一定要仔细甄别，认真核实，切勿着急操作。

总之，网络安全与我们的日常生活息息相关，网络隐患无处不在，在使用过程中同学们一定要提高警惕，树立正确的网络安全观念，加强防范意识，减少不必要的损失。

法律提示

网络诈骗罪的立案标准

立案数额方面，诈骗公私财物价值3000~10000元以上的，属于数额较大；诈骗公私财物价值30000~100000元以上的，属于数额巨大；诈骗公私财物价值500000元以上的，属于数额特别巨大，而这也就是网络诈骗罪的立案标准要求。立案情节方面，利用发送短信、拨打电话、互联网等电信技术手段对不特定多数人实施诈骗，诈骗数额难以查证，同时有规定情形的，属于诈骗罪其他严重情节。

课后互动

各小组以某一方面的网络安全隐患为主题，收集、整理相关案例，展示成果。

知识链接或拓展阅读

2019年5月13日，国家市场监管总局、国家标准委联合发布《信息安全技术网络安全等级保护基本要求》。新修订的《信息安全技术网络安全等级保护基本要求》等系列国家标准主要面向网络安全领域，可有效指导网络运营者、网络安全企业、网络安全服务机构全面提升网络安全防护能力。

第二节 警惕网络综合征

一、网络综合征及形成原因

网络综合征，就是在网上持续操作的时间过长，随着乐趣的不断增强而欲罢不能、难以自控，有关网络上的情景反复出现脑际，漠视了现实生活的存在。

专家发现，网络综合征患者由于上网时间过长，大脑神经中枢持续处于高度兴奋状态，会引起肾上腺素水平异常增高，交感神经过度兴奋，血压升高，自主神经功能紊乱。此外，还会诱发心血管疾病、胃肠神经官能症、紧张性头痛等病症。

网络是一个庞大的信息系统，普通人是在正常信息交流中接收到正常信息，看到、听到的是一些正常的东西。但同时我们必须看到信息网络中确实有相当多的变异信息路径，年轻人敏感、好奇，富有幻想，特别是世界观没有形成，一旦心路和这些变异信息路径接上，往往不能自拔，新奇、幻想不断，在变异的信息路径上越走越远。这样下去，对身体、心理产生了许多不良影响，乃至产生心理障碍。可怕的是这些变异信息路径往往产生变异信息效应，使人在特定的情形下产生视听上的变异，即医学中所说的幻视和幻觉，这些结果不仅给个人带来不良结果，有时还会给社会带来不良影响。网瘾的病因很多，可以总体归纳为外因和内因两个方面，外因主要是指社会环境和家庭教育的影响；内因主要是指满足感缺失、生理及人格方面的影响。

（一）外因

外因仅是被动因素，属表因，是形成网瘾的诱因。

1. 社会环境

社会环境包括网吧的出现、网络游戏的流行、同学之间的攀比从众等。随着高科技的出现，网络已逐步走进我们的生活，除了满足我们正常工作、学习、沟通交流外，开发者也始终不忘对游戏和娱乐项目的开发，因此出现了惊险的网络游戏、激情的色情电影和有趣的网络聊天等，最大程度地满足了青少年的心理需求。鉴于青少年意志力薄弱，善于群体活动，他们会更多地相互模仿，攀比，而很多成年人也会有网瘾，同时影响到孩子，所以青少年网瘾与社会环境有着密切的关系。

2. 家庭教育

家庭教育包括家庭环境及教育方式等。

家庭教育是导致青少年网瘾的重要因素，一方面受家庭环境的影响，很多家长因工作忙，没有时间照顾孩子，或是父母本身就是网迷，更加滋生了孩子上网的欲望；另外还有很多家长对于已经染上网瘾的孩子，实施打骂及家庭暴力，或是干脆放弃对孩子的教育，最终错过了戒除网瘾的最佳时机，毁了孩子的学业。

（二）内因

内因是主导因素，属本因，是导致网瘾的重要因素。

1. 满足感缺失

满足感缺失包括学业失败、孤独感、人际障碍等。网瘾的大部分人群都会出现学业失败，从而导致心里空虚，缺乏自信，长时间会有一种孤独感，经历这些情况的青少年，为满足自己的内心，通常会选择逃避，最容易在网络的虚拟世界中重新找到失去的自我和可以满足的成就感。

2. 生理及人格

生理及人格主要包括人格特征和生理特点等。网瘾的高发人群多为 12～18 岁的青少年，以男性居多，而这个时期的孩子，本身大脑皮层发育不完善，意识也比较弱化，理解判断力差，自控能力也比较差。他们大多都处于青春期，反叛心理严重，对新鲜事物又充满了好奇，寻求刺激、惊险和浪漫，以满足这个阶段的人生需求，而网络出现之后，网络游戏、色情和聊天，恰好对应了青少年的心理需求，自然就会网络成瘾。

二、网络综合征的主要症状

患有网络综合征的人，初时是精神依赖，渴望上网“遨游”，随后发展为躯体依赖，表现为情绪低落、头昏眼花、双手颤抖、疲乏无力、食欲不振等。网络综合征对人的健康危害很大，尤其会使人体的自主神经功能严重紊乱，导致失眠、紧张性头痛等。甚至会出现幻觉、痴迷和妄想，造成人体免疫机能严重下降。青少年是网络综合征的易感人员，因为青少年正值青春期，心理发育还不成熟，自制能力差，容易产生逆反心理，特别易出现心理和行为的偏差。虚拟网络的理想化为他们提供了平台，结果导致从最初好奇的随意浏览，到不能自拔的精神依赖，最后发展为躯体依赖。他们具有“双重人格”，网络中的他们往往和现实中的自己判若两人。而且他们多数性格孤僻，不善于与人沟通，导致与家人、朋友关系紧张，面对挫折与失败习惯逃避。网络成瘾症主要症状有：上网后精神极度亢奋并乐此不疲，长时间使用网络以获得心理满足，上网后行为不能自制，或通过上网来逃避现实，并时常出现焦虑、忧郁、人际关系淡漠、情绪波动、烦躁不安等现象；对家人和朋友隐瞒自己是“网虫”；上网时间每次都超过原来计划，甚至整夜地游荡在虚幻的环境中，而到白天工作时则昏昏欲睡，对现实生活无兴趣；不上网时手指会不停地运动，严重时全身打颤、痉挛、摔毁器物；甚至只是为了活下去不得不吃饭和睡觉；有人因陷得太深而不能自拔，最终走上自杀的道路。

三、沉溺网络的影响危害

（1）用电脑工作时，电脑的微波对人体有危害。电脑的辐射有两类：低能量的X射线和低频电磁声辐射。如果人们较长时间处于这种辐射环境中又没有进行必要的保健的话，就会引起中枢神经失调。

（2）长期操作，产生精神和心理压力。为避免出现差错，人们在操作电脑过程中往往注意力高度集中，眼、手指快速频繁运动，使得人的生理、心理都不堪重负，从而产生失眠多梦、神经衰弱、头部酸胀、机体免疫力下降等病症，甚至诱发一些精神方面的疾病。

（3）思维定式错位，造成的心理失衡。与人类交流需要协调各种关系、解决各种问题。而与电脑交流只需下达正确的命令，这样就容易使长期从事电脑操作的人养成要么坚持、要么放弃的思维定式，并推广到处理人际关系中，从而出现了“定式错位”。这种人容易丧失自信，工作难做好，因而加重了其内心的紧张、烦躁、焦虑和不安，最终导致身心疲惫，出现各种生理、心理症状。

（4）操作不当伤害身体。除了网络综合征，一般的电脑操作，如果操作不当，也容易对身体产生直接影响：

①坐姿。使用电脑时一般都是保持着固定的姿势，时间长了就会出现腰酸颈直、全身不适等症状。长时间连续操作、姿势不当还会引发颈椎病等。

②击键。长期击键会对手指和上肢不利；人们在使用鼠标时，总是集中机械地活动一两个手指，长期密集、重复和过度的活动逐渐形成了手腕关节的麻痹和疼痛。随着电脑的普及，本不常见的“腕管综合征”的发病率在日益提高。

③用眼。在操作电脑时，我们总是“目不转睛”地盯着显示屏，较长时间接触电脑后，常感双眼干涩、酸胀、看不清东西，经常犯困等。可是经眼科医生检查，双眼视力、眼球、眼压都没有问题。许多眼科大夫将这一症状称为“网络综合征”之眼科新

疾病。

四、网络综合征的预防措施

网络的积极作用毋庸置疑，关键是要把握好一个度。建议大学生每天上网时间不要超过3个小时，而且要有良好的心态：利用网络来开阔视野、增长知识和扩大交往面，而不是将自己与现实世界隔离，发泄情绪。同时学会自我调节，舍得放弃网络上那些虚拟的东西。此外，帮助其树立起远大的目标，培养其高尚的情操，加强其自控力，有意识地将大学生的视线从网络上转移。要丰富业余文化生活，比如旅游、体育运动等，不可陷入“非上网不可”的陷阱。一旦罹患网络综合征，要尽快就医，求得心理帮助。对于上网之人来说，一定要注意保持正常而规律的生活，不要把上网作为逃避现实生活问题或者消极情绪的工具。

法律提示

2007年4月9日，新闻出版总署与教育部、公安部等八部委联合宣布，将于4月15日开始在全国网络游戏中推行针对未成年人的防沉迷系统，当年7月16日全面实施。

课后互动

大家说说预防网络综合征的好方法。

知识链接或拓展阅读

网络综合征的诊断判别

网络成瘾症日益增多，有很多地方开办了电脑疾病门诊。如果以下问题答“是”，你一定有网络成瘾的倾向。

(1) 如果有一段时间不上网，你是否就会变得明显地焦躁不安、不可抑制地想上网、时刻担心自己错过了什么，甚至做梦也是关于上网的内容。

(2) 你是否原打算只上网15分钟，但最终竟超过2小时以上。

(3) 你每月的电话费单是否越来越长？

(4) 是不是你每天通宵达旦蜷缩在黑漆漆的小角落里，两只眼睛牢牢地盯着一个闪着蓝幽幽光芒的屏幕上？

(5) 是不是大家找你会先去校门口的那个网吧，而不是你的寝室？

(6) 是不是你从一大早就坐在电脑前面，太阳下到山的那一边的时候，才想起功课只做了一点点？

(7) 你是否意识到上网带来的严重问题，但仍然继续花大量时间上网？

第三节　防范网络陷阱

网络给我们生活带来了方便快捷，当我们兴致勃勃地上网的时候，可能会有各种各样的网络陷阱在等着我们。它们往往以形形色色的诱惑包裹着，我们一定要擦亮眼睛，提高防范意识和能力。

一、常见的网络陷阱有哪些

1. 网上病毒

互联网上的病毒破坏计算机功能或者破坏数据，影响计算机使用并且能够自我复制，特别是有些病毒传播速度很快，对电脑用户造成极大的损害。网络病毒具有破坏性、传染性、潜伏性、隐蔽性等特点，让我们防不胜防，在电脑使用中一定要小心谨慎。

2. 网上垃圾

互联网的世界丰富多彩，包罗万象，但互联网上也有许多不良和违法网站，如淫秽网站、赌博网站、暴力网站、反动网站等，这些都是网上垃圾，影响了互联网的正常发展，成为互联上的糟粕，成为互联网上的陷阱。

3. 网上黑客

网上黑客从一定意义上讲，是指那些通过黑客工具（病毒、木马等）窃取国家机密，个人隐私，资料，攻击和破坏网络的计算机高手。黑客会控制你的电脑，窃取你电脑中的资料、信息、隐私等，危害性极大，危害网络安全和我们的信息安全。

4. 网络诈骗

网络诈骗是为达到某种目的在网络上以各种形式向他人骗取财物的诈骗手段。网络的开放性令诈骗行为很猖獗，网上交易、网络贷款、网上交友、网上认证等稍不留神你就会掉进不法分子设置的陷阱之中，从而使你蒙受巨大的损失。

二、避免掉入网络陷阱的方法

1. 轻松赚钱是不可信的

现今网络上有许多充满诱惑力的广告，告诉我们怎样网上兼职，“日进斗金”，这其实是网络陷阱的常见方式。许多人轻信广告，生怕错过到手的机会，最后却竹篮打水一场空，不赚反赔。

2. 激情照片不要点

为了吸人眼球，有的网站故意放一些激情照片，有的人或自制力不高或好奇等打开了这些图片，进去之后你会发现什么都没有或者进入了一个隐藏着木马病毒的网站。过一段时间之后，你会发现你的账号总有一些这样或那样的问题。对付此类陷阱的方法是不要随便点击一些照片，陌生人的文件也不要接收，同时要安装防火墙、杀毒软件并及时更新。

3. 幸运中奖邮件不可信

我们经常会收到一些信息，说我们的手机号码或者 QQ 号码中奖，且奖金不菲，要求我们填写账号信息或者汇款到某账号进行缴税后领奖，最后发现我们自己账号的现金没有了，奖金就更不会有了，拨打对方的对话，对方却停机了。不要轻信骗子的谎言。

4. 网上征友不要理

一些非法分子在网上骗网友出来见面，网友一出来见面，不法分子便乘机绑架，向受害人的家属朋友敲诈勒索。网上征友是网络上最可怕的陷阱，不得不防：网上交友须谨慎，网上朋友不可信，对于他们的邀请也不要理会，保护自己，保护家人。

5. 网上购物要当心

随着电子商务的兴起，网上购物以其方便快捷、价格低廉的优点日益受到人们的青睐。但是，一些行骗者也利用计算机网络设置购物陷阱，如发布虚假广告、售卖伪劣商品等，使不少消费者上当受骗。因此：

（1）消费者对网上购物要保持高度的警惕，应选择访问量较高、口碑好、诚信度高的网站购物。要尽可能对售货网站的合法性进行核实，了解网站有无通信管理局核发的 ICP 证或经工商部门认可的标志、公司具体地址、固定电话号码等基本情况，只留手机号码的网站不可轻信，并尽量采用货到付款、同城交易的方式。

（2）切莫泄露个人密码，同时应避免采用容易联想的密码，如电话号码和生日等。

（3）消费者购物前必须要知道卖家的固定电话及具体地址，必要时应打电话加以核实。对以公司名义进行交易活动，但却要求消费者将钱款打个人账户的行为，尤其应当谨慎对待，千万不要贸然付款。

（4）不要轻易相信所谓的低价，若网上购买物品售价与市场价格差距大，要注意防止价格陷阱。

6. 与网友见面要当心

一些不法分子以与网友见面为名实施违法犯罪：

（1）骗取手机不还。网友相约在茶馆、餐馆、游戏机室等公共场所，借故用被害人手机“回电”，便一去不回。

（2）骗不成就抢。违法犯罪分子在聊天室里专门寻找一些警惕性较差的女中学生聊天，一旦打探到对方带有手机，便迫不及待地热情邀请女生到他所在的网吧一起玩游戏，一般女生所走的路线都会经过偏僻的小巷或街心花园，当经过此处时，早已守候在那里的歹徒便一拥而上，将其所带的手机和随身财物一抢而空。

（3）针对女学生实施性侵害。有些社会闲散青年通过网上聊天，认识女学生后，便盛情邀请，伺机骗财骗色。

7. 不掉入网上邮件骗局

人们在上网时，或多或少地会收到一些大谈让你发财致富的邮件。警方提示，天上绝对不会掉馅饼，小心邮件偏局。邮件骗局主要有：

（1）连锁电子邮件——以“幸运邮件”为名，在信中要求收信人寄出小额金钱给邮件名单里的人，然后等着其他人寄钱给你，否则就会惨遭不幸。

（2）高价回收骗局——刊登启事要求应征者花巨资买回生产材料生产商品，他们负责回收，但回收时又以“质量未达标”为由拒绝回收，使许多人损失惨重。

（3）不劳而获的秘方——其实是利用非法的“套汇”方法，通过电子结算让网民在国际货币市场赚取利润。

（4）免费赠品的诱惑——“恭喜你中大奖，可以免费获得电脑、手机等高价商品”，但总是通过你先支付一笔不菲的“邮资”。结果是付钱之后，奖品就遥遥无期了。

（5）丰富投资的回报——在电子邮件中承诺客观的投资回报率吸引消费者。事实上是利用“老鼠会”模式吸收资金，最后使你血本无归。

三、常见的网络陷阱及防范、应对方法

（1）勒索软件将你的档案当作人质要钱。

如何避免：不要从未经验证/第三方资源来下载文件，使用可以封锁恶意档案执行或下载的安全解决方案。确保始终备份自己的档案，储存在不同媒体或分别的系统。保持软件在最新状态。

万一发生：不管如何，不要支付赎金。唯一的回复方式是格式化你的系统，并通过外部备份来恢复档案。

（2）网络银行的存款人间蒸发。

如何避免：将你的网络银行网站加入书签。同时也要启用额外的银行账号安全登录方式，如双因子身份认证或你的银行网站所提供的任何其他方式。不要点击任何你所收到要求用户名称或密码的邮件。

万一发生：立即打电话给你的银行，而且越快越好。如果你可以自己变更网络银行数据就去做，但记得要变更所有和你账号有关的密码。

（3）微博突然出现恶意链接，一旦点击即自动发出微博及私信。

如何避免：不要点入你看到的每一个链接，建议安装相关的安全软件，它具有超强的保护社交网络隐私安全功能。

万一发生：用你的安全解决方案进行扫描来将恶意软件赶出你的系统。尽快修改密码，包括用在你社交网络账号的电子邮件密码。同时将私信修改为只向“我关注的人”开放。

（4）无缘无故飞来一大笔手机账单。

如何避免：只从官方网站下载应用程序，不要在别的地方下载。

万一发生：检查所有你最近下载的应用程序。你有从任何“地下”网站或是非官方商店下载吗？还要检查权限。如果有要求比其应用程序类型更多的权限，就将其删除。你也可以使用移动安全解决方案以阻止这种情况再次发生。

（5）网络搜索寻找答案却找到麻烦，黑客大量利用社交工具和搜索引擎毒化的方式对脆弱的客户端发动频繁攻击。

如何避免：不要用搜索引擎来找你想要的东西，直接去你认为可能有你所想要东西并且可靠的网站。

万一发生：关闭浏览器窗口，将你的计算机从网络上断开，并用你的安全解决方案进行扫描，确保没有恶意软件在你的系统中运行。

（6）智能手机/移动设备的电池寿命大大缩短。

如何避免：不要从未经授权/第三方应用程序下载网站下载。使用移动安全解决方案来让你的移动设备封锁这些网站和应用程序。

万一发生：跟第四点类似，检查你最近下载的应用程序，如果有可疑之处就加以删

除。你也可以下载并执行移动安全解决方案来扫描你的设备以发现是否有任何恶意软件。

（7）突然间系统太慢或经常崩溃，打开附件或是访问链接后无法打开安全程序/网站。

如何避免：当你看到可疑或不熟悉的电子邮件时，马上删除。

万一发生：快速地将你的计算机从网络上断开，并且使用安全解决方案来进行完整扫描以检查是否有任何恶意软件，这可以帮助消除恶意软件及阻止未来可能的攻击。

一旦你自己认识到这些网络犯罪陷阱并懂得如何应对，这样上网将会是个更加健康、安全的体验。

法律提示

防范网络“陷阱”

《中华人民共和国网络安全法》明确规定，任何个人和组织不得窃取或者以其他非法方式获取个人信息，不得非法出售或者非法向他人提供个人信息。根据《中华人民共和国刑法》规定，违反国家有关规定，向他人出售或者提供公民个人信息，情节严重的，处三年以下有期徒刑或者拘役，并处或者单处罚金；情节特别严重的，处三年以上七年以下有期徒刑，并处罚金。

课后互动

1. 打开搜索引擎，输入“防范网络陷阱”关键词，搜索相关网页、图片、视频等类型资料，保存在文件夹中，并与小组同学互相交流。

2. 小组内汇总各种可能的网络陷阱、潜在危害及应对措施。

知识链接或拓展阅读

大学生防范网络诈骗的常识

1. 谨防链接诈骗

越来越多的人收到短信以及QQ消息链接，以聚会照片、不雅图片、朋友照片等各种理由骗取你打开链接。遇到这种情况，切记无论如何不要打开。这些链接都属于木马病毒，一旦打开手机的各种信息，包括QQ号、支付宝账号等便会被窃取，甚至会自动发送相关信息给朋友。

2. 谨防改号软件

随着电子软件的出现，骗子的方法也越来越多，其中近来最严重的便是伪基站短信诈骗。很多人会收到诸如10086号码发过来的链接，要求点击并输入相关信息可以兑换礼品。大多数人看到号码，误以为真，中了骗子的招数。切记，遇到这种情况一定不要点击链接。要通过电话向官方客服确认清楚，切不可相信有天上掉馅饼的事出现。

3. 谨防网购诈骗

购买东西一定要上正规网站购买，以防钱汇过去，没有收到货物，导致被骗。还有在网购之前一定要看清网店的资质以及信用记录。

4. 谨防QQ诈骗

QQ诈骗的方式也越来越多，如果遇到亲人或者朋友从QQ上向你借钱或者寻求金钱帮助，一定要打电话确认清楚，不要相信任何文字的沟通。

5. 不慎被骗处理方式

如果不慎转账给骗子，除了报警，教大家一个最快的方法。打电话给对方账户银行，按照语音提示输入银行账号，当系统提示输入密码时，随便输入6位密码，当连续三次输错之后，对方账户就会被锁定。对方也将无法提走账号资金。此时报警追回的可能性将会更大。

第四节　防范网络犯罪

网络犯罪是指行为人运用计算机技术，借助于网络对其系统或信息进行攻击、破坏，或利用网络进行其他犯罪的总称。随着互联网的快速发展，近年来网络犯罪呈上升趋势，网络犯罪既损害国家形象，又影响社会稳定。

一、网络犯罪的特点

同传统的犯罪相比，网络犯罪具有一些独特的特点，即成本低、传播迅速，传播范围广；互动性、隐蔽性高，取证困难；严重的社会危害性；网络犯罪是典型的计算机犯罪。

（1）成本低、传播迅速，传播范围广。就电子邮件而言，比起传统寄信所花的成本少得多，尤其是寄到国外的邮件。网络的发展，只要敲一下键盘，几秒钟就可以把电子邮件发给众多的人。从理论上讲，接收者可以是全世界的人。

（2）互动性、隐蔽性高，取证困难。网络发展形成了一个虚拟的电脑空间，既消除了国境线，也打破了社会和空间界限，使得双向性、多向性交流传播成为可能。在这个虚拟空间里对所有事物的描述都仅仅是一堆冷冰冰的密码数据，因此谁掌握了密码就等于获得了对财产等权力的控制权，就可以在任何地方登录网站。

（3）严重的社会危害性。随着计算机信息技术的不断发展，从国防、电力到银行和电话系统都是数字化、网络化，一旦这些部门遭到侵入和破坏，后果将不堪设想。

（4）网络犯罪是典型的计算机犯罪。网络犯罪比较常见的偷窥、复制、更改或者删除计算机数据、信息的犯罪，散布破坏性病毒、逻辑炸弹或者放置后门程序的犯罪，就是典型的以计算机为对象的犯罪，而网络色情传播犯罪、网络侮辱、诽谤与恐吓犯罪以及网络诈骗、教唆等犯罪，则是以计算机网络形成的虚拟空间作为犯罪工具、犯罪场所进行的犯罪。

二、常见网络违法犯罪行为

根据《全国人民代表大会常务委员会关于维护互联网安全的决定》《中华人民共和国刑法》《中华人民共和国治安管理处罚法》《互联网信息服务管理办法》等法律法规有关条款规定，利用互联网或针对网络信息系统从事违法犯罪的具体行为主要包括：

（1）侵入国家事务、国防建设、尖端科学技术领域的计算机系统。

（2）故意制作、传播计算机病毒等破坏性程序，攻击计算机系统及通信网络，致使计算机系统及通信网络遭受损害。

（3）利用互联网进行邪教组织活动的。

（4）利用互联网捏造或者歪曲事实、散布谣言，扰乱社会秩序的。

（5）利用互联网建立淫秽色情网站、网页，提供淫秽站点链接，传播淫秽色情信息，组织网上淫秽色情的。

（6）利用互联网引诱、介绍他人卖淫的。

（7）利用互联网进行赌博的。

（8）利用互联网进行侮辱、诽谤、盗窃、诈骗的。

（9）利用互联网贩卖枪支、弹药、毒品等违禁物品以及管制刀具的。

（10）利用互联网贩卖居民身份证、假币、假发票、假证，组织他人出卖人体器官的。

（11）利用互联网进行其他违法犯罪活动的。

三、青少年网络犯罪产生的原因

（1）青少年成长中的孤独感和强烈的交往需要产生矛盾，而在网络中能找到补偿的空间，网络的开放性、平等性，正好符合了青少年的需要，使得青少年成为网络的主要人群。网络的虚拟性、开放性和自由性使青少年对网络聊天的言论缺乏约束，传播淫秽之物，道德和责任感减弱，法律意识淡化，犯罪感缺乏，严重的甚至触犯刑律。

（2）当前的网络法制体系不健全，使得网络违法犯罪行为缺少法律常识认知。国家虽然出台了一系列关于网络安全和惩治计算机违法犯罪的法律法规，如修改后的现行《刑法》《中华人民共和国计算机信息系统安全保护条例》等，但现有的法律远远不能适应计算机网络发展的状况，尤其是许多新出现的网络问题使得法律无法约束，出现法律空白。

（3）从外部环境来看，有些网络服务机构，网络从业人员唯利是图，大量制造和传播含有淫秽、色情、赌博、凶杀、暴力、恐怖等内容的信息。青少年长期玩血腥、暴力的网络游戏会诱使玩游戏的人将自己定位为攻击者的角色，增强攻击性行为，从而滋生了犯罪的冲动，埋下了犯罪的种子。

（4）社会、学校和家庭等因素也是诱发青少年网络犯罪的原因。学校在教育中对学生道德教育和网德教育不足，对差生的消极评价，对不良行为学生的反感和歧视，导致一些学生自我放弃，痴迷网络，在网络中寻找自信和快乐。而家庭教育不当，对子女使用电脑监管不严，甚至一些家长的不良言行也影响了子女。很多家长对孩子缺乏监管，导致孩子较早地与社会接触，一些家庭的不和睦也导致孩子不愿意回家而流连网吧。

四、大学生如何防范网络犯罪

1. 加强防范意识，提高防范手段

充分认识网络世界存在的虚拟性、游戏性和危险性；提高警惕性，确保自身利益不受侵害；正确、安全、科学地上网；保持正确对待网络的心态。建立起较为有效的防御体系，主要措施有以下几种：一是运用预防与杀毒相结合的办法对抗传播计算机病毒的犯罪；二是通过设置防火墙和采用主体识别及验证技术对付网上金融犯罪；三是设置具有能够记录各种犯罪证据并能保存完整证据以备事后查询的软件系统对抗网络犯罪的反侦查行为。

2. 加强道德自律，防范大学生实施网络犯罪

树立正确的人生观、价值观，提高道德素质，主动选择有积极意义的信息，形成良好的上网习惯，自觉地遵守有关网络规则，不做违法犯罪的事情。

3. 增强法律意识，抵制网络犯罪

国家已有许多对计算机及网络犯罪的立法，大学生要学习网络相关法律法规，增强法律意识，自觉抵制网络犯罪。

法律提示

《刑法》第二百八十六条：违反国家规定，对计算机信息系统功能进行删除、修改、增加、干扰，造成计算机信息系统不能正常运行，后果严重的，处五年以下有期徒刑或者拘役；后果特别严重的，处五年以上有期徒刑。

违反国家规定，对计算机信息系统中存储、处理或者传输的数据和应用程序进行删除、修改、增加的操作，后果严重的，依照前款的规定处罚。

故意制作、传播计算机病毒等破坏性程序，影响计算机系统正常运行，后果严重的，依照第一款的规定处罚。

课后互动

1. 上网查找参与网络赌博，开设赌博网站等网络犯罪我国相关的法律处罚。
2. 课后同学们收集资料，制作图文并茂的防范网络犯罪宣传栏。

知识链接或拓展阅读

网络犯罪的危害

计算机网络犯罪对其系统及信息安全构成严重的危害。因为计算机网络等技术所构建的信息社会区别于工业社会的重要特征就在于信息的生产和使用在社会生活中起着关键的作用。由于网络的广泛应用，社会各领域更依赖于信息，破坏社会信息安全将导致整个社会正常秩序被破坏，具体表现为：

（1）对自然人的威胁。计算机网络犯罪对个人的威胁是形形色色的，突出表现在：

对知识产权的威胁，侵犯个人自由，侵犯医疗资料等个人信息，侵犯、破坏个人计算机系统中的信息，通过互联网对财产权进行侵犯，对E-mail系统进行破坏等，影响人们正常的工作、学习和生活。

（2）对企业的威胁。计算机网络犯罪对企业的威胁，主要针对企业受保护的财产、专有技术。对于金融界来讲，由于对伴随金融电子化发展而出现的计算机犯罪问题缺乏足够的重视，相当一部分银行、证券等单位没有从管理制度、人员和技术上建立起相应的业务安全防范机制和措施，致使犯罪分子有机可乘。

（3）对国家的威胁。主要表现在：一是恐怖组织上网，大肆发布恐怖信息，渲染暴力活动；二是邪教组织上网，极力宣扬种族歧视，煽动民族仇恨，破坏民族团结，宣扬邪教理念，破坏国家宗教政策，煽动社会不满情绪，以至暴力活动；三是西方势力上网，传播他们的意识形态、价值观念、生活方式，进行文化渗透、侵略。

拓展训练

1. 网上购物时如何确保你的信息安全？
2. 如何防止密码被盗？
3. 如何预防网络综合征？
4. 网络综合征的危害有哪些？
5. 你所知道的网络陷阱有哪些？
6. 网络陷阱有哪些危害？
7. 在防范网络陷阱方面你有哪些好的方法？网络犯罪的具体行为有哪些？
8. 结合自身实际谈谈如何远离网络犯罪。

第八章 消防安全

学习目的与要求

1. 宣传学习并贯彻我国“预防为主，防消结合”的消防工作基本方针和基本法规

2. 学生通过教师的讲解，知道发生火灾的主要原因，提高学生的防火意识，明确防火自救的重要性

3. 学生利用各种方法查阅、搜集消防安全资料，培养学生搜集和处理信息的能力、获取新知识的能力、交流与合作能力，培养学生积极主动的参与意识及认真负责的科学态度

学习重点

1. 了解消防常识

2. 了解火灾扑救常识，掌握灭火方法

3. 掌握火灾中的逃生自救

学习难点

1. 学会掌握不同情况下火灾的扑救知识

2. 学会自救逃生

案例与点评

案例

齐鲁晚报报道，2016 年 8 月 17 日凌晨 1 点 30 分左右，烟台大学 13 号公寓某一楼宿舍留校学生在宿舍点燃了蚊香（据说放在鞋盒子里，且周边堆有杂乱的衣物等可燃物）后外出上网，因蚊香点燃了可燃物导致整个宿舍全部烧毁，整个宿舍楼 300 多人在浓烟中疏散、安全撤离，所幸没有人员受伤。此前 14 日，烟台大学 2 号公寓两名留校学生在走廊使用液体酒精炉吃火锅，在没有熄灭火焰的情况下添加酒精，发生火灾，两人烧伤，其中一人烧伤面积达 40%。

【点评】 宿舍一直是高校火灾的重灾区，特别是夏季点蚊香，冬天在宿舍开小灶，

往往因用火时疏于对火的管理，宿舍内蚊帐、书籍、桌椅等易燃物较多，易发火灾。案例中这两起火灾便是如此，所以同学们在校要严格遵守学校相关的宿舍管理规定，点蚊香要隔离易燃物，不在宿舍使用明火。

“水火无情”，学习消防安全知识是大学生在校期间不可或缺的一课。我们必须掌握消防安全基本知识，防范校园火灾发生。这既是保障师生生命财产安全和校园环境安全的需要，也是法律赋予我们每个人的责任。

第一节　消防基础知识

火灾是指在时间或空间上失去控制的燃烧所造成的灾害。失去控制的火，就会给人类造成灾难。对于火灾，在我国古代，人们就总结出“防为上、救次之、戒为下”的经验。随着社会的不断发展，在社会财富日益增多的同时，导致发生火灾的危险性也在增多，火灾的危害性也越来越大。据联合国“世界火灾统计中心”（WFSC）统计，近年来在全球范围内，每年发生的火灾就有600万至700万起，每年有6.5万至7.5万人死于火灾，每年的火灾经济损失可达整个社会生产总值（GDP）的0.2%。仅美国每年发生的火灾就有7000余起，平均每天20余起。据统计，我国20世纪70年代火灾年平均损失不到2.5亿元；80年代火灾年平均损失不到3.2亿元；90年代，特别是1993年以来，火灾造成的直接财产损失上升到年均十几亿元，年均死亡2000多人，进入21世纪，实践证明，随着社会和经济的发展，消防工作的重要性越来越突出。“预防火灾和减少火灾的危害”是对消防立法意义的总体概括，它包括了两层含义：一是做好预防火灾的各项工作，防止发生火灾；二是火灾绝对不发生是不可能的，而一旦发生火灾，就应当及时、有效地进行扑救，减少火灾的危害。

一、火灾成因

在火灾的成因中，人是最主要的因素，火灾的发生与人的心理和行为有着密切的关系，有什么样的心理与行为就有什么样的防范火灾的态度。若思想上重视，行为上落实，就能控制火灾发生，反之，人的思想麻痹，疏忽管理则容易发生火灾。火灾事故发生的原因总的来讲有：人为纵火、电气老化、违章操作、用火不慎、玩火、吸烟不慎、自燃、雷击、静电以及其他因素如地震、风灾等引起。

高校发生火灾，客观上存在着学生人数多，居住密度高，教学及实验存在一定的火灾危险性，有些房屋建筑耐火等级低，电气线路老化等缘故；主观上则是由于部分师生消防安全意识淡薄，违反学校管理规定及缺乏基本的消防安全常识而造成的。纵观高校火灾事故的教训，无一不是“人为”的原因，其主要表现在：

（1）使用明火不慎而引起火灾。

①点蜡烛看书。许多高校为保证学生的正常作息，规定寝室在晚上11点左右统一熄灯。作为一名大学生，我们应该自觉遵守学校的作息制度，按时就寝。如果确因特殊情况需要读书或写作，也要尽量避免使用蜡烛这类危险性较大的明火，万不得已时需使用蜡烛，也要做到人不离火、人离火灭，自觉维护寝室与自身的安全。

②点蚊香驱蚊。夏季点蚊香驱蚊是人们生活中的平常现象，本无可厚非，但关键是

要正确使用，切不可疏忽大意。正确使用方法是：将点燃的蚊香置于金属盘中，放在室内地面上，并远离易燃物品。切不可乱摆、乱放，直接放在书桌、椅子或床头架上，更不能靠近书本纸张等易燃物，以避免引发火灾。

(2) 日常生活中使用电器时，切不可违规取电、用电，更不可想当然地认为，只要是在宿舍固定位置的插座上使用电器就一定安全。须知：使用电器不当也会引发火灾。如 60W 以上的灯泡过于靠近书本纸张等易燃物，长时间烘烤极易导致燃烧；充电器长时间充电也可能因电源线发热熔化引起火灾；电褥子长时间开着，且又被衣被覆盖而散热不良，也会因高温而引起燃烧等。因此，我们在使用电器时，一定要谨慎小心，正确使用电器，保障生活安全。

(3) 违反操作规程引起火灾。在实验中使用明火或使用危爆物品时，若违反操作规程，不按操作要领去做，也可能引发火灾。如：使用有电感的实验设备时，将物品覆盖在散热孔上，使设备骤热，导致设备燃烧；用火时，周围可燃物未清理干净，火星溅飞到可燃物上引起燃烧；化学实验时，将相互抵触的化学试剂混在一起，试验温度过高或操作不当，也可能引发火灾事故。遇到煤气泄漏、液化气泄漏或危爆化学物品泄漏时，切忌使用明火和打开电灯去查看，必须查看时，也要使用防火、防爆灯具去查看，以避免引发火灾或爆炸事故。

【案例】2015 年 12 月 18 日上午，清华大学化学系何添楼 231 室，共 3 个房间起火，着火面积 80 平方米，造成一名实验人员死亡。火灾发生后，楼内师生及时组织撤离，周围人员也已疏散。发生爆炸的是一间实验室，内部存放有化学品。

不幸身亡的博士后名叫孟祥见，家属在事发后第三天得知，爆炸的是一个氢气钢瓶，爆炸点距离操作台两三米处，钢瓶底部爆炸。钢瓶原长度大概一米，爆炸后只剩上半部大概 40 厘米。据了解，钢瓶厚度为 1 厘米，可见当时爆炸威力巨大。

【点评】实验室管理一直是学校安全管理的重中之重，易燃易爆品和化学危险品管理必须严格按照有关规定落实，专人专管、控温控湿、防火防电等。安全制度落实到位是避免火灾的基本保障。

二、火灾规律

1. 室内火灾的发展过程

火灾的发展，一般都要经过一个火势由小到大、由弱到强、逐步发展的过程。建筑火灾最初是发生在建筑物内的某个房间或局部区域，然后由此蔓延到相邻房间或区域，以至整个楼层，最后蔓延到整个建筑。房间内局部燃烧向全室性燃烧过渡的现象通常称为轰燃，是室内火灾显著的特征之一，它标志着火灾全面发展阶段的开始。对于安全疏散而言，人们若在轰燃之前还没从室内逃出，则很难幸存。室内火灾的发展过程可以用室内烟气的平均温度随时间的变化来描述。根据室内火灾温度随时间变化的特点，可以将火灾发展过程分为 4 个阶段，即火灾初期、火灾全面发展期、火灾最盛期、火灾终期，如图 8-1 所示。

2. 建筑物内火灾蔓延的途径

建筑物内某一房间发生火灾，当发展到房间内局部燃烧向全室性燃烧过渡，之后火势就会突破该房间的限制向其他空间蔓延。火灾蔓延的途径有水平方向的蔓延和通过竖井蔓延两种。火灾蔓延的方式主要是通过内墙门、隔墙、楼板、闷顶、外墙窗口洞孔进行火焰蔓延、热传导、热对流及热辐射。

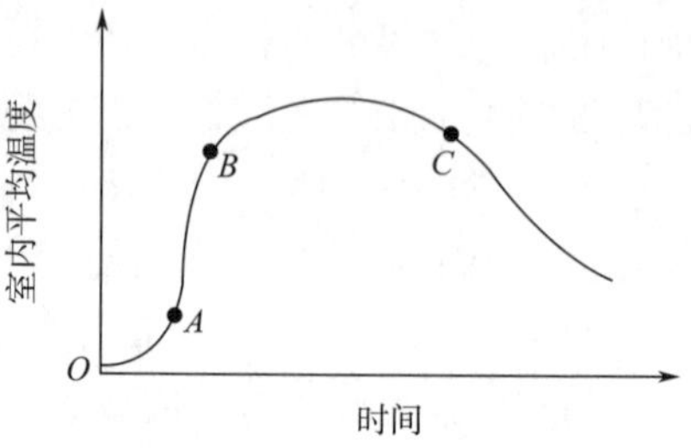

图 8-1　室内火灾温度-时间曲线图

三、安全用电

夏季的酷热使人难耐，空调、电风扇也都转了起来。因为使用这些电器而造成的火灾、触电事故每年都有发生，怎样既安全又科学地用电，是每个家庭必须注意的大事。首先，要考虑电能表和低压线路的承受能力。电能表所能承受的电功率近似于电压乘以电流的值，民用电的电压是 220 伏，如家中安装 2. 5 安的电能表，所能承受的功率便是 550 瓦，像 600 瓦的电饭煲则不能使用。如此推算，5 安的电能表所能承受的电功率是 1100 瓦。

其次，要考虑一个插座允许插接几件电器。如果所有电器的最大功率之和不超过插座的功率，一般是不会出问题的。用三对以上插孔的插座，而且同时使用空调、电饭锅、电饭煲、电热水器等大功率电器时，应先算一算这些电器功率的总和。如超过了插座的限定功率，插座就会因电流太大而发热烧坏，这时应减少同时使用的电器数量，使功率总和保持在插座允许的范围之内，图 8-2 所示为宿舍乱接插板到床上短路引发起火。

图 8-2　乱接插板到床上短路引发起火

大学生应自觉学习安全用电基本常识，积极参加学校组织的安全用电知识讲座。无论是集体或个人，需要安装电气设备和电灯等电器时，应由专业电工进行安装；在使用中电气设备出现故障时，要由专业电工进行修理。在宿舍、教室内不乱拉乱接电线、用电设备；用电设备的金属外壳应有良好的接地；用电线路及电气设备绝缘必须良好；定期检查电线、开关、电灯灯口及用电器的插头、引线。若有老化破损，必须及时更换；灯头、插座、开关等的带电部分绝对不能外露，不要让手或身体的任何部位触及裸露的线头或电线。选用合格的电器产品，不要贪便宜购买假冒伪劣电器、电线；使用电熨斗、电吹风等电热器时，人不要离开，不要与易燃物接触。发现落地的电线，立即远离，不要用手去接触。同时，要设法看护落地电线，以防他人走近而发生触电，并请电工来处理。不要在电线附近放风筝，万一风筝落在电线上，不要猛拉硬扯，应报告由电工来处理。不在电线附近垂钓，以防发生安全问题。

第二节　火灾的预防

我国消防工作的方针是“预防为主，防消结合”。所谓预防为主，就是不论在指导思想上还是在具体行动上，都要把火灾的预防工作放在首位，贯彻落实各项防火行政措施、技术措施和组织措施，切实有效地防止火灾的发生。同时，由于消防安全工作涉及千家万户以及每个公民个人的切身利益，所以贯彻预防为主的方针，就必须在工作中动员和依靠人民群众，宣传和教育群众，使消防工作建立在坚实的群众基础之上。所谓防消结合，是指同火灾做斗争的两个基本手段——预防和扑救两者必须有机地结合起来。也就是在做好防火工作的同时，要积极做好各项灭火准备工作，以便在一旦发生火灾时能够迅速有效地予以扑救，最大限度地减少火灾损失，减少人员伤亡，有效地保护公民生命、国家和公民财产的安全。

事实上，防和消是相辅相成的，二者缺一不可。防是消的先决条件，是做事故前的工作，防火工作做好了，就可以不发生或少发生火灾事故；消是防的补救措施，是做事故后的工作，目的在于减少火灾损失和人员伤亡。坚持“先其未然而防之，发而止之而救之，行而责之而戒之”的“防为上、救次之、责为下”的原则消防安全工作就能沿着正确的方向发展，就能有效地防止和控制火灾的发生。

大学生预防火灾就是从思想上认识火灾的危害性，了解消防工作，普及消防法律法规和消防基础知识，提高自身对防火、灭火以及逃生自救的能力，才能更有效地杜绝火灾造成的危害，才能有效地保护自己及周围人的生命财产安全。

一、预防火灾的基本措施

1. 控制可燃物

控制可燃物的基本原理是限制燃烧的基础或缩小可能燃烧的范围。具体方法：一是在建设中用难燃烧或不燃烧的材料代替易燃或可燃材料（如用不燃材料或难燃材料作建筑结构、装修材料），同时也可用防火涂料浸涂可燃材料，改变其燃烧性能。二是在仓储中加强通风，降低可燃气体聚集，对性质上相互作用后能发生燃烧或爆炸的物品采取分开存放、隔离等措施。

2. 控制助燃物

控制助燃物的原理是限制燃烧的助燃条件。具体方法：一是密闭有易燃、易爆物质的房间、容器和设备，使用易燃、易爆物质的生产应在密闭设备管道中进行。二是有异常危险的生产采取充装惰性气体的措施（如对乙炔及甲醇氧化）。三是空气储存，如将二硫化碳、磷储存于水中，将金属钾、钠存于煤油中。

物质燃烧必须具备以下三个基本条件：可燃物、助燃物、火源。具备以上三个基本条件，并且三者互相结合、互相作用，物质才能燃烧。例如生火炉，只有具备了木材（可燃物），空气（助燃物），火柴（火源）三个条件，才能使火炉点燃。一切防火灭火行为都是为了防止或终止燃烧条件互相结合互相作用而采取的针对性措施。

二、校园火灾的预防

校园普及消防安全知识不是只让学生把消防安全相关信息放进脑海里，而是要让学生在遇到火灾时能很好地保护自己，以免发生生命安全事故。而防患于未然，最安全的方式就是不让火灾发生，这就得要学会预防火灾，那么校园火灾的预防措施有哪些？

1. 加强消防常规工作

认真学习《中华人民共和国消防法》，严格执行学校消防安全管理规定。加强防火演练，熟悉逃生路线，参加防火、灭火、火场逃生自救常识培训，加强消防安全知识学习。达到“四懂四会”的要求：“四懂”即懂本岗位的火灾危险性；懂预防火灾的措施；懂灭火方法；懂逃生方法。“四会”即会报警，会使用手动报警设备报警，如：使用专用电话、手动报警按钮、消火栓按键击碎等，拨打“119”火警电话向当地公安消防机构报警；会使用消防器材（各种手提式灭火器的操作方法简称为：一拔，拔掉保险销；二握，握住喷管喷头；三压，压下握把；四准，对准火焰根部即可）；会扑救初期火灾。在扑救初期火灾时，必须遵循：先控制后消灭，救人第一，先重点后一般的原则；会逃生自救。按疏散预案组织人员疏散；酌情通报情况，防止混乱；分组实施引导。

2. 学生宿舍的预防措施

学生宿舍内要预防火灾，必须做到以下几点：

（1）不私拉乱接电源线。

（2）不乱扔烟头。

（3）不躺在床上吸烟。

（4）不在蚊帐内点蜡烛看书。

（5）不焚烧杂物，点蚊香应采取有效的防火措施。

（6）不存放易燃易爆物品。

（7）不使用热得快、电炉、空调等大功率电器，不使用电热毯、劣质电器等可能引发火灾的电器。

（8）不使用酒精炉、液化器灶具生火做饭。

（9）要人走断电。嗅到电线胶皮煳味，要及时报告，采取必要措施。

（10）台灯不要靠近枕头和被褥。

3. 教室、实验室预防措施

在教室、实验室时，一定要严格遵守各项安全管理规定、安全操作规程和有关制度。使用仪器设备前，认真检查电源、管线、火源、辅助仪器设备等情况，如放置是否妥当，对操作过程是否清楚等，做好准备工作以后再进行操作。使用完毕应认真进行清理。尤其涉及使用易燃易爆危险品时，一定要注意防火安全规定，按照规定一丝不苟地进行操作，用剩的化学试剂，应送规定的安全地点存放。

4. 树林草坪防火

学校的树林草坪等植被由于杂草多，枯草等地被物以及落到地上的枯枝、残叶、树皮、球果等都可能成为引火物。一些树种如油松、侧柏、落叶松、桦树等树皮中含有油脂，大都容易燃烧。一旦发生火灾，很快就会蔓延，而且常常会带来巨大损失。所以在树林草丛中更要注意防火，要遵守有关消防法规，做到不使用明火，严禁做容易引起火灾的游戏；不在树林草坪中吸烟；一旦发现火灾隐患及时向有关部门报告；严禁燃放孔明灯。

5. 停电后要注意的问题

停电后要及时拔掉插座上的电器，关掉电熨斗、电烤炉、电吹风、电热毯、电视机等电器的电源。一方面易受冲击电流影响，烧坏电器；更主要的是防止来电后这些电器在无人照看的情况下，烤燃周围可燃物或自身发生故障起火。停电后应依靠应急照明灯或手电来照明，尽量不用明火照明。使用蜡烛照明时，要远离窗帘、纸张等可燃物品，应将蜡烛稳固放在非燃物品的基座上，同时必须有人看管，人离开时或睡觉前要将火熄灭。

第三节　火灾的扑救

火灾的发展，一般都要经过一个火势由小到大、由弱到强逐步发展的过程。在火灾发展过程的初起阶段火场面积小、火势弱、温度低，是便于扑救的最有利时机。在此阶段发现火灾，只要不错过时机，可以用很少的人力和灭火器材，甚至一桶水、一只灭火器就可以扑灭火灾，把火灾损失降到最小。据统计，以往发生的火灾有70%是由在场群众扑灭的。因此，发生火灾要靠在场群众开展自救，力争将火灾扑灭在初起阶段。

【案例】

2018年3月24日9时，位于湖南衡阳的某高校学生宿舍9栋408室起火。火灾中同楼学生及楼栋宿管，熟练运用消防器材，及时遏制火势并扑灭，未造成人员伤亡。

事故发生时，该寝室人员全部都在上课，隔壁宿舍的同学发现有浓烟从408室涌出，随即跑下楼报告宿管。一些男生拿起了楼道内存放的灭火器跟宿管一起灭火，4楼的灭火器用完了又从其他楼层拿灭火器继续灭火，直至将火扑灭。火灾的原因为408寝室内学生用电吹风吹头发，因突然停电，将电吹风随手放在书桌上就上课去了，忘了切断电源。寝室来电后，电吹风持续工作过热，引燃了书桌上的书，从而造成寝室起火。

【点评】该学院的火灾扑救在一定程度上体现了学生的沉着冷静，以及平时对消防常识的掌握，但是就火灾发生的原因也体现了部分同学安全意识的淡薄。违规使用大功率电器已经是违反了学校的消防安全规定，未能及时切断电吹风电源，从而导致了火灾的发生。学校保卫处有关资料提到，这场火灾如果不是扑灭及时将损失惨重。能够及时扑灭火灾得益于从新生入校的那天起，就在军训课中安排消防安全等内容，此外，还对学生进行消防实战演习，让学生们记住一些消防自救知识。

一、扑救火灾的一般原则

火灾扑救应遵循一定的原则，切不可慌乱中盲目扑救而造成更大的火灾损失，因此我们在扑救火灾时应按照以下原则进行：

一是报警早，损失小；边报警，边扑救。

二是先控制，后灭火；先救人，后救物。

三是防中毒，防窒息；听指挥，莫惊慌。

二、扑救初起火灾的基本方法

1. 断绝可燃物

没有可燃物，燃烧就会中止。将燃烧点附近的可燃物移走或设置隔离带，让火势无法蔓延；或关闭有关阀门，切断流向燃烧点的可燃气体和液体；或打开有关阀门，将已经燃烧的容器或受到火势威胁的容器中的可燃物通过管道导往安全地带；或采用泥土、黄沙筑堤等方法，阻止流淌的可燃液体流向燃烧点等。

2. 冷却

冷却方法主要是使用消防栓系统或用水桶、脸盆等工具灭火，以及使用相应的灭火器灭火。但必须注意，对于忌水物品切不可用水进行扑救，特别是电起火切不可直接用水灭火，而应该先断电，再用水灭火。

3. 窒息

使用泡沫灭火器喷射泡沫覆盖在燃烧物表面，让空气无法对流，致使燃烧反应中断，窒息而熄。可利用容器、设备的顶盖盖住燃烧区。如油锅起火时，立刻盖上锅盖即可灭火。同时还可利用毯子、棉被、麻袋等浸湿后覆盖在燃烧物表面。如宿舍电脑起火时，断电后可用湿棉被覆盖在燃烧的电脑上。用沙、土扑灭初起火主要是覆盖在燃烧物上，让可燃物无法燃烧，对于忌水物质必须用干燥的沙、土扑救。

4. 扑打

对于小面积的草地、灌木及其他固体可燃物着火燃烧，火势较小时，可用扫帚、树枝条或衣物扑打。但应注意，对容易漂浮的絮状粉尘等物质则不可用扑打法灭火，以防着火的物质扑打时弹起后随风飞扬，反而扩大灾情。

5. 断电

发生电气火灾，或者火势威胁到电气线路、电器设备或电器影响到灭火人员安全时，首先要切断电源。只有切断电源后才能进行扑救。特别是在用水或泡沫灭火剂扑灭电气火灾时，必须在切断电源以后进行。如果未切断电源，扑救人员随时都有触电的危险。

6. 阻止火势蔓延

对密闭条件较好的小面积室内发生火灾时，在未做好灭火准备之前，先关闭门窗，以阻止新鲜空气进入着火区。与着火建筑相毗连的房间，应关上与着火房间相邻的门窗。在可能的条件下，还应向门窗上浇水。

三、灭火器的使用

灭火器的结构简单，轻便灵活，稍经训练即能掌握其操作方法，因此使用十分普遍，是消防实践中较理想的第一线的大众化的灭火工具。但灭火器的种类繁多，其适用范围也有所不同，只有正确选择灭火器的类型，才能有效地扑救不同种类的火灾，达到预期的效果。

目前，我们常见的灭火器有干粉灭火器、泡沫灭火器、二氧化碳灭火器和卤代烷型灭火器，其中卤代烷型灭火器由于对环境保护有影响，已不提倡使用。

1. 干粉灭火器

使用干粉灭火器前，应先将灭火器上下颠倒几次，使干粉预先松动，然后撕去头上铅封，拔去保险销，一只手握住胶管，将喷嘴对准火焰的根部，另一只手按下压把，干粉即可喷出。喷粉时要选择在上风位置由近而远向前平推，左右横扫，不留残火，以防复燃。在扑救油类等易燃液体火灾时，应避免冲击液面，以防液体溅出。

2. 泡沫灭火器

平稳地提到火场，注意筒身不宜过度倾斜，以免两种药液混合。然后用手指压紧喷嘴口，颠倒筒身，上下摇晃几次，向火源喷射，如是油火，使用手提式化学泡沫灭火器时，不能直击液面，应向容器内壁喷射，让泡沫覆盖油面使火熄灭。在使用推车式灭火器时，先将器盖上的手柄向上扳转，中轴即自动弹出，再启瓶口，用手指压紧喷嘴口，然后颠倒器身，上下摇晃几次，松开手指，按照上述方法灭火即可。使用泡沫灭火器时，必须注意灭火器的筒盖和底部不能朝向人，防止因筒盖、筒底爆破造成伤亡事故。泡沫灭火器不能扑救带电设备和轻金属火灾。

3. 二氧化碳灭火器

二氧化碳灭火器开启方式不同，使用方法也不同。如果是手动开启式（即鸭嘴式）的灭火器，使用时先拔去保险销，一手持喷筒把手对准火源，一手紧压压把，二氧化碳即自行喷出，不用时将手放松即可关闭。如果是螺旋开启式（即手轮式）的，使用时，先将铅封去掉，翘起喷筒对准火源，一手提提把，一手将手轮顺时针方向旋转开启，高压气体即自行喷出。二氧化碳灭火器不可颠倒使用，使用过程中，要占领上风方向从侧面向火源上方往下连续喷射，防止复燃。切勿逆风使用，喷射的方向要保持一定的角度，使二氧化碳能迅速覆盖着火源。同时，要防止液态二氧化碳从喷筒喷出温度很低的气态二氧化碳冻伤双手。此外，要特别注意在狭小的密闭空间使用二氧化碳灭火器后应迅速撤离，及时通风，然后人再进入，以防窒息导致人员伤亡；扑救 600V 以上带电设备火灾时，应先断电，后灭火。金属钾、钠、镁、铝和金属氢化物等物质火灾，禁止用二氧化碳灭火器扑救。因为这些物质的性质十分活泼，能夺取二氧化碳中的氧而燃烧。

第四节　火场疏散与逃生

一、火灾报警

火灾报警就是人们在发现起火时，向公安消防队或本单位领导、群众及附近的专职消防队、义务消防队发出火灾信息的一种行为。一般来说，发现火灾以后，首先应考虑迅速准确地报警，“报警早、损失少”是人们长期同火灾做斗争中得出的一条宝贵经验。只有早报警，才能在较短的时间内调集较强的灭火力量到达火场，及时控制火势蔓延和扑灭火灾，并为遇难人员赢得安全疏散的时间，从而避免和减少重大火灾事故的发生。

（一）火灾报警的对象

发生火灾，首先可能想到的是拨打 119 向消防队报警，这种做法是十分正确的，其实同学们报警的对象有很多，如：向周围人员报警，召集他们前来参加扑救；向本单位专职、义务消防队报警；向公安消防队报警；向本单位的人员发出警报，做好疏散准备等。

（二）火灾报警的方法及要求

（1）发现火警立即直接拨打119，通过总机的电话报警时，应先拨打外线号码再拨119或要求总机接线员迅速转接，并在接通后首先要询问是不是119报警中心，得到肯定回答后，方可报警。

（2）为使消防队员迅速准确地到达火场扑救火灾，报警时一定要沉着冷静、耐心地回答119报警台的提问，并简练准确地讲清起火单位的全称、详细地址、燃烧物质的性质、有无受困人员、有无爆炸和毒气泄漏、火势情况、报警人的姓名及联系电话、火场周围的明显标志和主要参照物等。

（3）报警后，要派人员到主要路口迎候消防车到达火场，并主动向消防队介绍火场情况及水源位置。

（4）向火场及周围人群报警时，要选择好报警方式和范围，能让人立即明白是发生了火灾，并尽量使其明白是什么地方和什么东西着火，是前来灭火还是紧急疏散以及起火处和通道方向。尽可能地避免人们因不明情况而惊慌、争相逃生、堵塞通道，造成疏散和灭火受阻，甚至因拥挤导致人员伤亡。

二、火场逃生自救的原则

1. 发生火灾先报警，保持冷静不惊慌

一旦火灾发生，不能因为惊慌而忘记报警，要立即按警铃或打电话。请记住火警电话是119，报警越早越快越清楚，损失越小。被大火围困时，千万不要惊慌，必须树立坚定的逃生信念和必胜的信心，决不能采取盲目跳楼等错误行为。要保持冷静的头脑和稳定的心态，设法寻找逃生机会逃出火场。发生火灾时，火势的发展、烟雾的蔓延是有一定规律的，火场同时也是千变万化的，被浓烟烈火围困的人员或灭火人员，一定要抓住有利时机，就近利用一切可以利用的工具、物品，想方设法迅速撤离火灾危险区。在众多人员被大火围困的时候，一个人的正确行为，往往能带动更多人的跟随，可以避免一大批人员的伤亡。因此，大家只有了解和掌握了火场逃生的基本原则，即安全撤离、救助结合，才能在我们突遇火魔侵袭的时候从熊熊大火中顺利逃生。

2. 择路逃生不盲从，逃离险情不恋财

逃生路线的选择要做到心中有数，不能盲目追从别人而慌乱逃窜，这样会延误你顺利撤离的时间，应按照逃生指示标志，向安全出口逃生。逃生时要选择路程最短、障碍少而又能安全快速抵达建筑物室外地面的路线。时间就是生命，火灾袭来时，生命攸关，没有什么东西比生命更重要，应迅速撤离危险区，不要因贪恋财物而丧生。

3. 注意防护避烟毒，逃生避难看环境

据资料表明，火灾死亡人数，80%是由于烟毒引起的。因此，逃生时要加强个人防护，防止和减少烟气的吸入。应用水将毛巾等浸湿，捂住口鼻，防止吸入有毒烟气。用水浸湿地毯等包裹好身体，就地滚出火焰区逃生。你所处的环境突发火灾逃生困难时，封闭楼梯间、防烟楼梯及前室、阳台等是你临时的避难场所。千万不可滞留走廊、普通楼梯间等烟火极易波及而又没有消防保护设施的地带。

4. 逃离火场防践踏，利用条件找出路

在逃生过程中，极容易出现聚堆、拥挤，甚至相互践踏的现象，造成通道堵塞和发生不必要的人员伤亡，故在逃生过程中应遵循依次逃离原则。要充分利用楼内各种消防设施，如防烟楼梯间、封闭楼梯间、连通式阳台、避难层（间）等。这些都是为逃生和安全疏散创造条件、提供帮助的有效设施，火灾时应充分加以利用。

5. 穿过烟区弯腰跑，电梯逃生不可行

火场当中烟的蔓延方向是上升到建筑楼层的顶部后沿墙下降至地面，最后只在走廊中心剩下一个圆形空间。一般烟若把整个空间充满是需要一定时间的，利用这个时间可以成功逃生。所以在逃生过程中要弯腰跑，千万不要站立行走。发生火灾后，千万不要乘坐电梯逃生。因为一般电梯不能防烟绝热，加之起火时最容易发生断电，人在电梯内是十分危险的。消防电梯则是供消防队员灭火救援使用的，一旦消防人员启用消防专用按钮，各楼层的按钮都将同时失效。

6. 逃生途中不乱叫，身上着火不乱跑

不要在逃生中乱跑乱窜，大喊大叫，这样会消耗大量体力，吸入更多的烟气，还会妨碍正常疏散而发生混乱，造成更大的伤亡。身上着火千万不能奔跑，因为你越跑补充的氧气越充分，身上的火就越大，也不可将灭火器对准人体喷射，这样可能导致身体感染或加重中毒。此时，可以就地打滚或用厚重的衣物压灭火焰。

7. 室内着火闭门窗，不到关头不跳楼

发生火灾时不能随便开启门窗，防止新鲜空气大量涌入，火势迅速发展蔓延，甚至发生轰燃。高楼着火不要轻易地跳楼，一般在二三楼跳楼还有一点生还的希望，在四楼以上跳楼生还的机会就很小了，所以大楼发生大火时不要惊慌失措，盲目跳楼。

8. 披毯裹被冲出去，顾全大局互救助

火势不大，要当机立断披上浸湿的衣服或裹上湿毛毯、湿被褥勇敢地冲出去。千万别披塑料雨衣等易燃可燃化工制品。自救与互救相结合，当被困人员较多，特别是有老、弱、病、残、妇女、儿童在场时，要积极主动地帮助他们首先逃离危险区，有秩序地进行疏散。

法律提示

中华人民共和国消防法（2019年修订）

第六章　法律责任

第六十条　单位违反本法规定，有下列行为之一的，责令改正，处五千元以上五万元以下罚款：

（一）消防设施、器材或者消防安全标志的配置、设置不符合国家标准、行业标准，或者未保持完好有效的；

（二）损坏、挪用或者擅自拆除、停用消防设施、器材的；

（三）占用、堵塞、封闭疏散通道、安全出口或者有其他妨碍安全疏散行为的；

（四）埋压、圈占、遮挡消火栓或者占用防火间距的；

（五）占用、堵塞、封闭消防车通道，妨碍消防车通行的；

（六）人员密集场所在门窗上设置影响逃生和灭火救援的障碍物的；

（七）对火灾隐患经消防救援机构通知后不及时采取措施消除的。

个人有前款第二项、第三项、第四项、第五项行为之一的，处警告或者五百元以下罚款。

有本条第一款第三项、第四项、第五项、第六项行为，经责令改正拒不改正的，强制执行，所需费用由违法行为人承担。

课后互动

以小组为单位，就以下问题进行交流讨论：

1. 如果自己宿舍起火了该如何做？
2. 计算机房应该配备哪种类型的灭火器，为什么？

拓展阅读

《消防安全常识二十条》

《消防安全常识二十条》是从国家消防法律法规、消防技术规范和消防常识中提炼概括的，是公民应当掌握的最基本的消防知识。具体包括：

一、自觉维护公共消防安全，发现火灾迅速拨打 119 电话报警，消防队救火不收费。

二、发现火灾隐患和消防安全违法行为可拨打 96119 电话，向当地公安消防部门举报。

三、不埋压、圈占、损坏、挪用、遮挡消防设施和器材。

四、不携带易燃易爆危险品进入公共场所、乘坐公共交通工具。

五、不在严禁烟火的场所和人员密集场所动用明火和吸烟。

六、购买合格的烟花爆竹，燃放时遵守安全燃放规定，注意消防安全。

七、家庭和单位配备必要的消防器材并掌握正确的使用方法。

八、每个家庭都应制定消防安全计划，绘制逃生疏散路线图，及时检查、消除火灾隐患。

九、室内装修装饰不宜采用易燃材料。

十、正确使用电器设备，不乱接电源线，不超负荷用电，及时更换老化电器设备和线路，外出时要关闭电源开关。

十一、正确使用、经常检查燃气设施和用具，发现燃气泄漏，迅速关阀门、开门窗，切勿触动电器开关和使用明火。

十二、教育儿童不玩火，将打火机和火柴放在儿童拿不到的地方。

十三、不占用、堵塞或封闭安全出口、疏散通道和消防车通道，不设置妨碍消防车通行和火灾扑救的障碍物。

十四、不躺在床上或沙发上吸烟，不乱扔烟头。

十五、学校和单位定期组织逃生疏散演练。

十六、进入公共场所注意观察安全出口和疏散通道，记住疏散方向。

十七、遇到火灾时沉着、冷静，迅速正确逃生，不贪恋财物、不乘坐电梯、不盲目跳楼。

十八、必须穿过浓烟逃生时，尽量用浸湿的衣物保护头部和身体，捂住口鼻，弯腰低姿前行。

十九、身上着火，可就地打滚或用厚重衣物覆盖，压灭火苗。

二十、大火封门无法逃生时，可用浸湿的毛巾衣物堵塞门缝，发出求救信号等待救援。

知识拓展

消防四懂四会

四懂：

一、懂本岗位的火灾危险性

1. 防止触电。

2. 防止引起火灾。

3. 防毒、灼伤、割伤、触电等事故的危险性。

二、懂预防火灾的措施

1. 加强对可燃物质的管理。

2. 管理和控制好各种火源。

3. 加强对电气设备及其线路的管理。

4. 易燃易爆场所应有足够的、适用的消防设施，并要经常检查，做到会用、有效。

三、懂灭火方法

1. 冷却灭火方法。

2. 隔离灭火方法。

3. 窒息灭火方法。

4. 抑制灭火方法。

四、懂逃生方法

1. 自救逃生时，要熟悉周围环境，要迅速撤离火场。

2. 紧急疏散时要保证通道不堵塞，确保逃生路线畅通。

3. 紧急疏散时要听从指挥，保证有秩序的尽快撤离。

4. 当发生意外时，要大声呼喊他人，不要拖延时间，以便及时得救，也不要贪恋财物。

5. 要学会自我保护，尽量保持低姿势匍匐前进，用湿毛巾捂住嘴鼻。

6. 要保持镇定，就地取材，用窗帘、床单自制绳索，安全逃生。

7. 逃生时要直奔通道，不要进入电梯，防止被关在电梯内。

8. 当烟火封住逃生的道路时，要关紧门窗，用湿毛巾塞住门窗缝隙，防止烟雾侵入房间。

9. 当身上的衣物着火时，不要惊慌乱跑，就地打滚，将火苗压灭。

10. 当没有办法逃生时，要及时向外呼喊求救，以便迅速地逃离困境。

四会：

一、会报警

1. 大声呼喊报警。

2. 使用手动报警设备报警，如使用专用电话、手动报警按钮、消火栓按键击碎等。

3. 拨打“119”火警电话向当地公安消防机构报警。

二、会使用消防器材

各种手提式灭火器的操作方法简称为一拔：拔掉保险销；二握：握住喷管喷头；三压：压下握把；四准：对准火焰根部即可。

三、会扑救初起火灾

在扑救初起火灾时，必须遵循：先控制后消灭，救人第一，先重点后一般的原则。

四、会组织人员疏散逃生

1. 按疏散预案组织人员疏散。

2. 酌情通报情况，防止混乱。

3. 分组实施引导。

拓展训练

1. 什么是火灾？

2. 简述干粉灭火器的使用方法。

第九章 学习安全

学习目的与要求

1. 认识高校实验训练中容易发生的安全事故
2. 了解实验安全事故防范措施
3. 分析实习事故发生原因，了解校内外实习应注意的事项
4. 了解科学锻炼的基本原则
5. 熟悉体育运动中产生运动损伤和意外伤害的原因
6. 掌握体育运动前、运动中、运动后的安全防范方法
7. 掌握常见运动员损伤的处理与急救
8. 熟悉课外学习娱乐安全

学习重点

1. 了解实验事故的发生原因，熟悉实验事故的预防方法
2. 分析实习事故的发生原因，了解校内外实习应注意的事项
3. 了解科学锻炼的基本原则，掌握体育运动前、运动中、运动后的安全防范方法
4. 掌握常见运动员损伤的处理与急救

学习难点

1. 实验、实习事故的预防方法
2. 运动过程中的安全防范方法

案例与点评

【案例】12 · 26 北京交通大学实验室爆炸事故

2018 年 12 月 26 日 9 时 34 分，119 指挥中心接到海淀区北京交通大学东校区 2 号楼起火的报警，经核实，现场为 2 号楼实验室内学生进行垃圾渗滤液污水处理科研试验时发生爆炸。2018 年 12 月 26 日 15 时，经核实，事故造成 3 名参与实验的学生死亡。

事故原因：

在使用搅拌机对镁粉和磷酸搅拌、反应过程中，料斗内产生的氢气被搅拌机转轴处金属摩擦、碰撞产生的火花点燃爆炸，继而引发镁粉粉尘云爆炸，爆炸引起周边镁粉和其他可燃物燃烧，造成现场3名学生死亡。事故调查组同时认定，北京交通大学有关人员违规开展试验、冒险作业；违规购买、违法储存危险化学品；对实验室和科研项目安全管理不到位。

【点评】高校实验室安全事故时有发生，造成人员伤亡，冲击人民群众和广大师生的安全感，暴露出我国高校实验室管理存在着安全责任不落实、管理制度不健全、危险物品安全管理不到位、实验人员违规操作、相关部门安全监管存在薄弱环节等问题。

大学生在校期间，主要任务是学习文化知识和各种技能，参加军训、课堂学习、实验操作、体育运动和课外学习等活动构成了大学生活的主旋律。了解和掌握学习过程中的安全防范知识，有助于大学生顺利度过大学生活并健康成长。

第一节　实验安全

高校要加强实验室安全责任体系建设，深化学校、二级院系、实验室三级安全管理责任落实；完善和落实各项管理制度，实现对实验室安全的全过程、全要素、全方位管控；强化对实验室危险物品采购、运输、存储、使用等各环节的管理；加强实验室安全检查，全面排查各环节风险隐患；狠抓安全宣传教育培训，不断提高广大师生安全知识水平。

高校实验室是实现科研创新的重要基地，是新形势下培养高素质、高技能人才、服务社会经济发展的重要场所。为更好地履行高校实验室所承载的使命，实验室安全应放在首位。实验教学过程中有可能存在或发生火灾、触电、爆炸、灼伤等安全隐患或事故，给师生、员工人身安全和学校财产带来损失，所以要做好各种防护工作，营造安全的实验教学环境。

一、实验室事故发生的原因

（一）人为因素

1. 大学生自身缺乏安全意识

大学生在做实验前，没有了解实验室的制度规定，不知道安全的操作方法和操作原则，实验准备不充分，加上对实验有很强的好奇心和焦急情绪，在做实验的过程中容易发生意外。另外，在违反实验室管理规定的情况下，对实验室危险物品乱摸、乱碰、乱用，也极易发生危险。

2. 实验室管理不到位

实验室作为特殊的实验教室，应该由专门的工作人员负责日常的安全管理。一些实验室的安全管理机构不完善，实验安全制度没有得到很好的贯彻和落实。加之指导教师在实验过程中没有逐点讲解实验过程中可能出现的安全隐患和应对措施，或是在学生做实验时不在场，从而导致对学生的管理松弛，造成实验事故。

（二）环境因素

1. 实验设备老化

由于高校资金紧张，为了减轻经济负担和避免浪费，目前许多高校仍在使用很多年前的实验设备。这些设备陈放和使用时间过长，加上检修不及时，设备本身有固定使用寿命等，陈旧老化严重、安全性较差，存在事故隐患。

2. 实验室硬件环境较差

高校实验室出于安全和使用的目的，对实验室的建筑条件要求较高。目前很多高校实验室环境不符合安全要求，如房屋老旧，逃生通道单一；室内电路老化、电源开关裸露；空间狭小，安全操作距离小；窗户防盗窗妨碍逃生；物品存放空间小，混杂堆放等。

3. 安全设施不齐全

有些实验室缺乏消防设备、常规安全设备和急救药物、设施等。实验室安全的重要保障之一是完善的安全设施和措施。在一些较旧的实验室里，安全措施相对不全，设施老化，增加了实验室危险。

二、实验室事故的预防

（一）防火灾

火灾对实验室构成的威胁最为严重、最为直接。实验室火灾一般分为两种：一种是因电起火；一种是加热或处理低沸点有机溶剂时操作不当引起火灾。因此，实验室要经常检查电路，查看保险丝和电线是否老化，仪器通电线路是否畅通无短路现象；学生做实验要严格遵照正规的实验操作流程；实验室可燃物要进行整理放置；建立健全实验室安全制度，做好防火措施。加强实验室防火工作，主要注意以下几个方面：

（1）建立防火安全工作制度和责任制度，经常组织实验室工作人员和参加实验的大学生学习消防安全知识，要经常对实验室内的仪器、设备、电气线路、危险物品进行安全检查。

（2）实验室内严禁非工作用电炉或其他明火。因实验需要使用，必须远离可燃物和易燃易爆化学物品，使用中要时刻注意消防安全停电或停用后要及时切断电源。

（3）实验室和实验大楼内严禁吸烟，特别是使用有机溶剂做实验时绝不允许有明火存在，因为有机溶剂是一种极易燃烧和爆炸的物品。

（4）不要将与实验无关的物品带进实验室，不准在实验室内堆放可燃、易燃物品。保持实验室内外消防安全通道畅通，严禁占用走廊堆放物品。

（5）各实验室特别是化学危险品仓库要有专人负责消防工作，易燃、易爆物品不得在露天、潮湿、漏雨和低洼易积水、空气不畅通的地方存放。不得将与防护、灭火方法相互抵触的化学危险品一同存放。

（6）实验结束后，参加实验的同学不要急于离开实验室，要对实验室进行全面清理，如关闭电源、水源、气源，处理残存的化学物品，清扫易燃的纸屑等杂物，消灭火灾隐患。

（7）实验室必须配备符合要求的消防器材，消防器材要摆放在明显、易于取用的地方并定期检查，确保有效。严禁将消防器材挪作他用。

（二）防触电

实验室除普通照明用电外，许多设备、仪器均是用电设备。用电安全问题不但危及实验设备安全，而且危及学生实验时的群体人身安全。实验过程中防止触电，应做好以下几点：

（1）学生在实验前，要对各种移动电具和线路认真检查，确保绝缘良好。所有电工工具应有良好的绝缘手柄，所有用电器外壳应接上地线。

（2）实验室供电线路的布设电线截面积和保险丝的选用要符合安全供电标准，供电线路要定期检修和更换。安装电器设备要做到电流、电压与用电器的标称值匹配。一般情况下（有特殊标注者除外）用电器都应接地，并经常检查接地是否良好。

（3）实验室要设总配电盘。装设漏电保护器，离开实验室时要将总电源断开。任课教师要严格控制学生实验用电，尽量使用36V以下的安全电压。

（4）检修电源线、电器及清洁大扫除时必须切断电源，切忌带电操作，不能弄湿电源线，不能用潮湿的手触摸正在工作的电器设备。电线或电器盒盖破损要及时修复，以免高压导线裸露伤人。

（三）防中毒

实验室中接触最多的是化学试剂以及化学反应产生的气体，而部分化学试剂和化学反应产生的气体对人体是有害的。如不注意，有毒试剂、有毒气体、蒸汽和烟尘会经皮肤、消化道侵入体内。实验教学中预防中毒，主要应做好以下几点：

（1）实验室要做好通风排气工作。参加实验的学生切不可在通风条件不好的环境中进行有毒实验。有强刺激或有毒烟雾的实验必须在通风橱内进行。使用水银做实验，要防止水银蒸汽中毒。

（2）严格按操作规程操作，尽量避免各种有毒物品侵入人体的皮肤、呼吸系统和消化系统。实验中，不得用手直接取用任何化学药品，使用有毒药品时必须戴橡胶手套；接触毒性较大的药品时应戴防毒面具，尽量避免吸入任何药品粉末和蒸汽；不得用鼻子直接嗅气体，而应当用手向鼻孔扇（少量气体）；绝对不允许口尝任何鉴定试剂和未知物；要做好通风排气工作。

（3）切实认识剧毒物品的危害性。首先把好申购、申领关，采购剧毒物品必须持有《化学危险品采购证》。购置回来后至少要双人保管、收发与使用，学生在实验时需要多少取多少，使用剩余的要退还，绝不能出于好奇或其他目的私自存放。

（4）有毒物品的使用要严格按规定操作。如有撒落，应立即按照科学方法处理；接触过有毒物品的手应立即清洗干净；实验结束后，要将实验中产生的废液、废渣等妥善处理，不得随意排放；必须排放的，应经过净化处理，其有害物质浓度不得超过国家和环保部门规定的排放标准。

（四）防爆炸

在做高压或减压实验时要防止气体和液体外漏，实验员应使用防护屏或防护面罩，不得让气体钢瓶在地上滚动，不得撞击钢瓶表头，更不得随意调换表头；在使用和制备易燃、易爆气体时，必须在通风橱内进行，不得在其附近点火。因此，严格按操作要求进行操作是实验过程中安全防范的关键。

（1）实验人员要加强对实验中用到的易燃、易爆物品的管理，严格按操作规程开展实验工作。

（2）实验室内存放的易燃易爆物品要放在安全可靠的地方并由专人保管。炸药、雷管等如需存放则必须经公安机关审批并妥善保管，防止丢失和爆炸。

（3）在使用易燃易爆危险物品时，要加强安全警戒工作，严禁无关人员进入实验室。

（4）使用高压容器实验：一要进行安全检查，严防气体、液体泄漏；二要严禁日光曝晒并远离热源；三是高压容器充装不宜过满，且必须专瓶专用，不准随意充装其他气体，并要设有明显的识别标志；四是易燃和助燃的气瓶要分开放置，使用时与明火距离不能少于 10 米。

（五）防烧伤

在实验室里，皮肤被烧伤主要是由于接触具有腐蚀性或刺激性的试剂、火焰、高温物体、电流等而引起的。预防烧伤应遵守如下规则：取用硫酸、硝酸、浓盐酸、氨水和液体溴时应戴上胶皮手套；稀释浓硫酸时，必须将浓硫酸缓缓加入水中；使用酒精灯时，灯内酒精不能太满或太少；开启氨水、盐酸、硝酸等试剂瓶口时，应先盖上湿布，用冷水冷却后，再开瓶塞，以防溅出。

（六）防创伤

玻璃仪器破裂时容易割伤人的皮肤，在实验室里，应特别注意避免割伤，因为试剂渗入伤口，不易痊愈。为防止割伤，折断玻璃管或安装洗瓶时，要用布包住或戴上线手套；细口瓶或容器瓶受热容易炸裂，不能直接在电炉上加热；用酒精灯或喷灯加热烧杯或烧瓶时，下部应垫石棉网，以免受热不均匀发生炸裂。学生在进行金工、木工等实验时，要注意以下几个方面：

（1）用钻孔器、锥子、针等切割和穿透物品时，不应以另一只手给物品作垫层，以免穿透时被机械击伤。

（2）不能把手插进螺孔或管子中，以防毛刺刮伤。

课后互动

以小组为单位，说说自己专业的实验实训室内和实训操作规程存在哪些安全隐患，并讨论如何避免伤害。

知识链接

教育部关于加强高校实验室安全工作的意见

教技函〔2019〕36 号

安全是教育事业不断发展、学生成长成才的基本保障。近年来，教育系统树立安全发展理念，弘扬生命至上、安全第一的思想，高校实验室安全工作取得了积极成效，安全形势总体保持稳定。但是，高校实验室安全事故仍然时有发生，暴露出实验室安全管理仍存在薄弱环节，突出体现在实验室安全责任落实不到位、管理制度执行不严格、宣传教育不充分、工作保障体系不健全等方面。为深入贯彻落实中共中央、国务院关于安全工作的系列重要指示和部署，深刻吸取事故教训，切实增强高校实验室安全管理能力和水平，保障校园安全稳定和师生生命安全，提出以下意见。

一、提高认识，深刻理解实验室安全的重要性

1. 进一步提高政治站位。各地教育行政部门和高校要从牢固树立“四个意识”和坚决做到“两个维护”的政治高度，进一步增强紧迫感、责任感和使命感，深刻认识高校实验室安全工作的极端重要性，并作为一项重大政治任务坚决完成好。

2. 充分认识复杂艰巨性。高校实验室是开展科研和教学实验的固定场所，体量大、种类多、安全隐患分布广，包括危险化学品、辐射、生物、机械、电气、特种设备、易制毒制爆材料等，重大危险源和人员相对集中，安全风险具有累加效应。

3. 强化安全红线意识。各高校要把安全摆在各项相关工作的首位，把实验室安全作为不可逾越的红线，牢固树立安全发展理念，弘扬生命至上、安全第一的思想，坚决克服麻痹思想和侥幸心理，抓源头、抓关键、抓瓶颈，做到底数清、责任明、管理实，切实解决实验室安全薄弱环节和突出矛盾，掌握防范化解遏制实验室安全风险的主动权。

二、强化落实，健全实验室安全责任体系

4. 强化法人主体责任。各高校要严格按照“党政同责，一岗双责，齐抓共管，失职追责”和“管行业必须管安全、管业务必须管安全”的要求，根据“谁使用、谁负责，谁主管、谁负责”原则，把责任落实到岗位、落实到人头，坚持精细化原则，推动科学、规范和高效管理，营造人人要安全、人人重安全的良好校园安全氛围。

5. 建立分级管理责任体系。构建学校、二级单位、实验室三级联动的实验室安全管理责任体系。学校党政主要负责人是第一责任人；分管实验室工作的校领导是重要领导责任人，协助第一责任人负责实验室安全工作；其他校领导在分管工作范围内对实验室安全工作负有支持、监督和指导职责。学校二级单位党政负责人是本单位实验室安全工作主要领导责任人。各实验室责任人是本实验室安全工作的直接责任人。各高校应当有实验室安全管理机构和专职管理人员负责实验室日常安全管理。

三、务求实效，完善实验室安全管理制度

6. 建立安全定期检查制度。各高校要对实验室开展“全过程、全要素、全覆盖”的定期安全检查，核查安全制度、责任体系、安全教育落实情况和存在的安全隐患，实行问题排查、登记、报告、整改的“闭环管理”，严格落实整改措施、责任、资金、时限和预案“五到位”。对存在重大安全隐患的实验室，应当立即停止实验室运行直至隐患彻底整改消除。

7. 建立安全风险评估制度。实验室对所开展的教学科研活动要进行风险评估，并建立实验室人员安全准入和实验过程管理机制。实验室在开展新增实验项目前必须进行风险评估，明确安全隐患和应对措施。在新建、改建、扩建实验室时，应当把安全风险评估作为建设立项的必要条件。

8. 建立危险源全周期管理制度。各高校应当对危化品、病原微生物、辐射源等危险源，建立采购、运输、存储、使用、处置等全流程全周期管理。采购和运输必须选择具备相应资质的单位和渠道，存储要有专门存储场所并严格控制数量，使用时须由专人负责发放、回收和详细记录，实验后产生的废弃物要统一收储并依法依规科学处置。对

危险源进行风险评估，建立重大危险源安全风险分布档案和数据库，并制定危险源分级分类处置方案。

9. 建立实验室安全应急制度。各高校要建立应急预案逐级报备制度和应急演练制度，对实验室专职管理人员定期开展应急处置知识学习和应急处理培训，配齐配足应急人员、物资、装备和经费，确保应急功能完备、人员到位、装备齐全、响应及时。

四、持之以恒，狠抓安全教育宣传培训

10. 持续开展安全教育。各高校要按照“全员、全面、全程”的要求，创新宣传教育形式，宣讲普及安全常识，强化师生安全意识，提高师生安全技能，做到安全教育的“入脑入心”，达到“教育一个学生、带动一个家庭、影响整个社会”的目的。要把安全宣传教育作为日常安全检查的必查内容，对安全责任事故一律倒查安全教育培训责任。

11. 加强知识能力培训。学校的分管领导、有关职能部门、二级院系和实验室负责安全管理的人员要具备相应的实验室安全管理专业知识和能力。建立实验室人员安全培训机制，进入实验室的师生必须先进行安全技能和操作规范培训，掌握实验室安全设备设施、防护用品的维护使用，未通过考核的人员不得进入实验室进行实验操作。对涉及有毒有害化学品、动物及病原微生物、放射源及射线装置、危险性机械加工装置、高压容器等各种危险源的专业，逐步将安全教育有关课程纳入人才培养方案。

五、组织保障，加强安全工作能力建设

12. 保障机构人员经费。各高校应当根据实验室安全工作的实际情况和需求，明确实验室安全管理的职能部门；加强安全队伍建设，配备充足的专职安全人员，并不断提高素质和能力；保障安全工作的经费投入，确保安全管理制度能够切实有效执行。

13. 加强基础设施建设。各高校应当加强安全物质保障，配备必要的安全防护设施和器材，建立能够保障实验人员安全与健康的工作环境。提升实验室安全管理的信息化水平，建立和完善实验室安全信息管理系统、监控预警系统，促进信息系统与安全工作的深度融合。

六、责任追究，建立安全工作奖惩机制

14. 纳入工作考核内容。各高校应当将实验室安全工作纳入学校内部检查、日常工作考核和年终考评内容，对在实验室安全工作中成绩突出的单位和个人给予表彰奖励；对未能履职尽责的单位和个人，在考核评价中予以批评和惩处。

15. 建立问责追责机制。各高校要对发生的实验室安全事故，开展责任倒查，严肃追究相关单位及个人的事故责任，依法依规处理。对于实验室安全责任制度落实不到位，安全管理存在重大问题，安全隐患整改不及时不彻底的单位，学校上级主管部门会同纪检监察机关、组织人事部门和安全生产监管部门，按照各部门权限和职责分别提出问责追责建议。

教育部

2019 年 5 月 22 日

【内容解读】教育部印发《关于加强高校实验室安全工作的意见》（简称《意见》），要求各地各校深入贯彻落实中共中央、国务院关于安全工作的系列重要指示和部署，深刻吸取事故教训，切实增强高校实验室安全管理能力和水平，保障校园安全稳定和师生生命安全。

安全是教育事业不断发展、学生成长成才的基本保障。近年来，教育系统树立安全发展理念，弘扬生命至上、安全第一的思想，高校实验室安全工作取得了积极成效，安全形势总体保持稳定。但是，高校实验室安全事故仍然时有发生，暴露出实验室安全管理仍存在薄弱环节，突出体现在实验室安全责任落实不到位、管理制度执行不严格、宣传教育不充分、工作保障体系不健全等方面。

《意见》强调，要提高认识，进一步提高政治站位，充分认识复杂艰巨性，强化安全红线意识，深刻理解实验室安全的重要性，坚决克服麻痹思想和侥幸心理，切实解决实验室安全薄弱环节和突出矛盾，掌握防范化解遏制实验室安全风险的主动权。《意见》要求，各地各校要强化落实，通过强化法人主体责任、建立分级管理责任体系，健全实验室安全责任体系，营造人人要安全、人人重安全的良好校园安全氛围。

《意见》明确，要务求实效，建立安全定期检查制度、安全风险评估制度、危险源全周期管理制度、实验室安全应急制度，完善实验室安全管理制度。同时，通过持续开展安全教育、加强知识能力培训，持之以恒狠抓安全教育宣传培训。在组织保障方面，要求各高校保障机构人员经费，加强基础设施建设，加强安全工作能力建设。

《意见》对责任追究提出明确要求，要求各高校将实验室安全工作纳入工作考核内容，建立安全工作奖惩机制和问责追责机制，各高校要对发生的实验室安全事故，开展责任倒查，严肃追究相关单位及个人的事故责任，依法依规处理。对于实验室安全责任制度落实不到位，安全管理存在重大问题，安全隐患整改不及时不彻底的单位，学校上级主管部门会同纪检监察机关、组织人事部门和安全生产监管部门，按照各部门权限和职责分别提出问责追责建议。

第二节　实习安全

对于高校来讲，实习既是整个教学过程中非常重要的一环，也是各项基本素质向核心能力全面提升的关键阶段。由于实习环境、受教育的方式、学习的任务、教学的管理方式等发生了巨大变化，学生面临着全面的挑战。当前，学生实习时思想麻痹、安全意识淡薄，加上实习的场所点多、面广，实习时间长，必然会产生一些安全隐患。因此，高度重视实习教育工作，充分认识到安全工作是其他所有工作的前提和基础，是学生健康成长的保障。

一、实习事故发生的原因

1. 对实习设备不熟悉而造成操作失误，从而引发伤亡事故

有的学生对设备的操作不熟悉，在好奇心驱使下容易造成操作失误。如北京大学学生在一家工厂实习时，由于对冲床的误操作，其右手中指被切断。

2. 安全意识差，违反安全操作规程，引发伤亡事故

有的学生安全意识淡薄，违规操作机械设备，致使发生伤亡事故。如某高校学生金工实习进行金属成型加工，随意踩踏开关，造成左手小指被剪板机剪断。某医学院学生在进行毕业实习时，严重违反操作规程为病人注射抗菌霉素，险些造成病人死亡。

3. 安全意识匮乏导致伤亡事故

由于学生对安全知识知之甚少从而造成事故隐患。如机械零件加工过程中对工作尺寸的测量，要求必须在机床完全停止后方可进行；加工的铁屑只能够用铁钩清理，不允许用手直接清除。但这些基本知识却往往被学生所忽略。某高校学生在实验室利用小型车床制作科研实验设备零件时，在机床未完全停止转动的情况下，匆忙测量工作尺寸而导致测量工具飞出，击伤手臂，缝合 10 针。

4. 没有严格按要求穿戴工作服

工作服是实习学生进入实习场地所必须穿戴的服装，不同实习场合着装要求和着装的衣料区别也很大。但是有的学生没有按要求去做，而是随意着装，以致发生事故。如某高校学生进行金属焊接实习时，未戴防护眼镜，并在清除电焊渣壳时违反操作规程，使温度极高的焊渣崩入眼睛内，幸运的是未伤及眼球，仅仅造成眼角化脓，3 个月后方痊愈。某高校女生因未戴安全帽，低头时长发卷入高速旋转的车床中，造成头皮撕裂，落下终身残疾。

二、实习安全的注意事项

（一）校内实习的注意事项

（1）树立“安全第一”的观念。健全安全组织、安全制度、安全措施，做好做细调查、宣传发动、组织落实、监督检查考核等系统性工作。明确预防、管理、检查工作的重点，有的放矢，加强针对性。

（2）每位学生自觉接受岗位安全教育和安全技术培训，遵守实习安全上岗制度。

（3）学生进行各工种实习时，指导老师要对学生进行本工种安全操作规程教育，讲解有关注意事项，按不同岗位的不同要求穿戴好防护用品。工作服必须紧袖；留长发的同学必须戴工作帽，不准穿高跟鞋、裙子上岗；男同学不准穿背心、短裤上岗；不准穿拖鞋。

（4）学生实习时不得动用他人的设备、器具。在操作过程中如发现不正常现象，应及时向指导老师报告。

（5）在实习场地内严禁乱闯、打闹、喧嚣。

（6）当日工作完毕，应认真清理作业场地。将用过的设备和工具按要求进行整理，并放回原处；关闭电源，经实习指导老师同意后方可离开场地。

（7）各类实习有其他特殊规定的，必须按其规定严格执行。

（二）校外实习的注意事项

校外实习安全教育应该定位于“认识社会，拒绝诱惑，防范侵害，远离危险”。通过有针对性的教育，让学生认识到自我保护的重要性，提高自我保护的自觉性和遵纪守法的自觉意识，确保学生健康成长。校外实习除了遵守校内实习的注意事项外，还应遵守以下事项：

（1）学校应根据学生健康状况，提出不宜外出实习的学生名单；学生管理部门根据对实习单位综合情况的调查，提出各个实习点的重点管理目标对象、重点时段、重点场所及必要的措施。

（2）实习单位要加强学生生产实习期间的劳动保护，严格执行《中华人民共和国劳动法》《未成年工特殊保护规定》，防止生产实习过程中发生意外事故。如果实习单位不具备有关法规所规定的条件，学生可以依法拒绝参加实习训练。

（3）实习单位在实习学生上岗前，应对其进行有关的劳动纪律、职业道德、生产安全、劳动防护的教育、培训，落实学生实习的指导老师，确定生产实习内容。没有接受过安全培训或安全培训不合格者不能上岗。

（4）按要求正确穿戴和使用劳动防护用品，不准穿钉有铁掌或铁钉的鞋，以防走路时与地面摩擦产生火花，引起火灾和爆炸；女同学的长发必须盘在头顶，且必须佩戴工作帽，以防头发被转动设备卷入，造成伤亡；女同学不准穿裙子、高跟鞋，以防在攀梯时造成扭伤或摔伤。

（5）每个实习组进行编组时，要注意男女生混合编组，尽量避免女老师、女同学单独编组，禁止一人单独进行野外实习。

（6）准确了解厂矿、企业内特殊危险工区、地点及物品，避免发生意外事故。

（7）在实习现场，严禁同学间相互嬉戏，以防发生交通事故、高空坠物、机械伤害等恶性事故，造成人员伤亡。

（8）在实习现场，严禁进入任何废弃的设备内，以防发生窒息死亡事故。在实习现场行走时，要随时注意头顶的管道和脚下的阴沟与地槽。

（9）在没有可靠的安全保障的条件下，不准随便登高。

（10）在实习现场不要随便触碰裸露的管道与设备，以防烫伤；更不要随便动现场的阀门与按钮，以防发生紧急停车、物料放空等生产事故，造成重大经济损失。

（11）租房用房时一定要慎重，对房屋质量和安全性进行评估，最好租用经过安全鉴定的房屋，其可靠性有保障。

三、实习安全事故的应急处理

如果发生实习安全事故，应按以下方法进行处理：

（1）当在实习、劳动过程中被划伤时，应迅速用干净的手帕、纸巾包住伤口，止住流血，并立即送往医院；如果被铁钉扎伤，还应到医院打破伤风针。

（2）在实习过程中，发生事故一定要冷静，尽快通知老师，听从老师的安排。

（3）在实习、劳动过程中，不慎从高处或从楼梯上滚落扭伤关节、碰到骨头时，千万不要随意移动，应保持着地姿势，并拨打急救电话。

（4）在实习过程中，发现同学触电，要迅速切断电源，千万不要用手去拉触电者，应设法用绝缘体挑开电线。如果发现触电者昏迷，应立即做人工呼吸，并送往医院进行救治。

（5）在实习过程中，如果手指扎入车床，或头发、衣角卷入车床，应立即关闭车床；如果发生断指、断臂的情况，应紧急包扎受伤处上部肢体止血，并迅速捡起断指、断臂清洗后浸入生理盐水（切记不可浸入酒精或消毒液中），并立即送到医院救治。

实习安全需要全体师生的共同努力，教师在教学及指导过程中应及时地发现并处理安全隐患且需要学生的积极配合。这样，才能杜绝一切事故的发生，使安全更上一个台阶。只有树立了“安全为天”“安全第一”的意识，从思想上真正地认识到安全的重要性，才能保证实习的安全。

课后互动

1. 以小组为单位，说说自己实习过程中如何确保人身及财产安全。
2. 以小组为单位，说说实习事故的应急处理方法。

第三节 体育运动安全

【案例】运动安全事故

2015 年 10 月 24 日下午，南京大学一名大三男生在体育测试跑 1000 米时，跑到 700 米左右，猝然倒地，昏迷不醒。经抢救无效，不幸去世。

2015 年 12 月 7 日，上海某高校 19 岁男生参加体能测试千米跑，快到终点时突然倒地，送医抢救无效身亡。

为什么大学生频频出现类似的悲剧？

国内不少内科专家分析，可能是很多孩子到了大学以后突然过起了无节制的生活，或是疯狂打游戏，或是考试前突击熬夜读书，对身体都是很大的消耗。不少医学专家认为，应该尽快在高校开展生命教育，让大学生学会生存、急救技能。

与此同时，不少人认为，目前有很多学生平时都缺乏体育锻炼，过多的学习负担让体育课成了形式，因而学校应将体育课“还给学生”。在体育课和运动会中，运动损伤和意外伤害时有发生，因此我们必须加强安全防范。

一、产生运动损伤和意外伤害的原因

造成运动损伤的原因是多方面的，既与锻炼者的运动基础、体质水平有关，也与运动项目的特点、技术难度以及运动环境等因素有关，其主要原因有：

（1）运动伤害预防意识缺失，思想麻痹大意是导致运动损伤的主要因素。任何伤害都要先以预防为主。从学生方面来说，本身缺乏运动安全预防意识，在运动中不懂得佩戴专用护具来保护自己，也没掌握避免危害发生的运动技巧；从教师方面来说，体育教师平时不重视安全教育，缺乏对学生的关心和保护，其中包括运动前不检查器材、无预防措施等。

（2）运动前准备活动不充分，特别是缺乏针对性准备活动，运动器官、内脏器官机能没有达到运动状态，容易造成损伤。运动前准备活动可以让人体体温升高，心理状态逐渐进入紧张、兴奋状态，在身体各项器官都达到最适宜运动的状态时再进行运动，这样可以最大限度地避免运动损伤。

（3）运动情绪低下，或在畏难、恐惧、害羞、犹豫以及过分紧张时易发生伤害事故。有时也会因缺乏运动经验、缺乏自我保护能力致伤。学生身体处于疲劳或好胜好奇状态，也会常在盲目和冒失行为中受伤。

（4）体育锻炼内容组合不科学，练习方法不当，纪律松散以及技术上的错误等，都可能造成伤害。

（5）运动场地狭窄，地面不平坦，器械安置不当或不牢固，学生拥挤或多种项目在一起活动，容易相互撞击致伤。

（6）空气污浊、噪声干扰、光线暗淡、气温过高或过低以及运动服装不符合要求等原因，都可能直接或间接造成伤害事故。

（7）动作不规范。大学生技术动作不规范是体育运动中发生事故的主要原因。在老师讲解动作要领和进行示范时，一些学生不认真听讲，在自己练习时没有掌握必要的运动技术要领，从而导致肌肉、关节的损伤。

（8）组织纪律差。一些学生忽视组织纪律，在运动场上脱离集体、嬉笑打闹、你推我赶，容易发生意外。

运动环境包括运动场地、运动器材、气候等，如果在气候条件不好的情况下运动，如暴雨、刮风和下雪，容易发生运动伤害；场地达不到安全标准，存在安全隐患，或者运动器材生锈、破旧不及时更换，学生在运动时发生断裂，就会造成损伤危险。

二、体育锻炼中的安全防范

在体育课或体育锻炼中，为保证学生的安全，减少运动损伤的发生必须做到以下几个方面。

（一）提高学生自我保护的措施

1. 在教学中加强学生的思想教育和安全教育

培养学生对体育课及体育的认识要懂得科学锻炼的基本原则：

（1）了解自己、实事求是。

（2）树立目标，积极进取。

（3）全面锻炼，注重实效。

（4）运动有恒，坚持经常。

（5）运动有度，循序渐进。

（6）遵循规律，自我保健。

以上几点原则，学生必须遵守。

2. 教师要合理安排教学活动

根据大学生的年龄层次特征和生理、心理特点合理地安排教学内容以及教学过程中的运动量，特别要重视学生的课前热身运动。

在每次体育课中，要叮嘱学生注意安全。教师对学生系统地讲授科学的锻炼身体的方法，以及在体育运动中常见的损伤、预防知识及急救方法等内容，尽可能地排除场地、器械等不利影响。

总而言之，治标更要治本，应从学生自身抓起，提高他们的自我保护意识与自疗能力。

（二）运动前的准备工作

1. 对学生进行健康检查

对学生定期进行全面的医学检查，最好每学期进行一次，至少每学年一次，特别是新入学的学生，入学时必须进行体检。身体发育和健康状况正常的学生，可以参加正常体育课学习；对体质较弱，特别是有缺陷或有疾病的学生，应安排上保健体育课。对身体发育和健康状况正常、功能良好，尤其是体质好，并在某些运动项目上有特长的学生，才能安排参加学校运动队训练。

2. 合理安排体育课的运动负荷

体育课的运动负荷的增加，应遵循循序渐进的原则，逐步提高要求，不能突然或过猛，否则会给学生身体带来不良影响，造成过度疲劳或局部劳损，甚至损坏身体健康。

3. 预防运动性伤病和建立伤病登记制度

在体育教学或运动训练中应加强运动场地和设备的安全检查，尽可能减少或避免伤害事故的发生，一旦发生损伤，应填写运动伤病登记卡，以利于统计、分析和研究其与体育教学和运动训练的关系，分析伤病发生原因，从而找到预防的有效方法，保证体育教学和运动训练的正常进行。

4. 运动负荷的恢复措施

体育教学或运动训练结束后，无论在脑力上还是在体力上消耗都是很大的，如果不采取一些切实可行的恢复措施，疲劳就不能得到及时的消除，这样会影响第二天文化课的学习，长此以往很容易形成疲劳积累而导致身体过度疲劳。因此，体育课结束和训练结束后的整理活动、按摩、洗热水澡等措施是很好的方法，同时，还应该补充在运动中消耗的营养物质和保证充足的睡眠。

5. 运动训练禁忌

凡有下列情况之一者，禁止参加运动：中枢神经系统疾病和末梢神经系统疾病（如精神病和癫痫病等）、运动神经疾病（如骨骼、关节、脊柱变形等）、先天性心脏病和高血压患者。

6. 根据身体状况决定运动强度

在运动前，若出现身体不适，应终止剧烈运动或强度过大的运动（如超长距离跑），改换为轻度运动或停止运动。

7. 注意运动时间段的选择

在过热或过冷的环境条件下进行运动存在一定的危险。因此，运动时应注意时间段的选择。夏季应选择凉爽的时间段运动，冬季则应在暖和的时间段运动。

8. 充分进行准备活动

准备活动一般有快走、慢跑及原地连续性徒手体操等形式。这些活动能使四肢关节活动度加强，有助于一般性运动能力的提高。准备活动持续的时间与正式运动之间有 1~3 分钟的间隔较为适宜。

9. 运动时穿戴注意事项

衣服上不要别胸针、徽章等；手腕、手指、耳朵、脚腕上不要戴金属、玻璃、塑料的装饰物；衣兜内不要装小刀、钩针等锋利的物品；头发盘好，尽量不要戴发卡；必须穿球鞋或一般运动鞋，不要穿皮鞋。

（三）运动中预防

体育运动的安全最重要的是进行有效的自我保护。如果在锻炼中发现一些不正常的症状，要及时进行调整，这样才能使危险降到最低。以下是在体育运动中常见的几种症状。

1. 呼吸困难

有此症状时可中止运动，休息一会儿使身体不适感消失之后，再接着从轻运动开始练习。若呼吸困难症状持续在 3 分钟以上，就不能单单认为该运动强度过大，而应该及时就医。

2. 重力性休克

疾跑后突然停止而引起的晕厥称为重力性休克，多见于径赛运动员，尤以短跑、中跑为多见，有时自行车和竞走运动员也可见到。运动员在进行运动时，外周组织内的血管大量扩张，血流量比安静时增加多倍，这时依靠肌肉有节奏地收缩和舒张以及胸腔负压的吸引作用，血液得以返回心脏，当运动者突然终止运动时，肌肉的收缩作用骤然停止，使大量血液聚积在下肢，造成循环血量明显减少、血压下降、心跳加快而心脏搏出量减少，脑供血急剧减少而造成晕厥。

重力性休克的处理方法：对于身体健康的人出现这种现象并不危险，应让休克者仰卧，两腿抬起高于头（保持静脉血回流到心脏），松开衣领、腰带、注意保暖，不省人事时可掐人中穴。清醒后喝点热糖水和热水，充分静卧、保暖和休息。

3. 腹痛腹胀

当腹痛腹胀发生时，终止或减慢运动即可自然消除疼痛症状。容易发生腹痛者，要避免饭后进行运动。在跑步中要掌握正确的呼吸方法，尽量用鼻呼吸而不用口呼吸，还要根据运动量来调整呼吸节奏及深度。

4. 胸闷气短

如果在运动中出现胸闷气短症状，应立即停止运动，稍作休息，并慢慢调整呼吸。在运动中发生干咳症状时，要调整呼吸方法使其缓解，寒冷季节还应加戴口罩进行运动，以防止冷空气对呼吸道的刺激。

5. 下肢疼痛

长期不运动者，突然运动时，次日会感到小腿（腓肠肌）和大腿（股四头肌）部位大部分肌肉疼痛。这是由于肌肉突然剧烈运动导致乳酸积累所引起的疼痛，无须处理，两天即可自然消失。运动中突发的下肢疼痛，可能是由扭挫、撕伤等导致，要及时找医生做检查，找到原因，对症下药。

6. 中暑

运动引起中暑性昏厥发生后，如果及时采取降温措施，即可很快恢复。以降温为主，一般用冷水袋和冰水湿敷治疗。

（四）运动后预防

1. 整理活动

运动结束后，需要进行一定的整理活动，这样可以加速新陈代谢，促进皮肤和肌肉血液循环和体力恢复，因此要重视整理活动。为了预防不良症状的发生，在剧烈运动后不可立即停止活动，而应持续一段时间的轻量运动，使亢奋身体慢慢回复到正常缓和的状态。例如，1~2 分钟慢跑或步行，下肢柔软体操和全身伸展体操、上肢肌肉群按摩等。

2. 淋浴和洗澡

在运动后休息 30 分钟左右可进行淋浴。淋浴可使人心情愉快，疲劳感消失，还可起到按摩作用。特别是在大量出汗后洗澡，不仅可以清洁身上的汗水和污垢，还可以促进血液循环，加强体内排毒。

三、运动比赛的安全防范

1. 比赛前的防范

（1）加强运动安全教育，克服麻痹思想，提高预防损伤意识。认真做好准备活动，对可能发生运动损伤的环节和易伤部位，要及时做好预防安排。

（2）制定比赛计划和日程时，要根据当地情况，炎热的夏天尽量避免安排剧烈的运动项目，还应尽可能保证各项目运动员的充分休息时间。

（3）对运动员身体健康状况进行检查，感冒、发烧以及各种内脏器官有疾病者，不能参加比赛。

2. 比赛中的防范

（1）比赛现场必须配备医护人员并准备好急救用品和药品，以便对运动中出现的常见损伤及时处理，保证比赛顺利进行。

（2）一些激烈的比赛，应配备运动饮料，避免运动员因缺水而发生意外情况。

3. 比赛后的防范

比赛结束后，应对运动员的疲劳程度、伤病的发生和发展情况进行检查，以便能及时消除疲劳和控制伤情的发展，并对其生理生化指标进行检查（如脉率、血压、体重、尿蛋白、心电图等），观察其是否有异常情况出现，以便尽早采取措施进行处理，保证运动员的身心安全。

课后互动

1. 以小组为单位，说说自己经常参加哪些体育运动？这些体育运动存在哪些安全隐患。

2. 为了预防体育伤害事故，在运动时学生自身应做好哪些准备工作？

第四节　课外学习娱乐安全

一、图书馆学习安全

图书馆是大学生活中不可或缺的学习场所，学生到图书馆看书要注意两个方面：

（1）了解图书馆的结构，特别记清楚图书馆的安全通道，一旦在图书馆学习中发生意外事故便可以找到安全通道，以最快的速度逃离险境。

（2）注意看管好自己的财物。不少同学到图书馆后，习惯用钱包、手机等先占座位，然后再去借书。等回到座位时，才发现自己的书包或者书包里的手机、钱夹等已不翼而飞了。

由此可见，学生在图书馆看书也绝不能有麻痹思想，如要起身借书或临时离开，一定要将贵重物品带在身上或交熟人看管，切不可有“只离开一会儿问题不大”的想法，等到东西被盗了才悔之晚矣。

二、教室自习的安全

教室自习的安全问题除了和图书馆看书被盗情况类似外，最大的安全隐患就是女生容易遭遇性骚扰。

【案例】女生自习遭遇性骚扰

某高校保卫处接学生报案，称其一个人在某教室学习，进来一名像学生的男子，她没在意继续看书，可过一会儿她听到身后有窸窸窣窣的声音，它回头一看大吃一惊，只见那名男子站在她身后将裤子褪下。惊吓之余，该女生撒腿跑出教室。经了解，还有其他女生也遭遇过这种“露阴”骚扰。接案后，保卫处经过努力终将该男子抓获。据查，该男子为该校某专业大二学生，其上中学时就有此恶习，虽经治疗但效果不大。后为维护校园安全，学校将其开除。

女同学在遇到类似情况时应该怎么办呢？

一是不要害怕惊慌，应大声严厉斥责。如果犯罪嫌疑人动手动脚，则除大声严厉斥责外，还要极力反抗，并伺机逃离现场，然后立即向学校保卫部门报案或喊附近的老师、同学，将犯罪嫌疑人抓获。

二是避免一个人在偏僻的教室学习，不给犯罪分子可乘之机。如果教室里有三四人以上，犯罪分子就不敢轻举妄动。

三是女生在教室上晚自习时不可太迟，如果一定要学得很晚，就要和其他同学结伴而行，实在无伴且感到有危险时，可与校保卫部门联系，请求保卫人员护送，保卫人员有义务将晚归的女生安全地护送回宿舍。

课后互动

以小组为单位，说说自己在课外学习娱乐中碰到的安全隐患该怎么防范。

思考与练习

1. 分析高校实验训练中容易发生的安全事故有哪些。
2. 实验安全事故防范措施有哪些？
3. 分析实习事故发生原因有哪些，校内外实习应注意的事项有哪些。
4. 科学锻炼的基本原则有哪些？
5. 分析体育运动中产生运动损伤和意外伤害的原因。
6. 体育运动前、运动中、运动后的安全防范方法有哪些？
7. 常见运动员损伤的处理与急救方法有哪些？
8. 应注意的课外学习娱乐安全有哪些？

第十章
社会实践与求职就业安全

学习目的与要求

1. 了解大学生创业安全方面存在的不足
2. 了解社会实践活动安全应从哪些方面把握
3. 掌握创业与社会实践安全防范措施
4. 了解勤工俭学的类型和应坚持的基本原则
5. 了解勤工俭学活动中应注意的安全问题
6. 了解招聘陷阱类型、虚假招聘的特征
7. 了解避免就业陷阱应注意的安全防范措施
8. 了解求职应做的准备工作
9. 了解求职安全问题
10. 了解传销的概念和校园传销的特点
11. 分析校园传销屡屡爆发的原因
12. 了解传销的方式和常用的几种诱骗手段
13. 了解传销的危害及应对措施

学习重点

1. 创业与社会实践安全的防范措施
2. 勤工俭学中应注意的安全问题
3. 避免招聘陷阱应注意的安全防范措施
4. 传销的危害

学习难点

1. 求职安全防范
2. 传销危害与应对措施

第一节 社会实践与创业安全

【案例】海口一大学生不懂法被利用，受雇贴野广告被罚

2009 年 8 月 19 日，海口市琼山区城市管理行政执法大队在执法中发现，一些大学生被不法分子利用，被雇用张贴野广告。

海口琼山区城管执法人员在巡查过程中，发现在海口府城板桥路金花市场附近一男子正在张贴野海报，立即予以制止。经询问得知，该男子姓叶，是海南某高校的在校学生，利用暑期打工，受雇于某电子商品公司，专为其张贴宣传材料，对其产品进行宣传。发一天野广告，可以赚取 30 元。8 月 18 日下午 4 时许，叶某按照该公司的要求，到板桥路金花市场附近张贴宣传海报。

据叶某说，同行的还有其他几个同学，他们并不知道自己的行为已触犯了相关法律法规。经教育，叶某主动承认了错误，自觉将沿途贴下的海报清理干净。因当事人还是在校学生，受雇于人，鉴于其认错态度较好且为初犯，执法人员对其从轻处罚。

2015 年 5 月，国务院办公厅印发《关于深化高等学校创新创业教育改革的实施意见》，允许在校大学生保留学籍，休学创新创业，这无疑给广大有创业梦想的在校大学生吹来了一阵春风。大众创业、万众创新的时代来临，这对于进一步挖掘大学生潜力、推动大学生自身发展、扩大社会就业、增加民众收入意义重大。

鼓励在校大学生创新创业，但由于部分大学生社会阅历较浅、自我保护意识较薄弱、社会经验不足、创业经验缺乏，面对纷繁复杂的社会，不少大学生栽了跟头，弄得人去财空。因此大学生不论是创业还是社会实践都应该具备一定的安全知识和社会经验。

一、大学生创业存在的安全问题

创新创业作为国家的政策导向，有可持续发展的政策基础。大学生作为高层次人才，是实施“创业富民、创新强省”战略的中坚力量。在国家、省市有关政策的大力扶持下，大学生创业风起云涌，正成为创新创业和经济发展的生力军。但由于大学生缺乏相对的社会经验，大学生的创业之路并不平坦，大学生在创业安全方面存在以下不足。

（一）大学生社会经验不足，容易被虚假信息蒙骗

一些不规范的中介机构利用学生想创业的心理，夸大事实，无中生有，以“低价加盟”“低价转让”或“地区代理”等方式作为诱饵转让或转租给大学生。当大学生接手经营后，方才知道上当受骗。因此大学生在寻找创业信息时，要自行甄别，要查看这些“机构”或“企业”的相关资质和证件，善于发现疑点。只有在自行甄别后，才能签订协议，交付费用，索要票据。

（二）大学生急于求成，容易陷入非法传销

大学生们社会接触面不广，往往急功近利，对生活的期望值过高，很容易被那些宣称能暴富的传销组织“洗脑”，上当受骗。同时，陷入传销组织的大学生大多来自农

村，家庭较为贫困，一旦被骗，无法索回交出的钱，但又想挽回损失，于是越陷越深，不能自拔。很多大学生对创业的理解还停留在仅有一个美妙的想法与概念上，许多人还憧憬着通过所谓的“销售”发家致富，特别是一些比较贫困的农村学生创业，在受到传销组织强大的“洗脑”功能作用下，在传销组织提出的平等、互爱等虚拟的东西所迷惑下，在传销组织说得天花乱坠的利益驱使下，很容易误入传销组织。因此大学生自身创业一定要树立正确的理想信念和社会主义价值观，不要想着一夜暴富，要通过自己的努力挖取创业的第一桶金。

（三）大学生创业法律意识淡薄，维权意识差

当前，大学生创业的社会环境良好、发展趋势令人期待，但大学生更应注意到创业热潮中的创业风险问题，特别是法律问题和维权问题。法治社会里，法律风险贯穿于大学生自主创业的始终。大学生由于自身经验和能力的局限，在创业过程中更容易受到法律风险的冲击。据调查，杭州高新区（滨江）的大学生创业企业中，有 198 家企业进行过法律培训或宣传教育，占企业总数的 23. 3%。只有 18 家企业有专职或兼职的法务人员或聘请过法律顾问，占企业总数的 2. 1%。不少大学生创业者甚至不知晓企业设立、经营过程中的基本法律法规。可见，法律意识淡薄是大学生创业的一个普遍现象。特别是大学生创业不与用人单位、合作公司、合作伙伴签订协议，从而导致维权时缺少证据。有些大学生碍于民事诉讼所需花费的时间、精力，如果不是严重的权益受损，大学生一般会怠于维权。

二、社会实践中存在的安全问题

大学生社会实践是指大学生在高等学校结合其培养目标的引导下以大学为依托，以社会为舞台，开展的接触社会、了解社会、服务社会，并从中接受教育、培养综合素质的一系列有组织、有计划活动的总称。大学生社会实践作为高等院校实践教育的重要组成部分，目的在于弥补学校教育教学工作的不足，丰富和深化大学生思想政治教育的实践内容，促进青年学生在理论和实践相结合的过程中增长才干、健康成长，从而优质成才、全面成才。社会实践架起了学校和社会之间的桥梁，实现了校外生活与高等教育之间的有效对接。大学生在社会实践中增进生产劳动的体验，推动同人民群众的结合与联系。

大学生社会阅历尚浅，有急于找到社会实践岗位的心态以及就业和生活的压力，加之目前大学生缺乏实践安全方面的教育，社会上一些不法分子借此将他们作为侵害的主要对象。大学生社会实践存在的安全问题，主要体现在以下几个方面。

1. 被不法中介利用

社会上存在这样一些中介机构，它们没有工商部门颁发的营业执照，没有健全的服务体系，不具备一定的规模和资质。欺骗大学生的往往是那些仅有几张桌子、几部电话，蜗居在十几平方米房间里的“皮包家教中心”，这些服务机构利用大学生缺少社会经验，收取高额中介费之后，并不按约定帮助大学生介绍合适的工作，更有甚者打一枪换一个地方，收钱之后却找不到人了，给大学生带来财产损失。

2. 被骗交押金

这主要涉及一些从事文秘、打印、翻译等较为轻松的工作。求职者只需要交一定的

押金即可上班。但往往学生交钱后，招聘者又推托说暂时没有工作岗位，要学生等消息，以后便再也没有了消息，到最后押金往往也不能退回。

3. 拿不到工资

在私营企业里打工或是做家教都有可能遇到这种问题。一些私营企业临时雇用大学生，雇主在该付工资时却消失得无影无踪。有些大学生做家教之前，家长提出一个月结一次工资，到时却以小孩没教好为由不付钱。

4. 女生求职遭遇性侵害

这主要发生在招聘家教或文秘时，有的女生在对方约见时，不加考虑就去，有时就会遇到危险。如财物被抢，甚至遭到性侵害等，使女生身心健康遭到极大的伤害。

5. 受伤害理赔难

目前我国法律对于在校实习生与实习单位之间的关系还没有做出专门的规定，从严格意义上讲，实习生与实习单位之间不存在劳动关系，不能适用《中华人民共和国劳动法》。所以实习生人身伤害不能通过工伤赔偿来获得救济，司法上往往按一般民事侵权来处理。没有签订任何协议的兼职打工的大学生的权益更是得不到保障。

6. 出租房潜在的安全问题

由于用人单位不提供住处，因路途遥远、住校不方便等原因，有些大学生采用就近租房的办法。某地抽样调查发现约35%的大学生租房存在安全隐患，人身和财产的安全难以得到保障。

7. 交通安全问题

学生在前往社会实践地点和返校的过程中都要使用交通工具，而车祸已经成为严重威胁人类安全的杀手，学生因交通事故死亡的人数占了学生非正常死亡人数的较大比例，交通安全问题不容忽视。

8. 受骗上当和被敲诈

个别女大学生由于社会经验不足，思想缺乏应有的警惕，联系社会实践工作时，没有通过正规渠道，轻信人贩子的花言巧语，被拐卖到交通闭塞且比较贫困的山区当人妻。此事虽是个案，但教训是深刻的。非法传销组织者看好的“五同四友”（同学、同事、同乡、同宗、同好，室友、战友、朋友、酒友）和五类最佳发展对象，都将大学生作为发展下线的主要物色对象，他们以招聘为名，迎合一些大学生急功近利的心理，向他们灌输“今夜睡地板、明天当老板、成功在眼前”“一夜就能暴富、人人都能成功”等谬论。1998 年 4 月国家明令禁止后，仍有许多大学生误入歧途。

【案例一】老乡骗老乡，两眼泪汪汪

某高校大一新生小林刚入学不久就结识了一位老乡学长。老乡向小林推销了一款1300 余元的手机，并称买手机赠送 300 元话费。出于对老乡的信任，加之手机物美价廉，小林便买了下来。一段时间后，小林发现手机充不了电，通话频频中断，在拿去专卖店鉴定后发现，该手机纯属假货。

【案例二】家教赚钱，原是骗局

湖南某大学学生吴某在赶集网上看到家教信息，在与发布信息的家长取得联系后，对方称请吴某去一家高档饭店吃饭，边吃边聊家教问题。涉世未深的吴某没有多想，准时赴约。对方点了一桌酒菜之后，中途借口去卫生间不辞而别，临走还捎了几条名贵香烟，留下一直等待的吴某和“天价”未付的账单。

9. 违纪和违法犯罪

如有的大学生在社会实践过程中由于爱慕虚荣而行小偷小摸；有的充当第三者；有的生活变得散漫，私自到校外租房过准夫妻生活，女生怀孕后碍于面子和怕学校知道，到私人小诊所流产导致身体受伤害；有的为方便社会实践在校外租房而导致与房东纠纷，有时还导致煤气中毒等；有的在社会实践过程中被骗后，为挽回损失也不择手段地骗别人；有的甚至做起签订假合同等经济诈骗活动；有的直接当考试的“枪手”等；有的因社会实践的失败而自卑，怀疑自己而失去信心等，在困难和失利面前屈服而走向犯罪，甚至走向自残或自杀。

三、大学生创业与社会实践安全须知

大学生社会实践项目很多，如：家教、暑期三下乡、参加社会公益活动等，学生通过寒暑假期间组团或个人实践，走出校园、走进社会、感知实事国情。下面为大家介绍大学生创业与社会实践安全须知。

（一）提前做好安全风险评估

风险评估就是量化测评某一事件或事物带来的影响或损失的可能程度。安全风险评估就是从风险管理角度，运用科学的方法和手段，系统地分析创业或社会实际活动所面临的威胁及其存在的危险性，评估安全事件一旦发生可能造成的危害程度，提出有针对性的抵御威胁的防护对策和整改措施。风险评估的主要任务包括：

（1）识别评估对象面临的各种风险。

（2）评估风险概率和可能带来的负面影响。

（3）确定组织承受风险的能力。

（4）确定风险消减和控制的优先等级。

（5）推荐风险消减对策。

（6）在风险事件发生之前或之后（但还没有结束），对该事件给人们的生活、生命、财产等各个方面造成的影响和损失的可能性进行量化评估的工作。

（二）交通安全

（1）乘坐列车或者到长途汽车站内乘坐具有营运资格的汽车，不乘坐黑车。站内的长途汽车一般都是直达目的地的，既快捷又安全。

（2）横过道路或通过车流量较大的路段、路口及上下坡时应注意交通安全；雨雪天气、夜间等照明不良的情况下应特别注意。

（3）在马路上行走，应遵循置右原则，红灯时不能穿越马路；设有人行道的路段应在人行道内行走；不得在道路上嬉戏或进行其他有碍交通秩序的活动。在通过路口或横过道路时应走人行横道，无人行横道时，应首先观察道路两边，避让过往车辆，确认安全后再行通过。

（4）骑自行车应在道路右侧靠边慢行，转弯时应减速观察，并伸手示意；禁止骑车冲坡、带人，停放自行车时应在规定地点有序停放，不得占道。经过路口、横过道路、下坡、人流量大的地段应下车推行。

（三）财产安全

（1）和陌生人接触要提高警惕。一般不要和陌生人说话，一起行走、散步；不要同轻浮女子或男子接触；不要参与别人的争吵。

（2）注意防范诈骗案件，识别犯罪团伙假装游客、乞丐或警察设陷阱行骗或抢劫。不向陌生人泄漏自己的身份证号码和家庭联系方式。请家人、朋友不要轻易相信陌生人传达的消息，如有任何消息应及时和学校有关部门联系，切勿向陌生人或者陌生账号转账汇款。

（3）不要贪小便宜。在街上捡到东西要交警察处理，以防被敲诈、陷害。

（4）加强钱物保管。手机一定要设密码；文件、钱包不要同时放在一起，分开存放；贵重背包做到包不离身，且置于胸前；贵重钱物不要放在易被刀子划开的塑料袋中；不要在旅馆等住处存放大量现金。

（5）注意贵重物品的保管和存放；队员之间互相熟悉携带的行李，便于互相照看；上下交通工具、更换住宿地点时注意清点物品，避免遗失；乘坐列车时记住车厢、座位、铺位号，乘坐汽车等交通工具时注意记录车号，便于出现问题时查找和联系。

（6）夜间乘坐交通工具，贵重物品注意贴身存放，睡眠过程中不要将贵重物品放在行李架上，减少被盗窃的可能。

（7）出行时注意防范扒窃和双抢案件，钱包、手机等物品不要放在双肩背包里或者挂在胸前；如无必要，不佩戴首饰，尤其是贵重首饰。

（8）注意防范银行卡犯罪，妥善保管证件，有效证件和银行卡不要放在一处；不携带大量现金，并且尽量不要集中一处存放；使用 ATM 机应注意周围是否有可疑人员，注意 ATM 机上是否有可疑的附加设备；ATM 机吞卡时应持回单，及时和 ATM 所在银行联系或者向发卡行挂失；任何情况下，不将卡号和密码以及身份证号码告诉陌生人。

（四）住宿安全

（1）应在安全卫生且具有营业许可证的正规宾馆、旅店住宿，住宿需将房门反锁；不轻易给陌生人开门。

（2）与警察打交道要留神。如警察检查身份证，可请其先出示自己的证件，记下警牌号、警车号；如证件被警察没收，应要求其出具没收证件的证明。

（3）注意防火及电器安全，出门须切断充电器等电器电源。

（五）实践现场安全

（1）去实践现场，必须保持联系畅通。

①实践出行前，务必向每位同学强调安全问题的必要性，并在全队范围内就安全问题进行讨论和研究，务必使每一位同学了解实践过程中可能遇到的安全事件以及相应的处理方法。

②实践队应当使用各种方式保证队员之间可以方便取得联系，参加实践的每个人都有实践队伍中其他任何人的手机号码。

③实践队应当保证每一位队员可以与院系团组织或者其他部门取得联系。

④实践队负责人每天活动结束后必须清点队员人数并确定队员的身体健康和财物安全情况，并对安全进行评价，同时通过各种信息渠道了解实践地点的天气预报等情况并

进行第二天活动的安全准备。

⑤实践队应当确保每一位队员了解同实践地点政府部门、警方、医疗机构以及接待单位的联系方式，确保每一位队员了解 110、120、122 等紧急电话的使用方法及注意事项。

（2）实践过程中，原则上不允许单个队员脱离实践队伍单独行动；必要情况下，有队员单独行动时，必须向队伍说明事由、前往地点、返回时间以及确保联络畅通；实践队伍尽量减少夜间外出，尤其禁止队员夜间单独外出；一般情况下，尽量不要让女生单独行动。

（3）为便于紧急情况下的迅速行动，不推荐女生穿裙子，不推荐穿拖鞋和凉拖，长发同学将头发扎紧。

（4）遵守实践接待单位的安全要求，在石油、化工、电力、建筑等单位工作区参观访问时，应按照接待单位的要求做好安全防护工作。

课后互动

1. 以小组为单位说说，自己参加过哪些创业和社会实践，碰到过哪些安全隐患，怎么防范？

2. 以小组为单位说说，自己外出为确保交通、财产安全应注意哪些方面。

第二节　勤工助学安全

【案例】王龙同学兼职不慎受骗

某课外补习学校与附近其他几所学校因生源的恶性竞争存在矛盾，因此捏造是非，制造谣言并做成传单散发。该补习学校为了逃避责任便招聘一些兼职大学生帮其派发。王龙同学在一位朋友的介绍下，因不知或无视其传单内容可能引起的社会纠纷或社会不稳定因素而帮其派发。后有人举报，王龙同学被带到当地派出所协助调查。学校得知消息后，马上指派老师出面协调，并将该同学带回学校处理。

目前在校的大学生中，有很多人有兼职的经历和需求。它已经成为大学生课余锻炼自己能力、积累社会经验和改善经济状况的重要途径。然而一些不良商家利用了他们涉世不深、不知如何维权等特点，给大学生设计陷阱，使得许多大学生在兼职时上当受骗。

在参加勤工助学过程中，由于部分学生社会阅历较浅，自我保护意识相对薄弱，致使很多安全问题产生。

一、大学生勤工助学的主要类型

勤工助学是指学生利用课余时间参与的，以获得报酬、培养自立能力为主要目的的各种服务和劳动。当前大学生勤工助学涉及的领域比较广，概括起来主要有以下三种类型。

1. 科技、智力服务

结合大学生具有一定专业知识技能的特点，利用自己所学的专业知识和掌握的技能为社会提供有偿服务。学校可以组织学生承担助教、助研、助管工作；也可以组织理工科学生参与工程项目的研究设计、新产品的研制和开发，如物理系学生可利用计算机应用方面的专业知识为企事业单位设计计算机应用软件；美术系学生利用美术专业知识为厂家设计、制作产品广告；还可组织文科生广泛地开展社会调查，为地方的经济发展和社会主义精神文明建设发挥积极作用。

2. 家教等文化服务

这是师范院校学生开展勤工助学主要的内容之一。改革开放以来，随着经济的发展，人民生活水平的提高，人们越来越重视文化教育，特别是家长对自己子女的期望值越来越高。于是，家庭教师应运而生。师范院校学生从事家教活动从某种意义上说也是一种实习，对巩固专业思想、提高学习自觉性都有积极的促进作用。

3. 劳动服务

大学生不仅具有专业知识和技能，还有精力充沛的特点，可以组织学生从事力所能及的体力劳动，如安排学生参加校园的治安巡逻、自行车棚的管理，帮助图书馆、资料室、实验室等从事辅助性的工作。

二、勤工助学应坚持的几条原则

1. 大学生勤工助学活动必须坚持课余的原则

从勤工助学的辩证关系来看，勤工是手段，助学是目的。大学生在课余时间从事勤工助学，获得一定的劳动报酬，维持最基本的生活、学习条件，保持良好的身心素质，是为了更好地完成学业。否则，占用了学习时间，分散精力，影响了学业或未能达到应有的学习成绩，或因考试不及格而交费重修则得不偿失，是一种本末倒置的做法。

2. 坚持以校内为主，以解决特困生为主，以运用所学科学文化知识和专业技能服务社会，提高素质为主的原则

所谓以校内为主，就是充分利用并争取学校为大学生提供相对稳定、报酬合理、安全便利的勤工助学岗位。例如：学生宿舍服务中心、校园管理科、教室管理科、图书馆等部门的勤工助学岗位。所谓以解决特困生为主，是由于勤工助学对于做好特困生工作具有特殊的意义和作用，一方面，帮助他们获得一定的经济收入，解决一定的经济困难；另一方面，勤工助学是一种自强不息精神的体现。通过勤工助学活动，减轻国家、学校和家庭负担，维持最基本的生活、学习条件，顺利完成学业。他们获得的不仅仅是物质利益，还有一定的社会实践能力、心理承受能力，这有益于身心发展，是一笔难得的精神财富。同时，勤工助学活动本身就是一种思想教育活动，使学生在辛苦劳动中体会到劳动成果的来之不易，从而养成艰苦奋斗、艰苦朴素、勤俭节约的优良作风，进而以更加努力的学习态度、更加优良的学习成绩来报答国家、社会、学校对他们的关怀与帮助，这也是学校育人工作的一部分。所谓运用所学科学文化知识和专业技能服务社会，提高素质为主，这是由高等学校培养人才为中心的任务决定的。大学生理论联系实际，学以致用，用而知不足，用而促学。虽然目前这种形式的助学活动受到一定条件的制约，但实践证明，这是最佳选择。例如，学生利用专业知识清洗空调、抽油烟机，为企业描图、晒图等活动都取得了较好的效果。

三、勤工助学中应注意的安全问题

1. 勤工助学不是经商

现在高校都普遍支持和提倡大学生勤工助学，并依法保护学生以诚实劳动和服务获得的收入。同时高校也反对和禁止学生经商，因为勤工助学与经商的内容和目的是有区别的。

高校学生勤工助学的主要内容是：与专业学习相结合的科学技术和文化服务；有利于培养劳动观念和自立精神的劳动服务。这些与学校的培养目标相一致。学生通过开展勤工助学，加强实践环节的锻炼，提高动手能力，培养劳动观念与自立精神。对特困生来说，通过勤工助学还可以减轻家庭负担，有利于改善学习条件。

经商则是以盈利为目的的商品流通过程。禁止大学生经商，其原因是：首先，经商是一种职业，必须按国家有关管理法规办理营业执照，依法纳税，有的商品还要办理专项特许证，而大学生不具备这种职业资格，从事经商活动本身就是违反国家有关法规的；其次，经商是一个复杂的商品流通过程，不但要有物质基础，同时还要耗费大量的精力，学生在校期间应以学习为主，否则就违反了学校的规章制度，干扰学习。近年来，一些高校的少数大学生受“商潮”的影响，无心学习，倾心经营活动，有的连本钱都亏光了，有的甚至违反国家管理法规而陷入泥潭。这类例子屡见不鲜，其教训是很深刻的。

2. 女大学生不要从事有偿陪伴活动

勤工助学可从事的活动很多，但绝不能认为只要能赚钱什么事都可以干，特别是对女大学生陪酒陪舞要严厉禁止。因为女大学生陪酒陪舞很容易带来安全方面的问题，极易受到一些不法分子的伤害。当代的女大学生更应自尊、自重、自爱，绝不能为了赚钱什么出格的事都干，一旦上当失足，将后悔终生。

3. 遵纪守法，依照学校和工商行政管理法规，凭诚实劳动获得报酬

首先，要熟悉有关法规，依法办事，绝不能做违法的事；其次，要知道依法保护自己。大学生勤工助学以诚实劳动和服务获得的收入应当受到保护。为了确保劳动所得，在勤工助学时最好先了解有关法规，熟悉校内有关规定，明确自身行为的依据，并以此维护自身的正当权益。

4. 有组织地开展勤工助学的活动

参加勤工助学活动最好是有组织地进行，这样可以避免或减少失误、上当和越轨行为。有的学生不懂得统一组织的重要性，私自从事一些活动，这很容易违法犯罪。当然统一组织并非限制定位为全校统一行动，而是指加强组织安排的活动，以确保活动顺利、合法开展。

5. 勤工助学要量力而行，避免风险

大学生进行勤工助学要找适合自己的事情做，如做家教、参加学校内部的劳务、参加学校治安服务工作等，千万不要盲目到社会上找一些赚钱较多但风险较大的工作。

6. 避免危险性工作，注意人身安全

有相当一大部分男大学生在假期从事以体力劳动为主的勤工助学工作，如到建筑工地做小工等重体力劳动。参加这些劳动时稍有不慎就会发生意外的人身伤害，所以在做

类似建筑小工这类有危险性的工作时，一定要注意自己的人身安全或者最好不要参与。

四、勤工助学健康发展的对策

（1）青年学生渴望参与社会实践，但社会经验相对不足，法治观念不深，容易上当受骗。一旦发生类似事件，学校应第一时间做出反应，帮助学生解决现实问题，防止事态扩大，矛盾升级。

（2）在积极鼓励学生参与社会实践的同时，要注重对学生开展安全法制教育，为其步入社会积累更多的知识。

（3）学校应积极拓展勤工助学岗位，将有兼职需求的学生纳入学校的规范化管理之中。在为青年学生实现自我管理、自我教育、自我完善提供广阔的舞台的同时，保证活动的安全性。

（4）国家应加大对高校贫困大学生的资助力度，使其能够摆脱经济困难带来的负面影响，安心学习。

课后互动

以小组为单位说说，自己做过哪些勤工助学活动，应如何防范安全隐患。

第三节　求职就业安全

一、招聘陷阱与规避

（一）招聘陷阱类型

【案例一】淘宝刷单“入会费”

微信网友“彩”反映，身边有同学在做“淘宝”刷单，加入这份兼职需要交入会费300元，然后以奖励形式返还，工资日结，有望日入千元。之后同学不仅没有日入千元，还搭进去了300元入会费。

温馨提示

淘宝刷单是暑期比较频发的诈骗案例，诈骗分子以日结工资或者高薪回报为诱饵，然后再引导“上钩者”继续发展其他会员，或者干脆消失不见。提高自身防骗意识，不要轻信所谓一夜暴富、不劳而获、在家就能赚大钱、在消费中赚钱等谎言。

【案例二】谎称入职需交“饭卡费”

2016年河北某大四女生在求职期间被骗2700元。该女生在网上看到北京一家影视公司正在招会计实习，并且待遇不差，该公司在实习期间就开出4000元一个月的薪水，还管吃管住。她投出简历不久，那家公司便约她面试，接到面试通知后，该女生在网上申请了实习管家的免费宿舍就兴冲冲地来到了北京。

面试当天，面试官像模像样地问了几个问题后，当场宣布她被录用，只是必须交2700元的饭卡费，此时女生本来已经有所警惕，可是一听对方说工作三个月就会全额返还便打消了念头。交完钱女生回到住处，和实习管家的宿舍管理人员说起这事，人家一听立即提醒女生肯定上当了，可等她回去要钱时，骗子公司早就翻脸不认人了。

【案例三】介绍工作，收费高达几万元

小马是石市人，2017 年大学毕业后，偶然听说地铁招辅警，便通过朋友介绍到一家人力资源信息咨询公司，在一次性缴纳了 32000 元中介费后，与该公司签署了一份辅导就业安置协议，协议中职位为某单位安保。之后，小马在一家培训学校接受了培训，并缴纳 6000 元培训费，可是后来就业并没能如愿。小马告诉记者，当初这家中介承诺“这份工作管吃管住，并且缴纳五险”，结果上岗后中介的承诺却没有兑现，现实工资是 2400 元，没有“五险”和包吃包住。和小马有同样遭遇的还有大学生小吴和小何等 60 余人，他们都向中介缴纳了高昂的费用，结果上岗后却事与愿违。

小马和同事们觉得上了当，找到中介公司，结果中介公司以及办公人员早已不知去向。

【案例四】女大学生应聘高薪模特，却被骗去贷款整容

2018 年 5 月，被高达 5 万元的月薪吸引，郑州某高校大一学生小张去应聘平面模特，对方要求她先做一个整形手术，还承诺手术费用由公司全部报销。小张被带往一家整形医院，模特公司的人用她的信息，在贷款软件上贷了 7 万元，支付了手术费用。可等手术一做完，模特公司的人却再也联系不上了。而更让她难过的是，因为证据不足，警方也未能给她立案。

温馨提示

求职者应聘时应警惕各种“收费”行为，正规招聘一般不会索要各类名目的所谓“费用”。

【案例五】警惕“培训贷”

“培训贷”是指某些培训机构将高薪就业作为诱饵，向求职人员承诺培训后包就业，但须向指定借贷机构贷款支付培训费用。王某即将大学毕业，急于找工作的情形下听信某培训学校“培训后高薪就业”的承诺，在培训前按要求向某借贷机构办理了贷款。然而，培训结束后，该培训机构并未兑现承诺，还让王某欠下了一大笔债务。王某意识到受骗，但因难以证明对方欺诈，最终无力维护自身权益。

温馨提示

求职者要增强辨别和防范意识，参加培训前一要看培训机构是否具备培训资质；二要看经营范围是否包含培训内容；三要看承诺薪资是否与社会同等岗位条件薪资水平大体一致。同时，要注意保留足够的材料，一旦发现被骗，请立即向有关部门报案。

【案例六】广告噱头哄骗人

某商贸有限公司，发布了一条岗位名称为“网络销售员”的招聘信息，并在岗位描述中写道“网络销售的成本相当低，开展的费用又相当小，几乎可以说是没有费用。只要在家有一台电脑即可进行自己的创业之路，很多通过网络致富的人，起初都是白手起家，慢慢地自己就成了大老板。网络销售不仅成本低，而且利润非常丰厚。只要您能坚持正确的发展道路走下去，必然成功!”通过分析网络销售的好处，吸引求职者对网络销售员的工作的兴趣，随后的话语便显现出其真实目的——“如果您觉得对自己有信心，网络绝对是让您施展才华的用武之地！我们将为您提供最专业最完善的培训，让您在网络销售过程中更快人一步，解决您在网络销售中的不必要的麻烦。公司还将提供您大量产品，无须您自己进货。”

许多人会被这样一条极具诱惑力的招聘信息所吸引，对“网络销售”蠢蠢欲动，然而细细想来，便很容易识破这是一个骗局：

（1）作为一家商贸公司，对外培训远远超出了其经营范围。如果是一个专业的培训机构，其培训完全是合理合法的，大可通过广告媒体发布培训信息，而不用借助招聘渠道用招聘作为幌子。

（2）一眼就能看出招聘和培训都是这家公司诱以赚钱的美丽外壳，求职者涉足其中后，其培训收费可能相当“野豁豁”（上海方言，形容说话办事不讲规则、随心所欲、不着边际、胆子超大），而且“网络销售”本来就十分虚拟，这样的培训又无凭无据，一旦发生任何问题，求职者或培训学员将无从求助。

（3）“公司还将提供您大量产品，无须您自己进货”甚至有向求职人员推销商品之嫌。

（4）目前，还有部分不法培训机构，为了拉揽培训生源，通常会和企业人事勾搭成“连裆模子”（在上海话里是个贬义词，是指一些无证设摊、专做坑蒙拐骗生意的人所结成的联盟），由企业发布虚假的招聘信息，对应聘的求职者以参加其指定的培训机构的培训作为录用条件，当求职者支付培训费用并参加完培训后，企业再以种种理由拒绝录用。

【案例七】以考察为名，无偿占用劳动成果

广告系高才生李某2018年3月到郑州某广告公司应聘，对方给他出了一道题：为一款家用电器做个广告方案，限期三天。三天后李某带着自己做出的策划方案来到该公司，对方让他回家等通知，然后就再无下文。2018年5月，李某发现一家用电器的广告“很眼熟”，和他3月应聘时做的方案几乎一模一样。原来，对方借招聘之名，窃取应聘者的广告创意。

温馨提示

有的公司在招聘环节会以考核能力为由，要求应聘者提供程序设计、广告创意、策划方案、文章翻译等，当以不过关将应聘者刷掉后，却又将其提供的方案用于商业用途。

在不能判断招聘单位真实意图又想取得工作的情况下，需要对自己的劳动成果进行保护，主要方式有：

（1）可以提供曾经的作品证明能力；如果公司要求新创作，可以要求签订协议，同时不要将源文件直接发给对方，发送可预览的附件即可，并注意打码加水印防伪以及留存证据。

（2）提交策划案等劳动成果时要准备两份，一份提交，一份自己留存，在留存份上要求招聘单位签字确认，以便将来能够证明劳动成果内容。

（3）提交策划案时附上《版权声明》，并要求招聘单位签收。最好声明：“任何收存和保管本策划案各种版本的单位和个人，未经作者同意，不得使用本策划案或者将本策划案转借他人，也不得随意复制、抄录、拍照或以任何方式传播。否则，引起有碍作者著作权之问题，将可能承担法律责任。”

（二）虚假招聘特征

1. 招聘流程不规范，要注意

（1）HR 沟通不使用公司座机却频繁用私人手机号码。

（2）直接通过电话、微信、QQ 等聊天就一次性确定人员的录用。

（3）再诸如面试地点位于偏远的地区或普通居民楼等，这些非常规的现象要仔细辨别后，谨慎处理。

2. 当心“假公司”和“假工作”

“假公司”：乔装成职业中介公司或者公司名称高大上实际却是皮包公司，招聘简章大篇幅展示企业实力，一查询却经不起推敲；甚至冒用一些大企业的分公司、事业部或办事处等。

“假工作”：打字员、信息录入员、电话接线员、外语翻译、淘宝刷单员、手机 APP 试玩兼职等，强调工作简单轻松、在家即可完成，并带来不菲收入。

（三）虚假人力资源公司招聘招数解析

“网上找工作投递简历，却被通知到人力资源公司报到，落实工作前先交费办卡，而自己看上的工作却无法落实。”成都某人力资源服务有限公司的虚假招聘招数：

招数 1：发布虚假信息套取求职者联系方式，引诱求职者到公司来交钱办卡。

求职者以应聘电影院检票员、小黄车维检员为主。职位有一个共同特征，工资每个月都在五六千元左右，招聘信息发布在一些招聘网站上。工作人员通过求职者填写的电话号码给他们发送统一的短信，即“某日某时到某区×××号某写字楼 8 楼 816 号报到”。OFO 共享单车方面证实，从未与该人力资源公司有合作。

招数 2：截取其他公司招聘信息让求职者办卡找工作。

“如果招聘网站上的工作无法实现，工作人员就说可以登录他们公司的网站，在上面去找工作。”一位求职者这样说。

记者根据该公司网站上的部分招聘信息，直接在某招聘网上进行查找，其中两家公司确实在招人，但这两家用人单位负责人称并不知道该人力资源服务有限公司。这家人力资源公司在网上截取了他们的招聘信息，挂在了该人力资源公司的网站上，以此填充网站的招聘信息，以收费办卡的形式再提供给求职者。

招数 3：号称与用人单位合作，其实只是打个电话。

当应聘者向该人力资源有限公司提出×××购书中心并未与之合作后，公司一负责人称需要核实，随即挂掉了电话。几分钟后，该负责人又致电应聘者称确实与×××购书中心有合作关系。记者当即致电×××购书中心总经理，对方说，“几分钟前，×××人力资源公司的人跟我打了电话，问我还在招人没有，我说在招，他们说那以后给我推荐求职者。”

避免不良中介陷阱：

（1）到人力资源公司找工作时，务必了解该公司是否具有人力资源服务许可证。

（2）对于网络上发布的信息，可直接联系用人单位，问清招聘是否属实。

（3）遇到类似要求交费办卡、建档之类的情况，切记留个心眼，可直接向人社部门咨询。

（四）避免就业陷阱

1. 面试要谨慎

（1）接到下面的招聘电话，要静一静，想一想。

①你的表现很优秀，不需要面试直接入职。

②想要得到这份工作，你得先缴中介费。

③具体地址不好找，你到车站我来接。

④面试培训一体化，需要带行李。

⑤公司外地项目急，请尽快来入职。

（2）前往面试遇到以下情况，学会说不。

①暂扣手机和身份证等个人重要物品。

②否定你的能力，并向你推荐培训机构。

③吹嘘一夜暴富，超出逻辑范围。

④不谈专业问题，过分介绍“产品”或“模式”。

（3）入职之前公司有以下要求，留个心眼。

①收取定金、服装费和押金。

②工作前要求先行投资入股。

③要求手持身份证，协议拍照。

④要求贷款参加培训或大额消费。

（4）提供个人信息要谨慎。

①仔细甄别网站资质，选择信息监管较规范、知名度较高的大型人才招聘网站。

②谨慎填写个人信息，如无必要，尽量少透露过于详细的个人信息。

③当自己找到合适的工作后，暂时将招聘网站中的简历隐藏或者删除。

④要明确自己的求职目标，有针对性地投递简历，不要大量盲目地投递简历。

⑤在招牌现场，不要随意发放自己的简历，特别是招聘方式不合规范的单位不要投递简历。

⑥在发送电子简历时也不要轻易公开个人的重要信息，特别是自己的家庭住址和家庭电话等。

⑦在接到陌生单位打来的电话时，要详细询问了解对方的情况，如单位名称、性质、经营范围等，进一步核实公司信息后再做出决断。

⑧不要随意把个人的手机号码等信息在网上披露，如果一定要留联系方式的话，可以留下自己的 QQ 号或邮箱等。

⑨一些非法企业在网络上发布虚假的招聘信息，骗取求职者的流量点击，当求职者的简历投递后很容易造成个人信息的泄露，给自身带来了不必要的困扰。

2. 大学生求职莫心急

（1）大学生在求职应聘时，应该坚持“合法就业”，求职行为要符合劳动法的规定，同时要谨慎了解应聘机构的经营情况。

（2）不能因急于就业，而接受招聘机构提出的霸王条款，放松警惕。

（3）明确自身定位和价值所在，通过网站、诚信系统查询、其他招聘平台等多角度了解公司情况，做到心中有数。

（4）在求职中，不能轻信天上掉馅饼的事，比如对方通过简单的电话面试，就给出高薪职位，这可以肯定80%是传销性质的诈骗，有不少学生就因此受骗上当。

（5）当知道自己被骗之后，应该及时求助，包括报警或告诉家人，不能向家人隐瞒，否则会越陷越深。

（6）先生存，再发展。必须意识到，个人能力是有限的，当深陷困境时，要懂得及时求助，这也是大学生所必须具备的生存能力。

（7）在搜索公司官网时，尽可能多的打开几个比较一下，并打网站上面的电话进行信息核实，以防官网作假。

3. 避免招聘陷阱

（1）防止中介的诈骗。一些非法的中介机构，抓住大学生缺少社会经验又挣钱心切的心理，收取高额的中介费却不履行合同，不及时地给大学生找工作。对于中介机构要看清其是否有劳动部门颁发的《职业介绍许可证》或进行网上查询，了解其经营范围是否与执照相符（应看执照正本），最好到有资质、信誉好的中介机构找工作，而不要去小中介或参与个人组织的各类招聘活动。

（2）确认用工单位的合法性。对于自己满意的岗位，在正式工作之前一定要确认用工单位是否具备法人资格，是否具备工商管理部门颁发的营业执照，是否拥有固定的营业场所。如果没有合法的执照、固定的营业场所等，一定不要同意工作。

（3）不轻易缴纳任何押金 。当用工单位以管理为名，收取一定数额的押金或保证金时，要谨慎，以防缴纳后，被单位以各种名由扣留，不予返还。如果确实要交，应将费用的性质、返还时间等方面明确写入劳动协议，以免被随意克扣。

（4）防止陷入传销陷阱。本来是以销售人员的名义上岗工作，公司却让应聘者如法炮制去哄骗别人，有些同学在高回扣的诱惑之下，甚至不惜欺骗自己的同学、亲戚、老师和朋友。结果是骑虎难下，最终只得白搭上一笔钱，使自己的身心受到巨大伤害。同时，通过同学或朋友介绍找工作的学生，也要注意维护自己的合法权益，防止陷入传销陷阱。

（5）不抵押任何证件。当用工单位要求以学生本人的有关证件作抵押时，一定要拒绝，谨防证件流失到不法分子手中，成为非法活动的工具，证件的复印件也要谨慎使用。

（6）不到娱乐场所工作。娱乐场所鱼龙混杂，良莠不齐，常常有不法分子出没。为保障人身安全，尽量不要到酒吧、歌舞厅等一类的娱乐场所工作。

（7）不做高危工作。有些工作危险系数高、劳动强度大，如建筑工地、机械零件加工等工作，容易发生意外，学生身体容易受到伤害，尽量不要从事此类工作。

二、就业求职安全

高校毕业生在求职过程中会出现一些安全问题，应当引起注意。

（一）掌握安全常识，防范择业上当

对于尚未进入社会的大学生来说，对社会的一些基本常识还不了解，择业时存在着选择上的盲目性，而一些单位或个人正是抓住了大学生在这方面的弱点，采取利诱等方

式，诱使大学生上当受骗。因此，大学生择业时，掌握一些有关的安全常识是很有必要的。

（1）尽可能地到人才市场、大学生供需见面会上求职，这是主渠道，不要轻率盲目地自找门路。学校也希望自己的学生人尽其才、人尽其用，把他们推上最适宜、最需要的岗位。同时，进入上述市场的一般来说都是较正式的企事业单位，安全系数较大。

（2）不要轻易相信用人单位单方面宣传，遇到疑问可多方了解。诸如单位情况、将从事工作的性质等，可通过学校、亲友了解，有条件的也可亲自登门，实地考察了解，这样除了防止受骗外，还便于去和用人单位签订合同。同时可以使自己更加主动，防止以后发生一些民事纠纷。

（3）一旦遇到麻烦，应立即向学校学生主管部门、保卫部门、地方公安机关反映，并注意保留证据，提供有关线索协助调查，这样，才能使损失减少到最低限度。

（二）增强辨别能力，防范兼职受骗

随着社会的发展，大学生的独立自主意识也得到了充分的发挥，很多大学生出于各种不同的原因，利用日常学习的空余时间或寒暑假外出兼职。一方面补贴自己的生活费用；另一方面也可以通过日常兼职了解一下社会，证实自己的能力。但由于大学生缺乏社会经验，对深层次的问题没有一定的辨别能力，所以在打工过程中很容易上当受骗，甚至被骗财骗色。因此，如何防范在打工过程中上当受骗是当前大学生所面临的一个亟待解决的问题。

（1）在兼职前要对自己的能力进行充分分析，选择自己可以胜任的工作，这样可以避免因不能胜任而被雇主辞退。

（2）找工作时，对不需要经过中介机构的，最好是结伴先实地考察，并详细了解有关情况；对需要经过中介机构的，要选择一些比较正规的中介机构，这样，就可以减少上当受骗的可能性。

（3）在与雇主谈妥后，最好签订用人合同，同时，请老师、亲友帮忙参考，对合同中模棱两可、不利于自己的内容要坚决请求修改，并保存好合同原件，防止雇主利用合同中的漏洞进行欺骗。

（4）在兼职过程中，要随时与老师、同学或亲友保持联系，一旦出现意外，老师、同学或亲友可以找到你。同时，要与雇主保持一定的距离，以减少出现意外的可能，有效地保护好自己的人身安全。

（三）正确对待就业兼职中遇到的安全问题

1. 了解择业中常见的安全问题，提高识别能力

（1）“高薪”骗你搞传销。一些传销公司以“只要你加入我们的团队，3 个月后就可以拿到月薪 3000 元左右，一年后月薪就能达到 1 万元左右，并且随着业绩的增加，你的工资将逐月增加”为诱饵，诱使刚毕业赚钱心切的大学生加入到传销队伍中，一旦加入进去，就会马上受到人身控制，并且一分钱都难以拿到。

2010 年 2 月，某校在上海实习的学生董某等被非法传销公司以高薪利诱，前往广州从事非法传销，一到广州，董某等人即被公司控制了人身自由，后经学校及广州警方

努力才将董某等解救出来。

（2）故意夸大引你上钩。一些用人单位自身硬件、福利待遇等很差，但为了招聘大学生进来，故意对大学生夸大自身的实力，花言巧语诱使大学生与之签订合同，而当前很多大学生头脑不冷静，仅凭用人单位的介绍，就匆忙与之签订合同，等到了用人单位才发现与其自称的相差甚远，这时已后悔莫及。

（3）收活动费进行诈骗。很多刚毕业的大学生都没有求职经历和工作经验，为了找到合适的工作到处求人。一些别有用心的人利用大学生求职的急切心理，要求大学生支付活动经费，而当你支付过后，他就立即消失得无影无踪。

（4）一些用人单位在招聘广告中以“无经验者优先”为诱饵，这被很多没有工作经验的大学毕业生视为“机会”，不假思索地填写履历，对招聘单位的背景却一概不知，从而导致上当受骗。

（5）一些假期打工学生被个人或流动服务公司雇用，往往以种种理由拖欠大学生工钱，甚至等到学生开学后就消失了，让大学生有债无处讨。

（6）一些单位通常以招聘文秘、打印、公关人员等轻松、体面的工作为由，要求前来应聘的学生缴纳一定的保证金，却又借故不开收据，要求学生等候消息，接下来便是石沉大海，杳无音信。

某高校一名学生经职介所介绍，应聘到一家保险公司，在与公司签订合同时，公司提出为了提高其工作业绩，公司将对所有新进人员进行为期半个月的培训，公司将邀请某大学知名教授来讲课，因此费用280元将由个人承担。当该同学犹豫不决时，对方工作人员劝说：“培训后，你将终身受益，这笔钱出得值。”听这么一说，该同学想通了，便交了培训费。结果讲课的并非什么知名教授，当培训结束时，公司通知他：培训不合格，你被辞退了。

（7）一些小公司，特别是个体建筑承包者看准暑假大学生挣钱心切，故意将一些苦、脏、累、险的工作交给他们，又不与他们签订合同，一旦发生工伤等情况，假期兼职的学生往往是索赔无门，欲哭无泪。

（8）一些招工单位以招模特、歌星、影星培训班的形式，要求学生先花大价钱照艺术照参加竞赛，最后找借口说条件欠缺而予以拒绝。也有的娱乐场所高薪吸引兼职的学生，甚至逼他们做色情交易，同学们到这些场所兼职，往往会误入歧途。个别别有用心的雇主以高薪为诱饵，将涉世未深的女学生骗至家中进行强暴。

2. 从自身做起，分析就业兼职中出现安全问题的原因

（1）大学生缺乏社会经验，对社会阴暗面了解不多。

（2）不少大学生思想不成熟，对是非好坏的分辨能力不强。

（3）对人对事只凭第一印象，容易轻信他人。

（4）部分大学生求职心切，对深层次的问题缺乏进一步的思考。

（5）部分大学生法律意识淡薄，容易被人钻法律的空子，自我保护意识不强。

（6）部分大学生，尤其是女大学生，性格软弱，上当受骗后不敢也不懂得拿起法律武器保护自己的合法权益。

3. 正确对待就业兼职中遇到的安全问题，切实保护自身利益的注意事项

（1）要处事谨慎，“害人之心不可有，防人之心不可无”，在就业打工的过程中，

要处处留心，细心观察，防止落入圈套。

（2）要加强法律知识学习，强化自身的法律意识。遇到问题，要据理力争，不屈不挠。

（3）对于自己不明白的问题，切莫急于表态，要先与老师或亲友商量，确认没有问题后再作决定。

（4）对待就业兼职过程中遇到的严重侵犯人身权利的问题，要坚决抵制，想尽一切办法尽快脱身。

（5）遇到被骗等安全问题时，要及时向当地警方报案，请求他们的帮助并提供线索。

第四节　谨防传销

【案例】传销组织假冒知名企业

23 岁的李文星出生于山东德州的一个农村家庭，2017 年刚从东北大学的资源勘查工程专业毕业。大学毕业后，李文星并不想找与本专业有关的工作。最终，李文星通过互联网招聘平台“BOSS 直聘”，拿到了一家名为“北京科蓝公司”的 Offer。李文星在接到录用通知前，仅与北京科蓝公司进行过一次电话面试，而发送录用通知的邮箱则显示的是昵称为“五杀乐队”的 QQ 邮箱。7 月 14 日，李文星尸体在天津静海区被发现。所谓的“北京科蓝公司”是一家冒名招聘的“李鬼”公司。北京科蓝公司表示，Boss 直聘上显示的员工“人事部薛婷婷”和“人事行政部王文鹏”均不是该公司员工，而且公司发送的录用通知也不会使用个人 QQ 邮箱，而是企业邮箱。

李文星遭遇的传销组织的套路是冒充知名企业招聘，对求职者进行电话面试，而且面试的问题还比较专业。电话面试结束后，告诉你有项目在天津，然后找理由让你去天津，并告诉你一个天津比较繁华的地方。等你到了天津后，再找理由让你去一个天津比较偏僻的地方，让你在那里等他们，然后派人去接求职者，最终落入传销组织设置的陷阱。

知识链接

如遇以下情况请谨慎对待

（1）面试后发现注册经营范围和实际经营范围不符合的要谨慎。

（2）不管是正规还是非正规渠道得到的面试邀请，请查明公司在工商注册的具体地址后再去，如与注册地址存在偏差，请谨慎对待（查询方法：天眼查，企信通等渠道）。

（3）结伴同行，尽量避免单人前往，多人同去会让传销人员放弃诈骗。

（4）请勿相信临时地址变更，一切临时地址变换的公司都需要再次核实，谨慎对待。

（5）企业如果主动提出派人接到公司，请谨慎对待。

(6) 如是去见亲戚朋友，请你吃饭，并且吃饭时间较长，期间又问这问那，请提高警惕。

(7) 面试的公司如果有官网，请查明官网是否正规后，再联系官网电话进行核实。

(8) 一旦掉入传销窝点，请谨慎行事，可表面配合，实际寻找机会逃走。

(9) 如有亲戚朋友已经掉入传销组织，请不要涉及传销、拉人头、骗钱等敏感词，可以试探性地了解位置，然后联系。

(10) 有些好久未联系的小伙伴（同学 / 亲朋）让你去面试，这个时候请千万考虑清楚，不要因为在意当下的得失就赶紧去，尤其是去特别偏僻的地方就更要注意，以免误入传销，一切以安全为主。

一、识别传销

传销是指组织者或者经营者发展人员，通过对被发展人员以其直接或者间接发展的人员数量或者销售业绩为依据计算和给付报酬，或者要求被发展人员以缴纳一定费用为条件取得加入资格等方式牟取非法利益，扰乱经济秩序，影响社会稳定的行为。

在很多朋友的印象中，传销仍停留在 20 世纪 90 年代，仿佛离我们很遥远，当发现我们身边的亲人、朋友、同学陷入传销魔窟的时候，我们才惊呼：传销原来离我们这么近。事实上，非法传销就像一颗难以割除的毒瘤已深深扎根在我们现实生活中，并迅速扩散。现在不管是在校或毕业的大学生，还是一般的打工者，都会面临求职的压力，他们在求职的路上难免会遇到很多传销组织用美丽的谎言为他们精心设计的陷阱。由于缺乏对这方面知识的了解，许多人遇到这些问题会不知所措，往往因为无法及时判断自己的亲人或朋友是不是在做传销而延误了事件的处置，造成一些不必要的损失。

传销是一个“一将功成万骨枯”的残酷诈骗，靠无数的“下线”养肥了“金字塔”顶上的传销商们。传销头目赚的都是下线的会费。

二、校园传销

（一）校园传销的特点

(1) 收取入门费用，发展下线。

(2) 团队计酬，而不是根据个人应得给付报酬。

(3) 许诺的回报率非常高，超出了正常的范围。

（二）校园传销屡屡爆发的原因

1. 传销组织欺骗手段高明

传销组织的欺骗手段十分高明，实行所谓的奖金制度，承诺的奖金率可以达到 69%，对于入伙人员而言存在着巨大的诱惑。实际上这种奖金永远不会兑现，随之而来的只有不断的谎言，但因其内容极具迷惑性，因此不断有人上当受骗。

2. 洗脑术高明

洗脑可以称为精神控制，某些组织为了达到某种目的而使用各种手段从精神角度控制当事人按照自己的思路办事。传销者通过安抚受害者情绪、讲解“快速致富”课程等方式进行洗脑工作，让受害者受到蛊惑而被欺骗。这个过程中，传销者所使用的手段能迅速地抓住受害者的心理弱点，对受害者达到有效控制的目的。在攻破受害者精神防线之后，受害者就会投入资金，从而传销者达到对受害者精神、物质双重控制的目的，使受害者深陷其中难以自拔。

3. 大学生自身原因

当前社会上充斥着各种思潮，人们对于物质的追求热情急剧加深，大学生的价值观念也深受影响，急功近利的思想开始蔓延。传销者的欺骗手段本身就是围绕这个方面展开的，即使当大学生发觉自身受到欺骗，也会因为自尊的原因而转变为欺骗者。这种精神状态导致的大学生一旦深陷其中就会变得十分偏执。再者，大学生都因为长期身处校园而渴望受到社会实践的锻炼从而积累对自身发展有利的经验，传销者正是根据这点对大学生开展诱骗活动，而且成功率很高。加之学校管理不善，大学生存在出身贫困等原因，都为传销组织在校园开展传销活动留下了可乘之机。

此外，互联网+新型商业模式引入传销，使得移动互联网、电子商务、大数据等给传销披上了华丽外衣，隐藏性和迷惑性更大；同时，对传销活动打击力度不够和相关立法工作欠缺也是校园传销屡屡爆发的原因。

三、传销方式

1. 精心物色传销对象

传销组织中，发展下线被称作邀约“新朋友”。什么人最容易成为物色对象呢？易受骗对象：“怀才不遇”者、下岗者、负债人、毕业生、推销员和待业者是最佳发展对象。这些人多数对现状不满，对金钱的渴望比一般人高。

2. 激情授课，煽动“致富”欲望

“成功者”介绍经验，传授所谓“成功学”，勾勒“光辉前景”，改变会员心态，膨胀其致富渴望。进入传销组织第二天，就开始接受培训，洗脑。讲课的都自称为大学教师或主任。首先，他们分析影响成功的因素——环境、观念以及人性的弱点：怕、靠、懒、拖、面子等；并传授成功必须具备一些心态，如老板心态，营销行业是一种无店铺形式，虽无店面，但只要加入，就等于开了店铺，要速成、暴富，必须抓住直销机会。国家要对直销立法，马上要合法化……成功要从现在做起……“我为胜利而来，不向失败低头，世上没有我办不到的事……”

3. 温情假象“骗君入瓮”

“家”“互相爱护、互相帮助”的温情气氛：从接车那一刻起，“家”里人就无微不至关心“新朋友”，甚至给你打热水、铺席子，陪你打电话给父母报“平安”；在头几天，甚至没有人问你要伙食费。“家”里经常组织“心理分享”“开心一刻”等活动，鼓励你改变一些身上的缺点。你如果害羞或胆怯，其他人为你鼓掌、鼓劲；“家庭”成员之间还谈心，互相打气，交流“心得”，特别是由一些所谓的成功者谈自己的“入行”体会，使你增加信心。大家不论出身，轮流做饭，一起到大街捡垃圾用，捡菜叶吃，感受“磨砺教育”。在这充满“人情味”的家庭氛围中，初来者不由自主地对“家长”推心置腹，经常向其汇报自己的心理以及开展邀约的情况，接受“家长”和教师的指点，放松了警惕。

4. 伪造“科学”图表蛊惑人

披上“科学”“现代”的外衣，是“洗脑”者常用的一招。授课者常通过图表宣传传销的高回报率：从十字坐标图及付出回报图，就可以明确看出参与传销的高回报率(以三年为限)，第三年甚至可收入120万元。

5. 及时“解惑”强化“洗脑”

部分人也会有很多疑惑，这时，传授者就会出来解答、安慰他们。警觉的人会问：“实际上是骗，为什么不说出来？”

授课者回答：骗可分为善意的骗和恶意的骗。跟小时候妈妈说打针不痛一样，说一个美丽的谎言，孩子就能勇敢地接受，用这种方法叫朋友过来，分享带来财富的机会，是善意的骗，在发展朋友的时候，首先要记住这一点，心里不要有内疚感，这样你才会心安理得。

有人问：是不是通过骗人赚钱？

回答：你的上线发展了你，他可以从你缴纳的2900元会费中提取525元的直销奖，难道你为了不让你的上线挣个直销奖而拒绝加入营销网络？那你如何去挣几百万呢？

有人问：为什么我们活动时总要偷偷摸摸？

回答：“新朋友”从外地来，不熟悉环境，怕发生问题，为了安全，公司制定了严格的纪律。还有就是为了避免打扰周围的百姓，他们不了解我们在从事这么一个朝阳产业，如果告了我们，公安来了，调查什么的，会影响我们的事业发展。

6. 表面公平，迷惑人心

“皇帝轮流做，谁都有钱可赚”是传销网络理论中最具诱惑力的一点。

传销组织实行严格的“五级三阶”制：五级即E级会员、D级推广员、C级培训员、B级代理员、A级代理商。三阶为会员升培训员为一级，培训员升代理员为一级，代理员升代理商为一级。业绩达到一定程度才能升级。各级根据业绩分发奖金，级别越高，奖金越多。“新朋友”缴纳2900元成为会员E级，发展2名下线成为D级，下线发展下线或自己发展下线9名成为C级，直接或间接下线达到64名的升为B级，下线达到393名升为A级。

传销网络理论中最具有吸引力的一点是他们鼓吹的“出局制”。只要缴纳2900元会费就可以成为会员，发展下线，依次晋升级别，直到升为A级。成为A级后，如果下线有4个人再升为A级，则自动“出局”，离开网络，无钱可赚了。这也就是说“皇帝轮流做，谁都有钱可赚”，并且承诺做到A级后“出局”时可以赚到500万元。

但事实却远非如此。标榜网络的科学性，实际上是卸磨杀驴，维护深藏在幕后的组织者的最大利益，正是其最大的欺骗性所在。传销团伙规则规定，会员必须发展2名以上的下线才能升为推广员。也就是说，只有你的直接下线有2人升到C级，你才有机会升B级；要想升A级，必须有2个直接下线升到B级。如果不能满足这个条件，就不能升级，就会被自己的下线超越，而一旦被超越就会被淘汰，再也没有机会挣到一分钱了。

这种典型的淘汰机制表面上是维持传销组织推陈出新，实际上是在维护组织者的利益。根据警方对抓获的A级代理商的统计，真正拿到500万元的一个也没有。

大学生离开校园与社会机构接触，无论是寻找实习岗位还是正式谋职，都应该做好充分的思想准备。在面对一份超出自己实际能力的工作机会、一个超出应届生平均收入的工作岗位，需要提高自己的信息甄别能力，时刻谨记天上不会掉馅饼，一些看似待遇优厚的岗位很可能是传销组织散布的诱饵。

俗话说：“亡羊补牢，为时不晚。”传销组织诡计多端，千方百计钻社会风险防控机制的空子，引大学生落入陷阱。因此，除了大学生本人需要提高辨别能力，对涉嫌传销的机构具有警惕意识外，政府和学校也应该立足长远，开展与此有关的专项整治活动，加强对大学毕业生招聘平台的监管，净化我国的就业环境，在大学生和传销组织之间构建一道隔离墙。

四、传销组织常用的四种诱骗手段

1. 血本无归

新参加传销组织的人员要成为会员，先要投资几千元购买所谓的产品，接下来会员为尽快返本获利，就开始利用自己的人际关系网络发展下线，下线招得越多，提成就越高，而传销组织的财富则以“几何倍增”的方式迅速累积。拿他们的话就是“鸡生蛋，蛋孵鸡，鸡再生蛋，蛋再孵鸡，循环往复”。

2. 蛊惑迷智

举办培训班洗脑，由公司所谓的“成功人士”介绍自己的经历和成功经验，激励和刺激新进来者选择这个行业。抓住青年人向往成功但缺乏社会阅历的特点，抓住大学生急于创业和就业的心理，抓住人们希望发财致富的思想，向其大肆灌输所谓的“成功学”“致富学”和“营销理念”，用“一个月挣十几万，三个月开宝马”等一夜暴富的事例来蛊惑人心，迷惑心智，控制思想。

3. 人身控制

一旦加入传销组织，除了让你打电话给亲戚朋友骗钱财外，传销组织几乎不允许你与外界有任何的联系，个别逃跑的被抓回来后，轻则威胁恐吓，重则遭到毒打，实行人身控制加暴力威胁。

4. 欺亲骗友

传销人员以邀请电话、短信、书信、网络等联系方式，把同宗、同乡、同事、同学、同好约到外地游玩或给你介绍一份高收入的工作等，把你骗进传销组织。让你最信任的人欺骗你，这是传销组织最常用的一种手段。

五、传销的危害

（一）校园传销的危害

（1）给大学生造成财产损失。

（2）扰乱大学正常的教学秩序。

（3）严重影响大学生的身心健康。

（4）影响大学生健康成才。

（二）社会危害

1. 严重扰乱市场经济秩序

传销公司（企业）利用传销进行非法经营、集资诈骗、销售假冒伪劣产品、走私产品等犯罪活动，严重扰乱社会主义市场经济秩序。传销，把欺骗作为“销售理念”，传销者甘愿被骗，然后再去骗别人，形成欺骗套欺骗，整个传销网络完全依靠下线人员缴纳的金钱维系运作。这就违背了价值规律和市场运作规则，严重影响市场经济秩序的规范和良性发展。

2. 严重影响社会的安全稳定

满足传销者的要求是传销组织竭力颂扬的成功。但是在金字塔式的传销体系中，人人都能成功是根本无法实现的，只有极少数接近塔尖的人才能一夜暴富。而对无数深埋塔底的人来说，被激发的成功理念绝对难以实现，有的变成了真正意义上的穷光蛋。因此，传销活动的这种隐蔽性、欺骗性、流动性和群体性，以及它特有的这种营销方式和组织形式，使之极易演变成有组织的社会犯罪，扰乱社会秩序，导致社会不安定。

3. 严重引发商业社会的诚信危机

传销的基本形式是“杀熟人”。具体来讲，就是大部分参加传销的人都把自己的亲朋好友作为发展下线的目标，结果是为了一己私利不惜损害了亲朋好友的利益。导致亲戚相骗，朋友反目，信用全无，严重影响我国社会诚信体系的构建。

4. 严重误导青年的成功创业之路

传销组织利用青年学生社会阅历浅、叛逆心理强、创业冲动的特点，精心策划“洗脑”方式，迎合了他们渴望改变生活、寻求财富的思想，使部分学生丧失了理智，沦为非法传销人员。震惊全国的“欧丽曼”化妆品传销案件告诉我们，几十所高校的2000多名大学生就是在这种痴人说梦的言语蛊惑下身陷泥潭，甚至不少学生被解救出来后仍然执迷不悟，还深信自己从事的是“辉煌事业”，走的是一条“成功之路”。

六、应对传销，需要你的参与

1. 注重宣传教育

教师要与学生进行交流，从生活和学习上关心同学，对学生在学校遇到的问题进行了解。学生要增强明辨是非的能力，认清传销的违法犯罪性质、欺诈本质和严重危害，多与老师、周围同学交流沟通，提高识别能力，增强防范意识，自觉抵制传销。

2. 关注贫困生

贫困生由于自身的经济状况不好，急于改变现状，为了达到改善生活的目的，因而会被传销者的“快速致富”谎言所诱惑。因此学校和有关部门必须对此关注，向贫困生讲述传销的危害，设立贫困补助制度，学校的相关部门和辅导员要与其进行良好的沟通，对他们的生活学习进行关心，在他们的心理建设防线，让他们避免受到传销者的蛊惑。

3. 加强校园安全管理和学生管理

在日常工作中发现学生参与传销活动，要及时向有关部门反映，配合做好调查处理工作。

4. 如何防止各种传销骗局

（1）不要轻信高工资又不要工作经验的招聘信息。

（2）不要去没有固定电话只留手机的用人单位应聘。

（3）不要相信用人单位会去车站接人，即使他再求贤若渴，只有无固定场所的传销组织才会约在车站见面。

（4）不要轻易地去异地面试。

（5）不要盲目地轻信在街头发布的招聘广告，如果贸然前往极易误入圈套。

（6）警惕互联网上的传销活动。一些组织打着“电子商务”“网络直销”等旗号，使用境外服务器，建立网站，发展代理商和会员，并且直接利用网上银行电子支付手段实施奖金发放，使其违法活动更加隐蔽、成本更低、人员发展更快、传播地域更广。

5. 大学生误入传销陷阱时应该怎么办

（1）如果被骗到外地，到达当地后朋友绝口不谈工作、生意，而是带你游山玩水、熟悉环境，所谓放松。要看你的身份证、借打你的手机时，你察觉到情况不对，就一定要机智、冷静应对，在确保自身安全的情况下设法逃走。

（2）一旦陷入圈套，要保持理智，自己保管身份证和钱财，并与传销分子斗智斗勇。

（3）要记住传销组织的活动规律和传销窝点的具体位置，想方设法与家人取得联系。

（4）利用外出上课、上街购物、吃饭等机会逃离魔窟，向社区的门卫、保安、村干部和周围群众求救。或拨打 110 或 12315，向公安、工商机关举报、求救。

（5）千万不要做出跳楼、自残等傻事。

【案例一】

日前，李某、云某经人介绍在叶林服饰负责人张某处购买商品后，加入叶林服饰传销网络，传销叶林商贸集团叶林服饰有限公司的服装产品。3 个月后，李某、云某出资 10 万元设立了某区叶林服饰专卖店，按照叶林商贸集团叶林服饰有限公司的传销经营方式，采取先认购商品，再取得销售资格，加入者之间上线发展下线，上线从下线的营销业绩中提取报酬的方法，大肆开展非法传销活动。其经营方式为加入者必须经人介绍在叶林服饰专卖店内认购商品，每认购 1370 元商品为购买 1 单，取得叶林服饰网业务员资格，作为上线要发展下线业务员购买商品，上线业务员从下线业务员业绩中获取报酬，下线认购 6 单，上线获取 1000 元奖励，下线认购 14 单，上线再获取 1000 元奖励，当下线认购 51 单时，上线总共可获取 8000 元奖励。先后致使 30 余名群众加入该传销组织，经济损失 200 余万元。

【案例二】

山东省近期查处的一起微商传销案例中，一个披着生物科技有限公司外衣的团伙利用微信销售原生态纸，只要购买就能取得会员资格。会员可以在微信中分享链接，别人点击链接在该商家购买任何东西，分享人都可以获得该笔消费利润 40%的收益。同时会员可以发展代理，一旦下线买东西，就可以获得 6%～10%的利润。至案发时，这一传销团伙共发展会员 14000 余人，遍及 30 个省区市，涉案金额达 1.2 亿元。

温馨提示

此类传销案件中，传销组织者往往打着“再就业服务”等幌子，将传销冠以“加盟连锁”“滚动促销”等名义，招摇撞骗，具有很强的欺骗性。此类传销人员的目的不在于售卖商品，而在于发展传销人员，从下线人员身上获取报酬。

课后互动

以小组为单位，交流下列问题：

1. 自己身边的人是否有参与传销的？参与传销的后果如何？
2. 若自己陷入传销陷阱应该怎么办？

思考与练习

1. 大学生创业安全方面存在哪些不足？
2. 大学生社会实践安全应从哪些方面把握？
3. 大学生创业与社会实践安全防范措施有哪些？
4. 勤工助学的类型有哪些？应坚持的基本原则有哪些？
5. 大学生勤工助学活动中应注意哪些安全问题？
6. 招聘陷阱类型有哪些？虚假招聘的特征有哪些？
7. 避免就业陷阱应注意哪些安全防范措施？
8. 大学生求职应提前做好哪些准备工作？
9. 大学生求职应防范哪些安全问题？
10. 什么是传销？校园传销的特点有哪些？
11. 分析校园传销屡屡爆发的原因。
12. 传销的方式、常用的诱骗手段有哪些？
13. 传销的危害有哪些？怎么应对传销？

第十一章 意外伤害防护

学习目的与要求

1. 了解高校大型活动的基本特征
2. 分析高校大型活动发生事故的可能诱因
3. 熟悉公共活动安全的应对措施
4. 了解预防踩踏事件发生的措施
5. 熟悉预警信号的种类、含义
6. 熟悉常见的紧急呼救方式、求救信号
7. 熟悉止血与包扎方式
8. 熟悉常见意外伤害的预防和救助方法

学习重点

1. 熟悉公共活动安全的应对措施
2. 预防踩踏事件发生的措施
3. 熟悉常见意外伤害的预防和救助方法

学习难点

1. 止血与包扎方式
2. 常见意外伤害的救助方法

第一节　大型公共活动安全

【案例一】上海市12·31外滩拥挤踩踏事件

2014年12月31日23时35分，正值跨年夜活动，因很多游客市民聚集在上海外滩迎接新年，上海市黄浦区外滩陈毅广场东南角通往黄浦江观景平台的人行通道阶梯处底部有人失衡跌倒，继而引发多人摔倒、叠压，致使拥挤踩踏事件发生，造成36人死亡，49人受伤，伤者多数是学生。2014年12月31日晚20时起，外滩风景区人员进多出少，大量市民游客涌向外滩观景平台，呈现人员逐步聚集态势。据综合监测显示事发当晚外滩风景区的人员流量，20时至21时约12万人，21时至22时约16万人，22时至23时约24万人，23时至事件发生时约31万人。

2015年1月21日，上海市公布12·31外滩拥挤踩踏事件调查报告，认定这是一起对群众性活动预防准备不足、现场管理不力、应对处置不当而引发的拥挤踩踏并造成重大伤亡和严重后果的公共安全责任事件。黄浦区政府和相关部门对这起事件负有不可推卸的责任。

【案例二】学校足球比赛踩踏事件

2013年6月20日下午2点，小贝（贝克汉姆）来到上海某大学，随后前往学校的操场，准备与两支足球比赛的队员互动。此时，数千名球迷已经将操场围得水泄不通，而能够进入操场的只有一扇铁门，在小贝艰难挤进铁门之后，安保人员试图关门，将球迷拦在操场外边。但群众一拥而上，通过了铁门。由于通过铁门后有个斜坡，加之后边人群不断向前冲，安保人员在试图阻拦时几个人被推倒，发生踩踏事件，造成多人受伤安全事故。

涌入操场的球迷和观众数千名，使现场显得拥挤不堪。如果场地无法容纳更多的人，主办方就应及早做好疏导工作，控制人流。主办方本应配备足够人手、采取坚决的措施维护现场秩序，但现场保安一看到人数太多，只是简单地关闭大门了事，导致大量人员在大门口聚集，埋下安全事故隐患。

一、高校大型活动的基本特征

一般来说，在高校校园内所举办的大型活动通常是指招聘会、论坛竞赛、体育比赛、文艺会演、开学和毕业典礼等有目的性、计划性、组织性的活动，其基本特征主要有：

（1）参与人数较多，一般指人数达500人以上的群体性活动。

（2）参加人数集中，活动范围有限，其活动场所主要存在于开放式空间（室外）和密闭式空间（室内）。

（3）参加人员结构复杂，大多没有特定关系，容易产生矛盾和摩擦，组织管理难度大。

在校园中生活着一定数量的师生，高等学校通过举办各类大型活动对丰富师生校园生活、提升个人素质、培养学生的科研能力或者文艺才能有着促进作用，同时又极大地丰富了校园文化和师生的精神文化生活，比如路演、商品展示、开学典礼、毕业晚会、各类比赛等。另外还有社会商家会利用校园内人流量多、学生群体消费能力强等特点，对发生在校园内的活动进行赞助以此达到宣传商品，提高其品牌知名度的目的。但活动一经举办，就要面临人员密集、人员成分信息复杂等特点，那么，作为高校自身来讲，要对校园内举办的大型活动进行合理管控，确保不发生意外、突发等危险事故，不影响学校的正常教学、生活秩序。

二、高校大型活动发生事故的可能诱因

部分承办单位对活动收益重视程度远远高于对安全防范工作的重视，对安全防范工作存在得过且过的心态，安全防范工作落实程度不够，导致安全隐患与活动并行，是诱

发安全事故的重要原因之一，其往往体现在以下几个方面：

（1）不按规定向主管大型活动审批的部门申报。

存在侥幸心理，不经审批而私自举办大型活动，使活动脱离监管。或者有的活动不按规定时间申报，往往在开始的前一两天才想起申报，使得监管单位没有充足的时间进行安全检查和风险研判。还有为争取顺利审批，隐瞒和不如实进行申报，成为发生安全事故的诱因。

（2）重大活动立项前主办、承办单位不做风险评估，没有做风险研判和应急预案。

（3）不按规定执行安全防范措施和不履行自身的安全工作责任。

一些承办单位往往认为只要通过了监管单位的审批，安全工作责任就落在监管单位的身上，与自身没有关系，这种想法是错误的。在大型活动当中，主办单位应严格履行“谁主办、谁负责”的原则，在办活动前，认真做好安全防范的相关工作，落实安全隐患排查，做到能立即整改立即整改，不能立即整改的立即上报并死看死守。

（4）学校未对学生进行必要的安全教育，带队老师疏于安全管理、学生不遵守活动纪律擅自活动或离队。

（5）租用的车辆车人、车况较差，安全性能差，驾驶员疲劳驾驶、超载、超速、随意变道、闯禁令标志或驾驶技术差、应变能力差。

（6）活动场所的设施设备、器械等存在安全隐患。

（7）主办单位缺乏应对突发事件的前期处置能力，事前没有做风险评估，没有应急预案。

承办单位在举办大型活动之前，应做好相应工作风险评估，提前做好风险研判和应急预案，应具有“红线意识、底线思维”，如“火灾疏散、防范暴恐袭击、舞台坍塌”等，并在活动开始前，对参与活动人员讲清楚相关逃生方向和方法。

三、大型公共活动的安全应对措施

（1）学校举办大型活动时，应做好人防、物防、技防体系建设，实行“谁举办，谁负责”的原则，成立专门的安全领导小组，明确相关责任，切实落实各项卫生防疫与安全措施。

（2）主办单位要严格落实提前风险评估、申报审批等制度，积极协调相关单位和部门，做好相应工作预案，加强应对突发事件的前期处置能力。承办单位做好人员管控，场馆、场所的安全管理。监管单位要做好对活动场所的设施设备、参加活动人员基本信息、现场保卫力量、场地额定容量、水电气热等要害部位情况的摸底调查，协助主办和承办单位做好活动现场的安全管理。

（3）学校要加强对学生进行安全宣传教育，强化安全管理，严格纪律，实行全程带队老师负责制。

（4）学校和承办单位要积极配合当地卫生、公安、交通等社会职能部门，落实各项防范措施，确保活动开展全程有序、平安。

四、预防踩踏事件的发生

（1）不在楼梯或狭窄通道嬉戏打闹，人多的时候不拥挤、不起哄、不制造紧张或恐慌气氛。

（2）尽量避免到拥挤的人群中，不得已时，尽量走在人流的边缘。

（3）发觉拥挤的人群向自己的方向走来时，立即避到一旁，不要慌乱，不要奔跑，避免摔倒。

（4）顺着人流走，切不可逆着人流前进，否则，很容易被人流推倒。

（5）假如陷入拥挤的人流，一定要先站稳，身体不要倾斜失去重心，有可能的话，可先尽快抓住坚固可靠的东西慢慢走动或停住，待人群过去后再迅速离开现场。

（6）若自己不幸被人群拥倒后，要设法靠近墙角，身体蜷成球状，双手在颈后紧扣以保护身体最脆弱的部位。

（7）在人群中走动，遇到台阶或楼梯时，尽量抓住扶手，防止摔倒。

（8）在拥挤的人群中，要时刻保持警惕，当发现有人情绪不对，或人群开始骚动时，要做好准备保护自己。

（9）在人群骚动时，脚下要注意，千万不能被绊倒，避免自己成为拥挤踩踏事件的诱发因素。

（10）当发现自己前面有人突然摔倒了，要马上停下脚步，同时大声呼救，告知后面的人不要向前靠近。

五、大型活动安全事故处理程序

一旦在大型活动期间发生安全事故，应遵循以下程序处理：

（1）及时报告和报警。一旦发生事故，活动领导小组第一时间立即向学校领导报告并由学校办公室及时向当地有关部门和上级部门报告，寻求支援和帮助。

（2）及时救助。学校和承办单位应根据现有条件和能力及时采取措施救护患病或受伤人员，同时以最快的方式将人员紧急送医。

（3）保护现场，迅速收集有关事故信息。

（4）维持现场秩序，疏散人群。

（5）落实公安、卫生、教育、应急等政府职能部门要求采取的措施，控制事态，减少社会影响。

（6）善后处理。

（7）事故教训总结与“三不放过（事故原因不明不放过，责任者没有受到追责和教育不放过，所有参与者没有受到教育不放过）”。

第二节　预警与求救

一、预警

预警是指事先觉察可能发生某种情况的感觉，如地震预警。所谓地震预警，是指在地震发生后，利用地震波传播速度小于电波传播速度的特点，提前对地震波尚未到达的地方进行预警。一般来说，地震波的传播速度是每秒几千米，而电波的速度为每秒 30 万千米。因此，如果能够利用实时监测台网获取的地震信息，以及对地震可能的破坏范围和程度的快速评估结果，就可利用破坏性地震波到达之前的短暂时间发出预警。

（一）警报系统

警报系统是指发生或可能发生突发事件时，通过广播、电视、报刊、通信、信息网络、警报器、宣传车或组织人员逐户通知等方式报警的装置和机制。

（二）预警信息

预警信息是指为防止和减小突发事件对人民生命财产安全、经济建设和社会发展、自然环境带来的不利影响，对将要发生的突发事件的信息，采用一定的图表、声音等向公众发布和告知。它根据突发事件的破坏程度不同而采用不同的预警级别对公众进行发布或告知。预警级别分为四级，一级为特别严重，红色预警信号；二级为严重，橙色预警信号；三级为较重，黄色预警信号；四级为一般，蓝色预警信号。如：目前，中国气象局统一发布的气象灾害预警信号种类由此前的 11 种增至 14 种。这 14 类气象灾害预警信号具体涉及台风、暴雨、暴雪、寒潮、大风、沙尘暴、高温、干旱、雷电、冰雹、霜冻、大雾、霾、道路结冰。预警信号的级别依据气象灾害可能造成的危害程度、紧急程度和发展态势一般划分为四级：Ⅳ级（一般）、Ⅲ级（较重）、Ⅱ级（严重）、Ⅰ级（特别严重），依次用蓝色、黄色、橙色和红色表示，同时以中英文标识。气象部门将根据不同种类气象灾害的特征和强度，确定不同种类气象灾害的预警信号级别。

（三）预警信息种类

预警信息发布的内容包括突发事件的类别、级别、起始时间、影响或可能影响的范围、警示事项、应采取的措施和发布机关。如：广东省人民政府应急管理办公室网站、省人民政府委托省气象局建设的广东省突发公共事件预警信息发布系统都是该省官方预警信息发布平台。预警信号种类包括：台风预警、气象灾害预警、空袭预警等。

1. 台风预警

根据逼近时间和强度不同，台风预警信号分 4 级，分别以蓝色、黄色、橙色和红色表示。

（1）颜色：蓝。含义：24 小时内可能受热带低压影响，平均风力可达 6 级以上，或阵风 7 级以上；或者已受热带低压影响，平均风力为 6~7 级，或阵风 7~8 级并可能持续。防御指南：①做好防风准备并注意有关报道和通知；②把门窗、围板等易被风吹动的搭建物固紧，妥善安置室外物品。

（2）颜色：黄。含义：24 小时内可能受热带风暴影响，平均风力可达 8 级以上，或阵风 9 级以上；或者已经受热带风暴影响，平均风力为 8~9 级，或阵风 9~10 级并可能持续。防御指南：①建议幼儿园、托儿所停课；②处于危险地带和危房中的居民以及船舶应到避风场所避风，户外作业人员停止作业；③切断霓虹灯招牌及危险的室外电源；④停止露天集体活动；⑤其他同台风蓝色预警信号。

（3）颜色：橙。含义：12 小时内可能受强热带风暴影响，平均风力可达 10 级以上，或阵风 11 级以上；或者已经受强热带风暴影响，平均风力为 10~11 级，或阵风 11~12 级并可能持续。防御指南：①紧急防风状态，建议中小学停课；②切勿随意外出，确保老人小孩留在家中最安全的地方；③相关应急处置部门和抢险单位密切监视灾情，落实应对措施；④停止室内大型集会，疏散人员。

（4）颜色：红。含义：6小时内可能或者已经受台风影响，平均风力可达12级以上，或者已达12级以上并可能持续。防御指南：①特别紧急防风状态，建议停业、停课（除特殊行业）；②人员应尽可能待在防风安全的地方，相关应急处置部门和抢险单位随时准备启动抢险应急方案；③当台风中心经过时风力会减小或静止一段时间，应继续留在安全处避风；④其他同上。

2. 大雾预警

根据12小时内大雾能见度的高低，大雾预警信号分3级，分别以黄色、橙色、红色表示。

（1）颜色：黄。含义：12小时内可能出现能见度小于500米的浓雾，或者已经出现能见度小于500米、大于等于200米的浓雾且可能持续。防御指南：①注意浓雾变化，小心驾驶；②机场、高速公路、轮渡码头注意交通安全。

（2）颜色：橙。含义：6小时内可能出现能见度小于200米的浓雾，或者已经出现能见度小于200米、大于等于50米的浓雾且可能持续。防御指南：①空气质量明显降低，居民需适当防护；②驾驶人员应控制速度；③机场、高速公路、轮渡码头应采取措施以保障交通安全。

（3）颜色：红。含义：2小时内可能出现能见度低于50米的强浓雾，或者已经出现能见度低于50米的强浓雾且可能持续。防御指南：①受强浓雾影响地区的机场暂停飞机起降，高速公路和轮渡暂时封闭或者停航；②各类机动交通工具应采取有效措施以保障安全。

3. 雷雨大风预警

雷雨大风预警信号分四级，分别以蓝色、黄色、橙色、红色表示。

（1）颜色：蓝。含义：6小时内可能受雷雨大风影响，平均风力可达6级以上，或阵风7级以上并伴有雷电；或者已经受雷雨大风影响，平均风力达到6~7级，或阵风7~8级并伴有雷电，且可能持续。防御指南：①做好防风、防雷电准备并注意有关报道和通知，学生停留在安全地方；②把门窗等易被风吹动的搭建物体固紧，人员应当尽快离开临时搭建物，妥善安置易受雷雨大风影响的室外物品。

（2）颜色：黄。含义：6小时内可能受雷雨大风影响，平均风力可达8级以上，或阵风9级以上并伴有强雷电；或者已经受雷雨大风影响，平均风力达8~9级，或阵风9~10级并伴有强雷电，且可能持续。防御指南：①妥善保管易受雷击的贵重电器设备，断电后放到安全的地方；②危险地带和危房居民以及船舶应到避风场所避风，千万不要在树下、电杆下、塔吊下避雨，出现雷电时应当关闭手机；③切断霓虹灯招牌及危险的室外电源；④停止露天集体活动，立即疏散人员；⑤高空、水上等户外作业人员停止作业，危险地带人员撤离；⑥其他同上。

（3）颜色：橙。含义：2小时内可能受雷雨大风影响，平均风力可达10级以上，或阵风11级以上，并伴有强雷电；或者已经受雷雨大风影响，平均风力为10~11级，或阵风11~12级并伴有强雷电，且可能持续。防御指南：①人员切勿外出，确保留在最安全的地方；②相关应急处置部门和抢险单位随时准备启动抢险应急方案；③加固港口设施，防止船只走锚和碰撞；④其他同上。

（4）颜色：红。含义：2小时内可能受雷雨大风影响，平均风力可达12级以上并伴有强雷电；或者已经受雷雨大风影响，平均风力为12级以上并伴有强雷电，且可能持续。防御指南：①进入特别紧急防风状态；②相关应急处置部门和抢险单位随时准备启动抢险应急方案；③其他同上。

4. 常规武器空袭预警

常规武器空袭是指除核、化、生以外的武器从空中对地面（水面）目标进行的袭击。

（1）防空警报信号的识别。

①预先警报：鸣36秒，停24秒，反复3遍，时间为3分钟。

②空袭警报：鸣6秒，停6秒，反复15遍，时间为3分钟。

③解除警报：连续长鸣3分钟。

（2）空袭前的防护准备。

①熟悉周围防空隐蔽设施，明确疏散、隐蔽路线。

②准备好随身生活用品和药品，如手电筒、饮用水、急救包等。

③房屋的玻璃窗均应贴上“米”或“井”字形纸条或布条，以防玻璃震碎伤人。

（3）空袭时的防护行动。

①听到预先警报后，应立即切断电源，关闭煤气，熄灭炉火，带好个人防护器具和生活必需品，迅速、有序地进入人防工程或指定隐蔽区域。

②听到空袭警报后，应就近进入人防工程隐蔽，情况紧急无法进入人防工程时，要利用地形地物就近隐蔽。

③在公共场所：不要乱跑，可就近进入地下室、地铁车站或钢筋混凝土建筑物底层等处隐蔽，不要在高压线、油库等危险处停留。

④在空旷地：就近疏散到低洼地、路沟里、土堆旁、大树下，迅速卧倒隐蔽。当发现炸弹在附近投下或爆炸时，应迅速就地卧倒，面部向下，掩住耳，张开嘴，闭上眼，胸和腹部不要紧贴地面，以防震伤。

⑤听到警报解除后，应尽快开展自救互救并恢复生产和生活秩序。

二、求救

（一）紧急呼救

1. 110、119、122报警台

有些地方110报警台（原110、119、122三台合并为110）统一受理群众的报警求助和交通、火灾事故报警，但有些地方规定：匪警110、火警119、交通事故122。

（1）110报警台受理群众报警范围。

①刑事案件。

②治安案（事）件。

③危及人身、财产安全或者社会治安秩序的群体性事件。

④自然灾害、治安灾害事故。

⑤其他需要公安机关处置的与违法犯罪有关的报警。

（2）119报警台受理群众报警范围。

①火灾事故。

②事故抢险。

③灾害救援。

（3）122 报警台受理群众报警范围。

①一般道路交通事故。

②道路清障。

③高速公路事故报警电话：12122。

110、119、122 免收电话费，可通过固定电话、移动电话直拨；异地拨打案发地的 110 电话时，先拨打案发地区号，再拨打 110。

报警时应讲清案发的时间、方位、你的姓名及联系方式等。如对案发地不熟悉，可提供现场附近有明显标志的建筑物、大型场所、公交车站、单位名称等。

报警后，要保护现场，以便民警取证。

2. 120 医疗急救

120 是医疗急救中心求助电话，拨打时请注意以下几点：

（1）呼救时，尽可能说清病人的所在方位、年龄、性别和病情。

（2）尽可能说明病人典型的发病表现，如胸痛、意识不清、呕血、呼吸困难等。

（3）尽可能说明病人患病或受伤的时间。如果是意外伤害，要说明伤害的性质，如触电、爆炸、塌方、溺水、火灾、中毒、交通事故等。

（4）尽可能说明你的特殊需要，并了解清楚救护车到达的大致时间。

（二）求救信号

SOS 是国际通用的求救信号。一般情况，重复三次都象征求助，根据自身的情况和周围的环境条件，可以点燃三堆火、制造三股浓烟、发出三声响亮口哨、呼喊等。

1. 火光信号

国际通用的火光信号是燃放三堆火焰。火堆摆成三角形，每堆之间的间隔相等最为理想。保持燃料干燥，一旦有飞机路过，尽快点燃求助。尽量选择在开阔地带点火。

2. 浓烟信号

在白天，浓烟升空后与周围环境形成强烈对比，易被发现。在火堆中添加绿草、树叶、苔藓或蕨类植物都能产生浓烟；潮湿的树枝、草席、坐垫可熏烧更长时间。

3. 旗语信号

将一面旗子或一块色泽鲜艳的布料系在木棒上，挥棒时，在左侧长划，右侧短划，作“8”字形运动。如果双方距离较近，不必作“8”字形运动，简单划动即可，在左边长划一次，右边短划一次，前者应比后者用时稍长。

4. 声音信号

如距离较近，可大声呼喊求救，三声短三声长，再三声短，间隔一分钟后重复。

5. 反光信号

利用阳光和一个反射镜即可发出信号光求救。如果没有镜子，可利用罐头瓶盖、玻璃、金属片等来反射光线。持续的反射将产生一条长线和一个圆点，容易引人注目。

6. 信息信号

遇险人员转移时，应留下一些信号物，以便救援人员发现。如：将岩石或碎石摆成箭头形，指示方向；将棍棒支撑在树杈间，顶部指着行动方向；在一卷草束的中上部系上结，使其顶端弯曲指示行动方向；在地上放置一根分杈的树枝，用分杈点指向行动方向；用小石块垒成大石堆，在边上再放一个小石块，指示行动方向；用一个深刻于树干的箭头形凹槽表示行动方向。两根交叉的木棒或石头意味着此路不通。用三块岩石、木棒或灌木平行竖立或摆放表示危险或紧急。

三、止血与包扎

一般成人总血量大约4000毫升。短时间内丢失总血量的1/3时（约1300毫升）就会发生休克。失血者表现为脸色苍白、出冷汗、血压下降、脉搏虚弱等。如果丢失总血量的一半（约2000毫升），则组织器官处于严重缺血状态，很快可导致死亡。外伤止血的具体方法如下。

（一）止血

一般限于无明显动脉性出血为宜。小创口出血，有条件时先用生理盐水冲洗局部，再用消毒纱布覆盖创口，绷带或三角巾包扎。无条件时可用冷开水冲洗，再用干净毛巾或其他软质布料覆盖包扎。如果创口较大而出血较多时，要加压包扎止血。包扎的压力应适度。严禁用泥土、面粉等不洁物撒在伤口上，以免造成伤口进一步污染。

由外伤引起的大出血，如不及时予以止血和包扎，就会严重威胁人的健康乃至生命。外出血的止血急救方法如下。

1. 一般止血法

针对小的创口出血，先用生理盐水冲洗，然后消毒，最后再覆盖多层消毒纱布用绷带扎紧包扎。注意，如果患部有较多毛发，如头部，在处理时应剪剃毛发。

2. 指压止血法

在伤口的上方，即近心端，找到跳动的血管，用手指紧紧压住。这是手头一时无包扎材料和止血带时在紧急情况下的临时止血法，适用于急救处理较急剧的动脉出血。使用此法时，事先应了解正确的压迫点，把手指压在出血动脉近端的临近骨头上，阻断血液运输来源，但是止血不易持久。指压止血的同时，应准备材料换用其他止血方法。采用此法，救护者必须熟悉各部位血管出血的压迫点。

（1）头顶部出血。在伤侧耳前，用拇指压迫颞浅动脉。

（2）头颈部出血。用大拇指对准颈部胸锁乳突肌中段内侧，将颈总动脉压向颈椎。注意不能同时压迫两侧颈总动脉，以免造成脑缺血坏死。压迫时间也不能太久，以免造成危险。

（3）上臂出血。一手抬高患肢，另一手拇指在上臂内侧出血位置上方压迫肱动脉。

（4）前臂出血。在上臂内侧肌沟处施以压力，将肱动脉压于肱骨上。

（5）手掌和手背出血。将患肢抬高，用两手拇指分别压迫手腕部的尺动脉和桡动脉。

（6）手指出血。用健侧的手指，使劲捏住伤手的手指根部两侧，即可止血。

（7）大腿出血。屈起伤侧大腿，使肌肉放松，用大拇指压住股动脉（在大腿根部的腹股沟中点下方），用力向后压。为增强压力，另一手可重叠施压。

（8）足部出血。在内外踝连线中点前外上方和内踝后上方摸到胫前动脉和胫后动脉，用手指紧紧压住可止血。

3. 加压包扎止血法

用消毒的纱布、棉花做成软垫放在伤口上，再用力加以包扎，以增大压力达到止血的目的。此法应用普遍，效果也佳，但要注意加压时间不能过长。

4. 屈肢加垫止血法

当前臂或小腿出血时，可在肘窝、腋窝内放以纱布垫、棉花团或毛巾、衣服等物品，屈曲关节固定，但骨折或关节脱位者不能使用。

5. 橡皮止血带止血法

常用的止血带是1米左右的橡皮管。止血方法是：掌心向上，止血带一端由虎口按住，一手拉紧，绕肢体2圈，中、食两指将止血带的末端夹住，顺着肢体用力拉下，压住“余头”，以免滑脱。注意使用止血带止血要加垫，不要直接扎在皮肤上。每隔60分钟放松止血带3~5分钟，松时慢慢用指压法代替。

6. 填塞止血法

将消毒的纱布、棉垫、急救包填塞压迫在创口内，外用绷带包扎，松紧度以达到止血目的为宜。

（二）包扎

包扎是各种外伤中常用、基本的急救技术之一。包扎得当，有压迫止血、保护伤口、防止感染、固定骨折和减少疼痛等作用。

在下列情况中，包扎常被应用：

（1）普通外伤。伤口较大、较深，出血量较多，疼痛剧烈。

（2）骨折。局部骨折及全身骨折。

（3）其他外伤。烧伤、动物抓咬伤等。

包扎材料以绷带、三角巾、方形长带最为多见。现场急救时，如没有专用的绷带和三角巾，可将衣物、床单、手巾等物撕成布条来代替绷带，也可将衣物、床单（以棉质为首选）裁成三角巾。目前，已有各种新型的绷带面市，如弹性绷带、自粘绷带等。绷带包扎一般用于固定肢体、关节，或固定敷料、夹板等。三角巾包扎主要用于包扎、悬吊受伤肢体等。

1. 胸部伤包扎方法

如果胸腔受伤穿孔，吸气时胸腔扩展，空气会进入伤口，引发肺功能衰竭，这是胸部伤引起的重大危险之一。此时，应及时用手掌捂住伤口，阻止吸气时空气进入；病人应仰卧，头和肩膀倾向受伤的一边；用大块疏松湿润的敷剂堵塞伤口，或者利用塑料片或铝箔（最好外包一层凡士林）用绷带包扎好。

2. 腹部伤包扎方法

腹部受伤可能会损坏内脏器官，引起内出血。此时，用湿润布条润湿病人嘴唇和舌部会使病人感觉好受许多；如果伤员肠子流出腹腔，要保护好，并保持润湿。不要企图把它复位，这会为营救后的手术带来麻烦。如果没有内脏器官外露，应将伤口清洗包扎好。

3. 头部伤包扎方法

头部受伤很可能会伤及脑部，伤口也可能会影响正常呼吸和饮食。要确保舌根不会抵住喉管，使得呼吸通畅，必须除去假牙或已脱落的碎牙，控制住流血。清醒病人可以坐卧。昏迷病人如果颈部和脊椎无伤，必须按照恢复位侧卧。

4. 包扎注意事项

遇到伤员大出血或骨折等情况时，错误的包扎会导致伤口感染、肢体坏死等后果；而不为伤员进行包扎，则可引起持续性出血而造成死亡。只有及时、正确地包扎，才能够帮助伤员止血、保护伤口，从而挽救生命。

在包扎时应做到以下几点：

（1）使用干净无污染的布料进行包扎。

（2）动作要迅速准确，不能加重伤员的疼痛、出血或伤口污染。

（3）包扎不宜太紧或太松，太紧会影响血液循环，太松会使敷料脱落或移动。

（4）包扎四肢时，指（趾）端最好暴露在外面，以便观察血液流通情况。

（5）用三角巾包扎时，角要拉紧，包扎要贴实，打结要牢固。

（6）打结处不要位于伤口上或背部，以免加重疼痛或影响睡眠。

（7）不要压迫脱出的内脏，禁止将脱出的内脏送回腹腔内。

第三节　意外伤害预防与救助

【案例一】哈尔滨医科大学5名学生煤气中毒事件

2013年2月4日早上7时许，朝阳区樱花园东街一栋居民楼内，一小伙子从外面回去时，打开门看见五个室友“躺在床上，一动不动”，立即打电话给物业公司并报了警。报警后，五人被送往医院，但均抢救无效身亡，为一氧化碳中毒死亡。

事发房子住着6名男孩，哈尔滨医科大学学生，他们都是20多岁的大学生，在北京中日友好医院实习，即将毕业，成为治病救人的医生，却遭遇不幸。同住男生外出逃过一劫。

【案例二】准大学生受骗死亡事件

2016年8月19日，山东临沂，18岁的准大学生徐玉玉被他人以发放助学金为由，通过银行ATM机转账的方式被诈骗了9900元。发现被骗后，徐玉玉与父亲一起到公安机关报案，但不幸在回家途中晕倒，心搏骤停，送医院抢救无效后死亡。

一、造成意外伤害事故的原因

意外伤害多指车祸、自杀、溺水、中毒、触电、烫伤和烧伤以及被动物咬伤等，这些已经成为我国1~34岁人群的第一死因。造成大学生意外伤害事故的原因主要有以下几种：

（1）随着高校办学开放性程度和学生参与社会实践主观愿望的增强，学校面向社会的实践性教学环节不断增多，学生校外活动的机会也在不断增多，客观上增加了各种意外事故的可能性。

（2）学生自己的安全防范意识淡薄。

（3）学校安全教育与管理的力度不大，主要表现为部分高校辅导员因所负责学生人数多而管不到，而班主任又因相关管理与激励机制不健全而不愿管，从而导致学生班级安全教育与管理的缺失。

(4) 社会紧急救助方面的原因，表现为救助不及时、少数救助机构（如医院）不愿承担救助风险等。

二、常见的意外伤害预防

(一) 猝死

猝死，又叫急死。其中，发病后几秒钟死亡者，叫“即刻死”；1 小时之内死亡者，叫“很急死”；1~24 小时内死亡者，叫“急性死”。世界卫生组织（WHO）规定，发病 6 小时内死亡者为猝死。

猝死即心脏突然停止跳动导致大脑缺氧，随即呼吸功能消失。猝死的表现是突然昏迷、意识不清、脉搏消失、呼吸停止、瞳孔放大、面如死灰等。近期的报道中，年轻人心肌梗死的发病率有增多的趋势，运动超负荷常常是主要诱发因素。自身疾病原因有肥厚型心肌病、感冒引起心肌炎的心肌病、缺血性心脏病等。青壮年对自己的健康过于自信，出现胸痛也不在乎，是易引起猝死的原因。

鉴于有部分猝死病人在急死发生前有一些征兆，如冠心病人心肌梗死前有顽固性心绞痛发作，病人面色苍白，出冷汗，血压下降，脉搏摸不清楚；有的患者，较长时间不进饮食，或腹泻与呕吐剧烈，因低镁或血液中镁离子不足容易引起心搏骤停；高血压病人剧烈头痛、有呕吐与半身麻木感；中毒性痢疾病人的高热、躁动、谵妄（说胡话）等，这些都是一些猝死的先兆。但只要提高警惕，注意预防，救治措施得力，也常有起死回生的可能。

预防与救治猝死的措施：

(1) 年轻人应注意运动前、运动中或运动后出现的胸闷、压迫感、极度疲劳等症状，如症状明显应及时中止运动，进行详细检查。

(2) 遵守体育锻炼的原则，保持良好的思想情绪，避免精神过度紧张和超负荷运动。运动强度要循序渐进，避免平时不运动，偶尔突然超负荷运动。

(3) 要养成良好的生活习惯，不吸烟，少吃高脂食品和盐，多吃蔬菜水果，保证睡眠时间和质量。

(4) 凡有心脏病的人，要时刻警惕心脏病发作，随身携带心脏病急救药或“急救盒”，并告诉周围的人急救药品（或药盒）的紧急用法。

(5) 凡有高血压病的人，要懂得什么是“高血压危象”，并随时检测血压，用中西医药控制血压，保证充足睡眠，防止情绪激动，控制体重。

(6) 一旦病人发生心脏性猝死，应立即用拳头猛击其左侧心前区（以不致打断肋骨为度），反复 3~5 次，使机械能转变为电能，以消除患者的异位心律，有些常被救活。同时立即实行人工呼吸（如口对口呼吸）、胸外心脏按压。在做这些抢救时，要先解开患者领扣、腰带，拉出患者舌头，撑开患者牙关（最好在上下牙间垫以橡胶、塑料或手帕之类软物，防止咬破舌头）；同时打开门窗，保持室内空气流通。如有氧气设备，应立即给病人吸氧。如有医药条件时，可给病人注射利多卡因，每次 50~100 毫克，或心脏直接注射肾上腺素、肌肉注射去甲肾上腺素或阿托品（以上药物，均为每次 1 支）。

(7) 对因低镁引起的心脏突停，可采用 25%硫酸镁 10 毫升肌肉注射，必要时 2 小时后再重复注射 1 次。为防止病人被救活后再发生心搏骤停，除采用“心性猝死”措施抢救外，还应设法迅速补充含镁量高的食品，如米粥、玉米糊、蔬菜汁、花生酱、牛奶、鱼或肉汤等。对长期腹泻或大量呕吐的心脏病患者，尤应十分注意镁的补给。

（8）对患有心脑血管病、食管静脉曲张、长期气喘或肺心病者，在他们单独活动或睡眠时，只要出现任何不适感觉，或发现有某些异常征兆时，即应十分警惕，密切注意观察和尽可能地早予防范，如：心脑血管病患者注意不可过劳，减少剧烈活动；高血压患者有头痛、头晕、耳鸣、恶心、烦躁时，立即予以测血压，服降压药。上述病人，不论在家中、工作中或外出时，如有某些不适感觉，均应与随行者或周围的人先打招呼，以便他们预做准备，防止猝死情况的发生。

（9）一旦发生猝死，应一面立即抢救，一面迅速与有关方面联系，以最快速度请医师或送医院抢救。

（二）触电

触电，可发生在有电线、电器、电设备的任何场所。触电后会引起人体全身或局部的损伤，损伤轻者可造成痛苦，损伤重者可迅速死亡。

触电时当电流量进入身体达到 18～22 毫安（mA）时，会引起呼吸肌不能随意收缩，致使呼吸停止，产生严重窒息；如电流量超过 22 毫安以上，可使心室发生纤颤，造成心泵排血困难，几分钟内即可停止心脏跳动，所以心室纤颤是触电死亡的主要原因。如一次超过 10 安培（A）的电流量就会把皮肉击穿。大脑和其他神经组织通过大量电流时，都会失去所有的正常兴奋性，而使伤者很快进入触电后昏迷状态。如受到过大电流的损害，人的中枢神经系统会立即产生强烈反应，这时触电者会产生面色苍白、呼吸急促、心跳加快、血压下降和神志不清等症状；如强大电流继续进入人体，将会麻痹其呼吸、心跳中枢，使呼吸、心跳停止，如救治不及时则会很快死亡。

1. 触电临床表现——全身表现

（1）瞬间接触电压低、电流小的电源时，伤者可出现精神紧张，表情呆滞，呼吸、心跳加快，有时甚至脸色苍白，敏感者可发生休克而晕倒，对周围事物暂时失去反应。

（2）严重的电击可引起呼吸、心跳的明显变化，构成触电的垂危表现。

2. 现场急救——脱离电源

关闭电源；挑开电线：干木棍、竹竿等；斩断电路；“拉开”触电者：在浴室或潮湿处救护人要穿绝缘胶鞋、戴胶皮手套或站在干燥木板上以保护自身安全。

3. 现场急救

（1）呼吸不规则或已停止，立即打开气道，进行口对口人工呼吸。

（2）心搏停止者，立即进行胸外心脏按压。

（3）心搏呼吸同时停止者，心肺复苏同时进行；必须不停顿地进行，途中也不间断。

（4）同时针刺或用手掐人中、十宣、涌泉等穴。

（5）电击伤患者不管症状轻重均需送医院留观。

4. 触电的预防

随着生活水平的不断提高，生活中用电的地方越来越多了。因此，我们有必要掌握以下基本的安全用电常识：

（1）制定安全用电的规章制度；严格执行用电规章制度，定期检查维修电器设备，对容易引起触电事故的应立即报告学校有关部门，及时检修。

（2）大力开展安全用电的宣传教育；遵守用电规定，了解电源总开关，学会在紧急情况下关断总电源；不用手或导电物（如铁丝、钉子、别针等金属制品）去接触、探试电源插座内部；不能乱拉接电线，不能在通电的电线上晒衣物，不能接触断落的电线；不用湿手触摸电器，不用湿布擦拭电器；教育儿童不玩开关、插头；电器使用完毕后应拔掉电源插头；插拔电源插头时不要用力拉拽电线，以防止电线的绝缘层受损造成触电；电线的绝缘皮剥落，要及时更换新线或者用绝缘胶布包好。

（3）发现有人触电要设法及时关断电源；或者用干燥的木棍等物将触电者与带电的电器分开，不要用手去直接救人；年龄小的同学遇到这种情况，应呼喊成年人相助，不要自己处理，以防触电。

（4）不随意拆卸、安装电源线路、插座、插头等。哪怕安装灯泡等简单的事情，也要先关断电源，并在家长或电工的指导下进行。

（5）雷雨天不要站在高墙上、树木下、电杆旁或狂风暴雨后，不要拣拾地上的电线，不要站天线附近，不要走到距电线10米以内的地方，不要到有高压电线的地方玩耍。

（6）不能在设置高压线的地方放风筝。这些地段高压线密集，若风筝搭在高压线上，容易造成人员伤亡和电器设备的损坏。

（三）溺水

【案例】

2012年5月6日上午10时40分左右，铜陵职业技术学院9名学生和安徽工业职业技术学院1名学生通过QQ群自发组织到铜陵县老洲乡洲头游玩，有7名学生落入水中。其中2人被救（1人送医救治），5人遇难。遇难的5人中有2名男生、3名女生；最小的一名遇难者18岁，其余4人刚满21岁。4名遇难者是铜陵职业技术学院的在校大学生，另1名就读于安徽工业职业技术学院。

溺水，又叫淹溺。人在水中被淹死的主要原因是水入气道后，大量水、泥沙进入口鼻、气管和肺，阻塞呼吸道引起窒息；另一种原因是惊恐、寒冷使喉头痉挛，呼吸道梗阻而窒息。

1. 溺水急救——自救

（1）不要心慌意乱，应保持头脑清醒。

（2）采用仰面位，头顶向后，口鼻向上，呼气宜浅，吸气宜深，身体浮于水面，以待他人抢救。

（3）不可将手上举或挣扎，举手反而易使人下沉。

（4）会游泳者，若小腿腓肠肌痉挛而致淹溺，应息心静气，及时呼救，同时自己将身体抱成一团，浮上水面；深呼一口气，把脸浸入水中，将痉挛（抽筋）下肢的拇趾用力向前上方拉，使拇趾翘起来，持续用力，直到剧痛消失，痉挛也就停止。一次发作之后，同一部位可再发痉挛，所以对疼痛部位应充分按摩和慢慢向岸上游去，上岸后亦应再按摩和热敷患处。

2. 溺水急救——他救

（1）高声呼救；救护者应镇静、会游泳；尽可能脱去外衣裤，尤其要脱去鞋；迅速游到溺淹者附近；有条件的采用可以漂浮的脊柱板救护落水者。

（2）对筋疲力尽的淹溺者，救护者可从头部接近；对神志清醒的淹溺者，救护者需从背后接近。

3. 溺水急救——岸上救护

（1）现场呼叫120：协助救人和通知急救中心。

（2）保持呼吸道通畅。

（3）救上岸后，将溺水者头偏向一侧，清除口鼻内的泥沙、杂草，脱下假牙，把舌头拉出口外，松解衣领，以保持呼吸道通畅。

（4）把呼吸道及胃中的水从口中倾倒出来。

（5）急救者取半跪位，将伤员的腹部放在急救者腿上，使其头部下垂，用手平压背部进行倒水。

（6）CPR（心肺复苏术）：指当呼吸终止及心跳停顿时，合并使用人工呼吸及心外按摩来进行急救的一种技术。

4. 溺水急救——现场急救注意事项

（1）经短期抢救，呼吸、心跳不恢复者不可轻易放弃，至少应坚持3~4小时，转院途中也应继续进行抢救。

（2）溺水者在现场很快抢救成功，也要送往医院，以防肺部感染和其他并发症。

（3）抢救同时注意保暖，减少并发症发生。

（四）休克

1. 休克的表现

休克是一种急性循环功能不全综合征。发生的主要原因是有效血循环量不足，引起全身组织和脏器血流灌注不良，导致组织缺血、缺氧、微循环瘀滞、代谢紊乱和脏器功能障碍等一系列病理生理改变。

休克病人表现为血压下降，心率增快，脉搏细弱，全身乏力，皮肤湿冷，面色苍白或青脉萎陷，尿量减少。休克开始时，病人意识尚清醒，如不及时抢救，则可能表现出烦躁不安，反应迟钝，神志模糊，进入昏迷状态甚至导致死亡。

2. 现场急救

（1）令病人平卧，下肢稍抬高，以利对大脑血流供应，但伴有心衰、肺水肿等情况出现时，应取半卧位。

（2）应注意保暖，保持呼吸道畅通，以防发生窒息。

（3）保持安静，避免随意搬动，以免增加心脏负担，使休克加重。

（4）如因过敏导致的休克，应尽快脱离致敏场所和致敏物质，并给予备用脱敏药物如扑尔敏片口服。

（5）有条件要立即吸氧，对于未昏迷的病人，应酌情给予含盐饮料（每升水含盐3克，碳酸氢钠15克）。

值得特别注意的是，一旦发现病人出现休克，应分秒必争打120呼救，或送至就近医院抢救。因为一般情况下在院外完全治好病人的休克，可以说根本是不可能的。

（五）晕厥

1. 晕厥的表现

晕厥亦称晕倒，由于脑部一过性血液不足或脑血管痉挛而发生暂时性知觉丧失现象，病人晕厥时会因知觉丧失而突然昏倒。在昏倒前常见周身发软无力，头晕，眼黑目眩；昏倒后，可见面色苍白或出冷汗，脉搏细弱，手足变凉等。轻度晕厥，经短时休息，即可清醒，醒后可有头痛、头晕、乏力等症状。

发生晕厥的原因常为血管神经性和心脑疾病引起两类，如疼痛恐惧、过度疲劳、饥饿、情绪紧张、气候闷热、体位突然改变等因素可诱发血管神经性晕厥。

心律失常、心肌梗死、心肌炎、高血压、脑血管痉挛等疾病发作也可导致晕厥发生。

2. 现场急救

（1）令病人平卧，松解患者衣领和腰带，打开室内门窗，便于空气流通，另外将头部稍低，双足略抬高，保障脑部供血。

（2）如有心脏病史，并可疑是心脏病变引起的晕厥时，应取半卧位，以利呼吸。

（3）可针刺或用手指掐病人的人中、内关、合谷等穴，促使其苏醒。

（4）注意对病人身体的保暖，随时观察病人呼吸、脉搏等情况。

（5）待病人清醒后，可给病人服用温糖水或热饮料（在晕厥时忌经口给予病人任何饮料及药物）。

（6）经处理仍未清醒者，应及时进行呼救或妥善送往附近医院。

（六）中暑

中暑常有先兆，在睡眠不足、过度疲劳、过量饮酒，或在高温环境下劳动一定时间后，会有大量出汗、口渴、头昏、耳鸣、胸闷、心慌、恶心、四肢无力等症状出现。这时体温略高（在38℃之内）、脉搏充实而稍快。这些先兆是中暑的前期，如立即停止作业，移至阴凉处休息，喝些冷饮或盐糖水，上述症状会很快消失。

如继续在高热环境下劳作，又未采取任何救治措施，这时病人可能很快进入中度中暑期。其症状除上述已出现的先兆病症外，体温将升至39℃以上，患者面色潮红，皮肤灼热，呼吸急促并出现呕吐、烦躁和抽风。此时若采取紧急救治措施，如冷敷头部，温水擦身，给予冷饮或盐糖水（果汁或十滴水15~20滴）、移至阴凉与通风处休息等，症状可立即好转，甚或很快自愈。否则，有可能使病情发展，很快进入重度中暑期。

重度中暑，除具有上述先兆症状与轻度中暑症状外，其体温多高达40℃以上，呼吸急促而浅，脉搏快而变细，神志不清，烦躁谵妄（滚动说胡话），腿部抽筋，腹痛剧呕，瞳孔缩小，皮肤灼热无汗，很快进入昏迷、大小便失禁。如救治不及时有力，很可能中暑死亡。

1. 对先兆中暑和中度中暑的一般救治原则

（1）先令患者脱离高温作业环境，到阴凉、安静处休息，给病人喝些饮料，如冷盐糖水、菊花或茶水、果汁饮料等，可能时给予十滴水、人丹、藿香正气水等解暑药。

（2）症状较重但尚无严重危险、神志清醒者，可在其头、颈、腋下和腹股沟处放置冰袋降温；有条件者可开电扇、于室内放冰或将患者置于空调室内降温（使室温保持在22~25℃）；或者将病人放置在冷水内浸泡（水温在15~16℃），使病人采取坐卧位，头露出水面，扶持病人者一面使其体位固定，一面予以胸、腹、肢体按摩，以利皮肤散热。待病人体温达37.5℃时可停止冷水浸浴。

（3）症状不能缓解时，可辅以针刺人中、合谷、曲池、内关等穴位。

2. 对重度中暑的救治措施

除采用先兆中暑和中度中暑救治原则外，应采用以下紧急救治措施：

（1）凡面部发红的病人可将其头部垫高，对面部苍白的病人则要使其头部放低，以保证脑部供血。同时解开病人领扣、腰带，头部用冷敷或身上用50%的酒精、冰水、冷水进行反复擦浴，以促其尽快散热。

（2）病人已失去知觉、昏迷不醒时，可用氨水或香烟末刺激其鼻孔，促其苏醒，同时用针刺或手掐其人中、十宣、百会穴，使其恢复知觉。

（3）有条件时，可用冰镇液体静脉滴注5%葡萄糖生理盐水1000毫升，1小时内注完；对抽风、烦躁不安的病人，可用冬眠灵25毫克加5%葡萄糖盐水250毫升，静滴1小时注完。

以上救治方法，如不见效，应速送医院抢救，不可延误时间。在护送途中，应始终注意降温。

3. 预防中暑的方法

（1）长时间在烈日下劳作时，要戴草帽、打伞遮阳并注意定时休息和保证茶水供应；出汗多时多喝些果汁、糖盐水或稍加点盐的白开水，以保证身体水电解质平衡。

（2）在室内、舱内或地下作业时，应设法通风降温。盛夏炎热季节，对老人、体弱多病者、产妇与婴儿尤其要注意室内通风、降温。

（七）煤气中毒

每年发生的煤气中毒不知夺去多少人的生命，也不知要使多少人致残，导致终身痛苦。但如预防得法，则完全可以不发生煤气中毒，即使发生了，如果抢救及时，措施得当，也会使之转危为安。

煤气中主要含一氧化碳、甲烷、乙烯、丁烯、硫化氢、氢和氦等物质，而所谓煤气中毒则主要是指一氧化碳中毒。产生一氧化碳的原因主要有：煤气管道、液化气钢瓶或灶具等漏气，管道破裂以及使用煤气灶后忘记及时关闭开关等造成的煤气泄漏；煤炉、锅灶或火炕的烟筒堵塞、倒烟或煤、柴、木炭未被充分燃烧等情况下产生的一氧化碳；汽车、内燃机、饲养场孵卵房、印染厂烧毛等排出的大量废气；地下矿井产生煤气爆炸等。上述场所，如果通风不良，煤气排出不畅，人们又在其中停留过久，就会造成一氧化碳中毒。

一氧化碳是一种无臭、无味、无色、无刺激性的气体，不易察觉，人们往往在不知不觉中中毒。这种有毒气体，比空气轻，一般都浮在空气的上面。一氧化碳被人体吸入进到血液后，与红细胞中的血红蛋白亲和力很强，要比氧与血红蛋白的亲和力大300倍，而且双方的离解也很慢，要比氧与血红蛋白的离解慢很多。因此，人们一旦中毒，如不及时救治，很快就会中毒死亡。

1. 煤气中毒的主要症状与体征

一氧化碳中毒，其中毒症状一般分为轻、中、重三种：

（1）轻度。仅有头晕、头痛、眼花、心慌、胸闷、恶心等症状。如迅速打开门窗，或将病人移出中毒环境，使之吸入新鲜空气和休息，给些热饮料，可不治自愈，很快恢复正常。

（2）中度。除具有轻度中毒的上述症状外，还烦躁不安，精神极度兴奋或错乱，出冷汗，四肢发凉，脉搏细弱，血压下降，呼吸微弱或呼吸困难，呕吐，全身瘫痪无力，并逐渐进入虚脱、昏迷。这时病人口唇、两颊、胸部与四肢皮肤潮红，如樱桃颜色。这是煤气中毒后的典型体征。因为一氧化碳与红细胞的血红蛋白结合后呈樱桃红色，所以中毒后反映在皮肤上是典型的樱桃红色。这时如得到及时、有力的抢救，上述症状可较快缓解，一般不留后遗症。

（3）重度。病人因中毒时间较长，吸入一氧化碳量在血液中的浓度达到每升5毫克以上，病人出现深度昏迷，大小便失禁，全身软瘫，瞳孔散大，呼吸浅而不规则，皮肤由樱桃红变为灰白或青紫色，血压极度下降，出现心肌损害和脑、肺水肿等严重症状与体征。这时即使救活了也会留有痴呆、瘫痪、震颤与共济失调、神经炎、全盲或半盲、肢体坏疽和大小便失禁等严重后遗症。如果抢救不及时、得力，几乎必死无疑。

对一氧化碳中毒的诊断，除化验与血氧分析外，仅从上述症状与体征判断和病人当时所处环境即可做出正确诊断，这就为争取紧急抢救赢得了时间。

2. 对煤气中毒的救治原则及方法

（1）发现病人中毒后，要迅速打开门窗，并将病人移出中毒场所。如条件许可，可直接给病人吸氧或把他送进加压氧舱治疗，这将有起死回生的效果。同时应搬掉煤炉或关掉煤气开关，解开患者衣扣，但要注意保暖，以防肺炎等并发症发生。

（2）对昏迷者应立即用针刺人中、劳宫（手心处）、涌泉（脚心处）、十宣等穴位，以促其苏醒。抢救时病人宜取侧卧位，擦净其口、鼻内污物，去掉其假牙，以免其回吸或将污物、假牙等吞入气管，引起窒息死亡。对无昏迷而烦躁不安者，可针刺其合谷、内关、百会、足三里等穴。同时将生萝卜或生白菜切碎挤汁频频予以灌服，用量不限，有清热解毒作用。

（3）如发现病人呼吸与心跳停止，应迅速实行人工呼吸，包括口对口人工呼吸和心脏胸外按摩。

（4）如条件允许，可用以下中西医药方法救治：①对血压下降、面色苍白、出冷汗等虚脱病人，可立即静脉推注50%葡萄糖40~60毫升，1次静注。②如有脑、肺水肿时，可静脉滴注20%甘露醇250毫升。③如病人烦躁不安时，可肌注苯巴比妥钠0.1~0.2克；如无血压下降时，可肌注冬眠灵25~50毫克。④对中毒重的病人，为防止其脑细胞软化与坏死，可采用全身降温办法，即将冰块包裹好放在头与躯干两侧、四肢周围，同时再肌注冬眠灵25毫克，以制止其肌肉痉挛，一般2小时后可将体温降至32℃左右，脑性强直、痉挛与呼吸急促症状也能较快消除，8~32小时后瘫痪症状渐消，昏迷情况好转，肢体可渐渐恢复活动。如人工冬眠超过32小时无病情好转，可自行撤除。⑤如病人呼吸困难时，可使用呼吸中枢兴奋剂洛贝林（又名山梗菜碱）1~2支肌肉注射；如血压下降、心脏衰弱、脉搏快细时，予以皮下或肌肉注射0.1%0.5毫升肾上腺素，则确会有兴奋心脏、提高血压之效。⑥对重度中毒者，可用中药黄芪15克，升麻6克，柴胡6克，桔梗6克，水煎1次灌服，或服安宫牛黄丸1~2丸，1日3次温开水灌服。

（5）经现场或家庭救治无效时，为防意外，应迅速将病人送医院救治，千万不可迟疑。

3. 预防煤气中毒的主要方法

（1）冬天取暖生火时，务必注意开窗通风，这是防止中毒的最简便办法。

（2）经常检查煤炉、煤气开关与管道有无漏气，火炕有无裂缝，如有应随时修缮，以防中毒。

（3）凡用炉子生火时，务必使炭火充分燃烧后再加盖或移进卧室取暖，同时必须开窗通风方可就寝。有些人以为在炉边放盆冷水就可以防止中毒，实际上是完全无效的。

（4）学会预防与急救煤气中毒的知识和方法，这对自己与周围的人都有很大好处。

（八）动物咬伤

1. 被蜂蜇伤的应急处理

夏秋季节外出野游，如被蜂蜇伤，不要以为没有什么，应引起重视，否则可能会导致严重的后果。假如蜂毒进入血管，会发生过敏性休克，以至死亡。

（1）被蜂蜇伤后，其毒针会留在皮肤内，必须用消毒针将叮在肉内的断刺剔出，然后用力掐住被蜇伤的部分，用嘴反复吸吮，以吸出毒素。如果身边暂时没有药物，可用肥皂水充分洗患处，然后再涂些食醋或柠檬。

（2）万一发生休克，在通知急救中心或去医院的途中，要注意保持呼吸畅通，并进行人工呼吸、心脏按压等急救处理。

同时我们应注意，被毒蜂蜇伤后，往患处涂氨水基本无效，因为蜂毒的组织胺用氨水是中和不了的。黄蜂有毒，但蜜蜂没有毒。被蜜蜂蜇伤后，也要先剔出断刺。在处置上与黄蜂不同的是，可在伤口涂些氨水、小苏打水或肥皂水。被蜂蜇伤 20 分钟后无症状者，可视为没有关系。

2. 被蛇咬伤的应急处理

被蛇咬伤后，首先要判断蛇是否有毒，毒蛇与无毒蛇最根本的区别是毒蛇的牙痕为单排，无毒蛇的牙痕为双排。在无法辨别是否毒蛇咬伤时，必须按毒蛇咬伤进行治疗。人一旦被蛇咬伤，应按照以下步骤进行应急处理：

（1）患者应保持镇静，切勿惊慌、奔跑，以免加速毒液吸收和扩散。在安静的状态下，将病人迅速护送到医院。

（2）如在荒郊野外，离医院较远，则必须立即进行自救或互救。

（3）绑扎伤肢：立即用止血带或橡胶带，以及随身所带绳、带等在肢体被咬伤的上方扎紧，结扎紧度以阻断淋巴和静脉回流为准（成人一般将止血带压力保持在 13.3kPa 左右）；结扎时应留一较长的活的结头，便于解开，每 15～30 分钟放松 1～2 分钟，避免肢体缺血坏死，急救处理结束后，可以解除，一般不要超过 2 个小时。

（4）伤口清洗：用清水冲洗伤口，用生理盐水或高锰酸钾溶液冲洗更好。此时，如果发现有毒牙残留必须拔出。

（5）扩创排毒：缠扎止血带后，可用手指直接在咬伤处挤出毒液，在紧急情况时可用口吸吮（口应无破损或龋齿，以免吸吮者中毒），边吸边吐，再以清水、盐水或酒漱口。首先吸毒至少 0.5～1 小时，重症或肿胀未消退前，用消过毒或清洁的刀片，连接两毒牙痕为中心作“十”字形切口（切口不宜太深，只要切至皮下能使毒液排出即可）。作十字形切开后再吸引，以后可将患肢浸在 2%冷盐水中，自上而下用手指不断挤压20~30分钟。咬伤后超过24小时，一般不再排毒，如伤口周围肿胀明显，可在肿胀处下端每隔3~6厘米处，用消毒钝头粗针平刺直入2厘米，如手足部肿胀时，上肢者穿刺八邪穴（四个手指指缝之间），下肢者穿刺八风穴（四个足趾趾缝之间），以排除毒液，加速退肿。

有毒蛇和无毒蛇的区别和预防：毒蛇一般头大颈细，头呈三角形，尾短而突然变细，体表花纹比较鲜艳。无毒蛇一般头呈钝圆形，颈不细，尾部细长，体表花纹多不明显。毒蛇与无毒蛇最根本的区别是：毒蛇的牙痕为单排，无毒蛇的牙痕为双排。预防：打草惊蛇，把蛇赶走。在山林地带宿营时，睡前和起床后，应检查有无蛇潜入。不要随便在草丛和蛇可能栖息的场所坐卧，禁止用手伸入鼠洞和树洞内。进入山区、树林、草丛地带应穿好鞋袜，扎紧裤腿。遇见毒蛇，应远道绕过；若被蛇追逐时，应向上坡跑，或忽左忽右地转弯跑，切勿直跑或直向下坡跑。

3. 被犬咬伤应急处理

（1）一般情况下很难区别是否被疯狗咬伤，所以一旦被狗咬伤，都应按疯狗咬伤处理。

（2）被狗咬伤后，要立即处理伤口。首先在伤口上方扎止血带（可用手帕、绳索等代用），防止或减少病毒随血液流入全身。

（3）被咬后立即挤压伤口排去带毒液的污血或用火罐拔毒，但绝不能用嘴去吸伤口处的污血。

（4）用20%的肥皂水或1%的新洁尔灭彻底清洗，再用清水洗净，继用2%~3%的碘酒或75%的酒精局部消毒。

（5）局部伤口原则上不缝合、不包扎、不涂软膏、不用粉剂以利伤口排毒。如伤及头面部，或伤口大且深，伤及大血管需要缝合包扎时，应以不妨碍引流，保证充分冲洗和消毒为前提，做抗血清处理后即可缝合。

（6）可同时使用破伤风抗毒素和其他抗感染处理以控制狂犬病以外的其他感染，但注射部位应与抗狂犬病病毒血清和狂犬疫苗的注射部位错开。

（7）被猫、狗抓伤咬伤后，若附近无医院，要尽可能先行彻底清理伤口，要把血水往外挤，然后用清水（最好用肥皂水）清洗伤口15分钟。经这样处理后，立即到医院接种狂犬病疫苗，如果伤势比较严重，还要注射狂犬病免疫球蛋白，以中和伤口里的病毒。我国有各类毒蛇50余种，其中伤人最多，危害最大的有10多种。这些毒蛇绝大部分生长在长江以南的广大山区与农村。毒蛇与非毒蛇的主要区别是：前者有毒牙、毒腺，而后者则没有。凡被毒蛇咬伤者，必须立即救治，否则会危及生命，甚至很快死亡。

（九）热力烧（烫）伤

热力烧（烫）伤的伤因可分两类：一为火焰烧伤，如炉火、山火、林火、房子失火、易燃物爆炸（煤气、汽油、煤油）等引起的烧伤；二为烫伤，如开水、热汤、热油、蒸汽等的烫伤。

1. 烧（烫）伤的急救原则

（1）要使患者立即除去或脱离热源。

（2）迅速扑灭火焰或燃烧物。

（3）给患者快速进行清洁与包扎。

（4）尽快将患者送医院救治。

2. 烧（烫）伤的病状与体征

烧（烫）伤一般分为三度：

Ⅰ度：表皮受伤，局部发红、肿胀、疼痛、表面较干而无水泡。

Ⅱ度：表皮全层坏死，局部红肿、疼痛剧烈、有明显水泡；如创面愈合，会留有轻度疤痕。

Ⅲ度：表皮全层以及皮下组织、肌肉、骨骼均损伤，局部疼痛消失，组织呈黑色焦痂，不起水泡。如创面愈合，留下疤痕或造成残废。

3. 对烧（烫）伤的抢救与治疗要求

（1）无论被烧或被烫，均应立即脱去着火或被热液浸透的衣服；或用水浇灭燃烧的衣服火焰，如有水塘、河溪可迅速入水灭火；无水时可就地卧倒慢慢滚动全身而灭火；或将身边棉被、大衣等浸湿后覆盖着火处，以隔绝空气，使火自灭。

（2）身上起火时千万不可乱跑，以免风助火燃，加重烧伤；火势很旺时不可用手扑打，以免烧坏手指。在被火围困场合，切忌乱喊大叫，以免吸入火焰，造成呼吸道烧伤。

（3）除去热源后，应用冷水给伤员冲身或将其泡在水中，以求迅速降温。但炽热金属烧伤时，在热金属附着创面时，不可向伤员身上泼水，以免将其皮肉撕裂掉。

（4）对各类烧（烫）伤应视情况处理。煤气中毒病人引起的烧伤，应以中毒抢救为主（见“煤气中毒”部分），同时对烧伤进行救治；呼吸道烧伤时，应先去掉口、鼻内吸入的污物，再冲刷干净口、鼻，然后，可灌、涂鸡蛋清液，以保护其呼吸道黏膜；凡有休克、昏迷者，除注意其保暖外，还应给予温热糖盐饮料或咖啡、浓茶，以促其苏醒。总之，此时以对症处理为主，保护生命为主，不可过于求繁求细，以免延误紧急救治时机。

（5）凡是Ⅱ、Ⅲ度烧（烫）伤员及有昏迷、呼吸道烧伤者，应尽早安全送往医院救治。护送途中，使伤员取仰卧或侧卧（呼吸道烧伤者）位，以便于伤员排出其口鼻内污物和便于时刻观察伤者呼吸、脉搏等生命指征。

（6）凡是小面积的轻度烧（烫）伤在家庭处理时，应先用淡盐水或冷开水冲洗创面，然后，立即涂上獾油或用酱油、蜂蜜、植物油、黄瓜汁、鸡蛋清、凡士林等的任何一种涂擦，目的是保护创面，防止起泡与感染。若已起泡，一定不可穿破，因泡破容易引起感染。对烧（烫）伤处，可用金霉素、四环素、氯霉素、庆大霉素或磺胺等任何一种软膏涂擦。创面可以暴露，保持干燥，又防感染。如家中有红外线灯（用台灯灯泡即可）直接照射受伤局部，有促进愈合、防止感染和止痛作用，但距离不可太近，防止烤伤皮肤。如烧（烫）伤结痂后痂下有脓，应先用消毒棉纱蘸消毒淡盐水、呋喃西林或3%双氧水等揭痂去脓后，再敷盖浸有0.2%~0.5%庆大霉素或10%新霉素溶液的纱布，保护好创面。

三、预防意外伤害事故发生的对策

（一）加强教育，纠正学生的认知偏差

认知偏差是人们根据一定表现的现象或虚假的信息而做出的与客观现实不一致的判断，其直接后果就是引发行为的偏差。纠正大学生认知偏差需要广大教师，尤其是辅导员和班主任在充分了解学生心理状态的前提下做耐心的思想工作，帮助学生认识其错误认知的严重后果。做好新时期的思想教育工作，要注重人性化、个性化、情感化和时代化，既要保留传统行之有效的好方法，又要注意调动主客体双方参与的积极性，发挥互联网交互性、开放性、即时性的优势，搭起网上思想交流的“连心桥”。

（二）解决问题，减少主体的诱发因素

学生的极端行为往往是由外界某种因素激化其内心矛盾冲突而诱发的，因此，除纠正学生的认知偏差外，及时帮助学生解决学习、经济、情感、人际交往等方面的实际问题，缓解他们的内心冲突是预防大学生因为伤害事故死亡的重要手段。应用好这一手段的前提是要及时发现问题，这就需要广大学生工作人员和学生干部深入学生，在与学生进行言语与非言语的交流过程中捕捉信息，发现问题。如发现某学生目光呆滞、情绪低落、话语不多，则说明该生极可能陷入某种内心冲突或遇到自己暂时难以克服的困难。解决问题是关键，解决问题要遵循“帮助与教育并重”的原则，通过对学生的实际帮助让学生感受到集体的温暖，增强战胜和克服困难的信心与勇气。

（三）完善制度，加强学校的危机干预

学生教育管理机构和危机干预机构是目前高校普遍设置的两大学生工作机构。在学生教育管理方面，大多数高校实行“校、院、系三级管理，以院为主”的管理模式。尤其是教育部《普通高等学校辅导员队伍建设规定》颁布以后，各高校进一步加强了辅导员队伍建设和学生教育管理机构的建设与完善，对加强和改进大学生的思想政治教育起到了实质性的推动作用。另一方面，随着现代社会人们生活节奏的加快和各种竞争的加剧，学生危机干预机构日益显得必要。目前，各高校虽然成立了大学生心理健康教育与指导中心，但在队伍建设和制度完善方面还有待进一步加强，尤其是大学生心理普测与危机干预制度，校院班三级网络建设还有待加强。

（四）正面宣传，放大教育的社会效应

学生的安全教育是一个系统工程，需要学校各部门的通力合作和全社会的积极关注。安全教育也是一项长期工程，必须长期坚持不懈，做到警钟长鸣。放大教育的社会效应就是要以正面教育为主，逐步形成全社会长期广泛关心和支持高校学生安全与稳定的良好氛围。放大教育的社会效应就是要通过安全教育、心理健康教育、生命教育等系列教育活动，让全体高校学生正确理解生命内涵和价值，在积极关爱和尊重自己生命的同时也关爱和尊重他人生命，正确对待生活中的困难和挫折，逐步增强对社会的适应能力。需要特别说明的是，对大学生非正常死亡现象不宜作过多报道和渲染。

（五）社会紧急救助体系的完善

社会紧急救助机构应当完善各种紧急救助设备，救助人员应当增强人道救助意识，

提高自身的责任感和奉献精神，及时救助，不怕承担风险等。同时国家应当完善关于救助法律法规的内容，保护救助机构和人员的正当权利。

（六）大学生自身要加强安全意识

作为当代大学生，应当充分认识生命的珍贵，树立正确的人生观和价值观，提高自身的安全意识，增长自己的安全知识，遵守法律法规，配合学校的管理，提高自身的综合素质和社会适应能力。

思考与练习

1. 高校大型活动有哪些基本特征？
2. 分析高校大型活动发生事故的可能诱因有哪些。
3. 公共活动安全的应对措施有哪些？
4. 预防踩踏事件发生的措施有哪些？
5. 简述预警信号的种类、含义。
6. 简述常见的紧急呼救方式、求救信号。
7. 简述常见意外伤害的预防和救助方法。

第十二章 灾害自救

学习目的与要求

1. 了解自然灾害的种类、特征
2. 了解海啸的防护方法
3. 了解台风、雷电、龙卷风、极端气温天气等气象灾害的防护方法
4. 了解地震发生前的前兆、泥石流、洪水、地震的防护方法

学习重点

1. 气象灾害的防护方法
2. 地震的前兆与地震的防护方法

学习难点

地震防护方法

【案例一】唐山大地震

1976 年 7 月 28 日，北京时间 3 时 42 分 53.8 秒，中国河北省唐山市丰南区一带突然发生里氏 7.8 级强烈地震，23 秒钟后，唐山被夷成废墟，242769 人死亡，164851 人重伤。位列 20 世纪世界地震史死亡人数第二，仅次于海原地震。

【案例二】5·12 汶川地震

2008 年 5 月 12 日 14 时 28 分 04 秒，四川汶川发生里氏 8.2 级强烈地震，地震波及大半个中国及亚洲多个国家和地区，北至辽宁，东至上海，南至香港、澳门、泰国、越南，西至巴基斯坦均有震感，5·12 汶川地震共造成 69227 人死亡，374643 人受伤，17923 人失踪，是中华人民共和国成立以来破坏力最大的地震，也是唐山大地震后伤亡最严重的一次地震。

经国务院批准，自 2009 年起，每年 5 月 12 日为全国“防灾减灾日”。

第一节 自然灾害的种类、特征

自然灾害是指一切给社会和人类的正常生活、生产秩序带来严重破坏，并造成人们生命财产巨大损失的自然现象和事件。

一、自然灾害的种类

自然灾害的范畴非常宽广，我国通常将自然灾害分为6种类型，主要包括：

（1）气象灾害。如热带风暴、飓风、台风、龙卷风、雷暴大风、干热风、风暴潮、暴雨、暴风雪、寒潮、冰（霜）冻、冰雹、浓雾等。

（2）海洋灾害。如海啸、海浪、赤潮、海水入侵、海水回灌等。

（3）洪水灾害。如河湖泛滥、水涝倒灌等。

（4）地质灾害。如地质性崩塌、塌陷、地裂、地面下沉、地下流沙、泥石流等。

（5）地震灾害。由于地震引发的各种灾害和诱发的各种次生灾害。

（6）森林灾害。如林木病虫害、鼠害、森林火灾等。

二、自然灾害的九大特征

（1）自然灾害的必然性和可防御性。

（2）自然灾害的周期性和群发性。

（3）自然灾害的随机性和原地复发性。

（4）自然灾害的潜在性和突然性。

（5）自然灾害的群发性和诱发性。

（6）自然灾害的广泛性和区域性。

（7）自然灾害的破坏性和“建设”性。

（8）自然灾害的复杂性和多因性。

（9）自然灾害防治的迫切性和社会性。

鉴于自然灾害的宽广范畴，根据它们与在校大学生的日常生活、学习关系密切程度，在本章，我们主要介绍的是海啸、台风、龙卷风、雷击、高温、低温、泥石流、山洪以及地震等较为常见的自然灾害的防范知识和技能。

第二节 海啸的防护

一、海啸的征兆

（1）地震是海啸最明显的前兆。如果你感觉到较强的震动，不要靠近海边、江河的入海口。如果听到有关附近地震的报告，要做好防海啸的准备，注意电视和广播新闻。海啸有时会在地震发生几小时后到达离震源上千公里远的地方。

（2）海上船只听到海啸预警后应该避免返回港湾，海啸在海港中造成的落差和湍流非常危险。如果有足够时间，船主应该在海啸到来前把船开到开阔海面。如果没有时间开出海港，所有人都要撤离停泊在海港里的船只。

(3) 海啸登陆时海水往往明显升高或降低，如果你看到海面后退速度异常快，要立刻撤离到内陆地势较高的地方。

二、海啸自救

(1) 认真学习海啸的形成和海啸的征兆等相关知识，并教给你的亲朋好友。

(2) 如果海啸警报响起时你正在学校上课，请听从老师和学校管理人员的指示行动。

(3) 如果海啸警报响起时你在家，请召集所有家庭成员一起撤离到安全区域，同时听从当地救灾部门的指示。

(4) 如果你在海滩或靠近大海的地方感觉到地震，要立即转移到高处，千万别等着海啸警报拉响了才行动。海啸来临前同样不要待在同大海相连的江河附近。近海地震引发的海啸往往在警报响起前袭来。

(5) 外海海底地震引发的海啸让人有足够的时间撤离到高处，而人类有震感的近海地震往往只留给人们几分钟时间疏散。

(6) 海岸线附近有不少坚固的高层饭店，如果海啸到来时来不及转移到高地，可以暂时到这些建筑的高层躲避。海边低矮的房屋往往经受不住海啸冲击，所以不要在听到警报后躲入此类建筑物。

(7) 礁石和某些地形能减缓海啸冲击力，可以暂时躲避。海啸很凶险，在听到海啸警报后迅速远离低洼地区是最好的求生手段。

第三节　气象灾害的安全防护

一、台风的安全防范

对于台风和暴雨灾害性天气的防范，应当做到：

(1) 一旦了解到有台风信号后，一定要注意收听台风警报，及时了解最新台风动态，以便根据影响时间和程度做好防范，如及时妥善安置易受台风影响的室外（包括寝室、教室以及实验室等场所）物品，避免发生因风力过大导致的空中坠物伤人事件。

(2) 检查寝室、教室以及实验室等场所的户外装置，发现损坏、松动应及时向学校有关部门报告。

(3) 台风来临时最好待在室内，当风力很大时，要关闭门窗，千万不要在迎风一侧开窗门。

(4) 尽量避免户外活动，如果外出，在避风避雨时要选择安全地带，一定要注意道路两侧的易倒物，如围墙、树木和广告牌以及简易建筑物等，在野外主要小心电线杆倒杆断线、公路塌方、树倒枝折等危险。

(5) 外出行走风力很大时，尽量弯腰，经过高大建筑物时，要留意高空坠落物。

(6) 做好寝室或教室落水管道口的清理工作，以确保可能出现的积水快速顺利地排出。

二、雷击的安全防范

雷是大气中的一种放电现象，产生的电流非常强大，可以达到我们一般家用电流的数百至几千倍，放电时产生的强烈的光就是闪电。雷电产生强大的电流释放大量热量，它会引起物品燃烧爆炸，房屋倒塌，人畜触电伤亡。雷电会产生强大的电流而人又是导体，所以预防雷击最关键的就是不能让自己成为雷电的导体。

（1）打雷时，不要赤脚站在泥地或水泥地上，应紧闭门窗，防止危险的侧击雷和球形闪电侵入。

（2）尽可能中止室外活动，可就近寻求避雷场所，如成片的房屋等处，但不宜进入棚屋、岗亭等无防雷设施的低矮建筑物，也不宜进入金属车厢内躲雷雨，更不宜躲在树下。

（3）不宜在建筑物朝天面上活动，因为当朝天面发生直接雷击时，强大的电流可导致人员伤亡。

（4）切勿接触天线、水管、铁丝网、金属门窗、建筑物外墙，远离电线等带电设备或其他类似金属装置，不宜在铁栅栏、金属晾衣绳、架空金属体以及铁路轨道附近停留。

（5）不宜在室外游泳池、湖泊海滨游泳。

（6）注意地形地貌，尽可能地远离山顶或其他制高点、水面或水陆交界处，如果是在森林中，则要注意选择周围是林木、中间是空地的地方避雷。

（7）保持良好的行走状态，尽可能地消除安全隐患，不要撑金属伞柄的雨伞在雨中行走，不要接触铁轨、电线，不能在雷雨中跑动，也不宜骑自行车，更不能骑摩托车，同时，要尽可能远离建筑物外露的水管、煤气管等金属物体及电力设备。

（8）头、颈、手处如有蚂蚁爬走感，头发竖起，说明将发生雷击，应赶紧趴在地上，并扔掉身上佩戴的金属饰品如发卡、项链等，这样可以减少遭雷击的危险，如果看见闪电几秒钟内就听见雷声，说明自己已处于近雷暴的危险地带，此时应停止行走，两脚并拢并立即下蹲，双手抱膝，尽量降低身体重心，减少人体与地面的接触面积，如能立即披上不透水的雨衣，防雷效果更好。

（9）避雷针只能保护建筑物，对沿架空电线、电话线侵入的雷电波却无能为力，因此雷雨天必须停打手机，不要上网，最好把电脑的电源插座拔掉，另外应确保计算机有良好的接地。

（10）如果高压电线遭雷击落地时，近旁的人要保持高度警觉，当心地面“跨步电压”的电击，逃离时应双脚并拢，跳着离开危险地带。

（11）若有人遭到雷击，停止呼吸时，应及时进行人工呼吸和外部心脏按压，并迅速送往医院进行救治，以防造成伤亡。

三、龙卷风的安全防范

龙卷风是从强对流积雨云中伸向地面的小范围强烈旋风。它出现时，往往由一个或数个如同“象鼻子”样的漏斗状云柱，从云底向下伸展，同时伴有狂风暴雨、雷电或冰雹。

龙卷风有非常明显的特点：发生时间往往是在夏季的雷雨天气，特别是在下午至傍晚最多见，它的风力特别强大，破坏力很强。龙卷风常常会拔起大树、推翻车辆、摧毁建筑、持续时间短，往往只有几分钟到几十分钟。当遇到龙卷风时，我们应该采取什么样的应对措施呢？

如果在家里时，一定要远离门窗，躲到与龙卷风方向相反的墙壁或小房间里，要抱头蹲下，在野外遇到龙卷风，一定要远离大树、电线杆，以免受伤。

遇到龙卷风时，应向龙卷风前进的相反方向或垂直的方向逃离，汽车外出遇到龙卷风时，千万不能开车躲避，也不要在汽车中躲避，应该立即离开汽车到低洼地躲避，如果有地下室或者半地下室，请躲进去，那里是躲避龙卷风最安全的地方。

四、极端温度的防御

曾经发生在暑假某个著名高等学校的大学生军训期间，一个军训学生中暑倒下，场地附近没有安排随训医生，大家慌乱并且都没有急救能力，最后耽误时间，没有抢救过来，结果该学生死亡。现在各个军训学校都非常重视安全军训措施，就没有再发生过类似事件。

1. 高温灾害性天气的防范

（1）选择适宜时段外出，应尽量减少午后高温时段的户外活动或作业，更要避免长时间在高温、高湿度、气流静止的环境或烈日下活动和行走。

（2）要穿宽松、透气性能良好、色浅的衣服，同时采取必要的防暑降温措施，携带必要的遮阳工具，避免阳光直接照射，并要保证充足的睡眠，一旦感到不适就应及时休息。

（3）当气温达到35℃以上时，要停止运动，并保持充足的饮水。

（4）出汗过多时，可适当饮用淡盐开水或绿豆盐水汤，同时，应随身携带一些风油精、清凉油、藿香正气水等常规的防暑药物。

（5）大量出汗后不宜大口饮水，以避免心脏负荷过重，更重要的是，切忌在大量出汗时近距离对着空调取凉，因为它容易造成脑部血管破裂等后果严重的意外情况。

2. 低温的安全防范

低温灾害性天气在我国北方较为常见，指的是由于冷空气的忽然来袭，使得本地区温度骤然降至0℃甚至是-5℃以下的现象。

对低温灾害天气的防范，应当做到：

（1）尽量避免户外活动。

（2）及时添衣保暖，做好防冻预防工作。

（3）确保取暖安全，学生寝室中避免使用大负荷电量的取暖电器，严禁晚间在室内生火取暖，以防止电器火灾和一氧化碳中毒意外事故的发生。

（4）冬季尤其是低温灾害性天气来袭时，室内氧气和光线往往不够，易滋生病毒和细菌，因此应当坚持做好寝室和教室等场所的通风换气工作。

（5）不应进行大运动量锻炼以御寒，避免因毛孔张开而诱发感冒。

（6）如手脚被冻后，切忌用烫水浸泡，应当在温水中进行清洗和搓揉。

（7）当气温远低于冰点时，切莫用湿手触摸金属物体，以防止冻结。

（8）多食用新鲜水果蔬菜，提高免疫能力。

第四节　泥石流、洪水、地震的防护

一、泥石流灾害的安全防范

面对泥石流的突然发生，要保持冷静，首先判断崩塌、滑坡、泥石流威胁的范围，然后及时逃离险区。具体来说，泥石流发生时，滚石、坡体或泥石流都是从高的地方向低的地方运动，所以应选择向左右两个方向朝着沟岸的两侧山坡逃离危险区，而不要选择顺着滚石、坡体或泥石流运动的方向朝上游或朝下游逃生。

二、山洪预防和逃生

（1）降暴雨时，要时刻观察房屋周围的河道水位和山体有无异样，特别是晚上，更应该提高警惕，随时准备转移。

（2）加强对塘坝水库水位、渗漏等情况的观测，如有异样，迅速转移。

（3）观测到可能引发洪水、滑坡、泥石流的降雨量，要立刻采取鸣锣、电话、广播等预先设定的报警措施，迅速向可能受到威胁的人们传递信息。

（4）洪水到来时，河道水位会迅速上涨，不要沿着河道跑，应该向河道两岸的高处跑。

（5）如被洪水冲走，要尽可能抓住木棍、门板等漂浮物，然后飘过树木等固定物时迅速抓住，等待救援。

（6）被困山洪中时要保持镇定，保存体力，衣服尽可能保持干燥，耐心等待救援。

三、遭遇洪水时的自救与逃生

（1）注意收听、收看天气预报。在洪水到来之前，按照预先选择好的路线撤离易被洪水淹没的地区。

（2）如果洪水来势凶猛，已来不及撤离时，要迅速就近向山坡、高地、楼房、避洪台等地转移，或者立即爬上屋顶、楼房高层、大树、高墙等高的地方暂避，等候救援。

（3）如果洪水继续上涨，暂避的地方已难自保，则要充分利用准备好的救生器材逃生，或者迅速找一些门板、桌椅、木床、箱子、大块的泡沫塑料等能在水上漂浮的材料扎成筏逃生。

（4）逃生时不要沿着行洪道的方向跑，而要向两侧快速躲避，防止直接接触电或因地面跨步电压触电。

（5）如果已被洪水包围，要设法尽快与当地政府防汛部门取得联系，报告自己的方位和险情，积极寻求救援。

（6）如果有可能，可吃一些高热量的食品，如巧克力、饼干等，喝些热饮料，以增强体力。

（7）洪水过后，不要轻易涉水过河，徒步通过水流很快、水深已过膝盖的小溪。

四、地震的安全防范

（一）地震前的前兆

在地震发生前，通常会有一些前兆，主要包括：水异常、生物异常、气象异常、地声异常、地光异常、地气异常、地动异常、地鼓异常、电磁异常。

（1）水异常。地下水包括井水、泉水等。主要异常有发浑、冒泡、翻花、升温、变色、变味、突升、突降、泉源突然枯竭或涌出等。

（2）生物异常。伴随地震而产生的物理、化学变化（振动、电、磁、气象、水氡含量异常等），往往能使一些动物的某种感觉器官受到刺激而发生异常的反应。

（3）气象异常。地震之前，气象也常常出现反常。主要有震前闷热，人焦灼烦躁，久旱不雨或阴雨绵绵，黄雾四散，日光晦暗，怪风狂起，六月冰雹（飞雪）等。

（4）地声异常。地声异常是指地震前来自地下的声音，其声有如炮响雷鸣，也有如重车行驶、大风鼓荡等。

（5）地光异常。指地震前来自地下的光亮，其颜色多种多样，可见到日常生活中罕见的混合色，如银蓝色、白紫色等，但以红色与白色为主；其形态也各异，有带状、球状、柱状、弥漫状等。一般地光出现的范围较大，多在震前几小时到几分钟内出现，持续几秒钟。

（6）地气异常。地气异常指地震前来自地下的雾气，又称地气雾或地雾。这种雾气，具有白、黑、黄等多种颜色，有时无色，常在震前几天至几分钟内出现，常伴随怪味，有时伴有声响或带有高温。

（7）地动异常。地动异常是指地震前地面出现的晃动，科学上将它称为前震（foreshock）。前震的定义是所有先于最大震级的震动都称作前震。

（8）地鼓异常。地鼓异常指地震前地面上出现鼓包。

（9）电磁异常。电磁异常指地震前家用电器如收音机、电视机、日光灯等出现的异常。

（二）地震灾害的安全防范

对地震灾害的安全防范，应当做到：

（1）找出身边的危险源，认真清理自己的住所。寝室内物品不要堆积得过满和杂乱；此外，走廊上不要堆积杂物，保持通畅。

（2）培养防灾意识。应当了解有关如何关电、关气、关水的操作，学习并积累急救知识。

（3）在地震开始时赢得时间。从大地动摇到房屋倒塌之间有一段非常短促但是极其珍贵的空当，一般为 10 秒钟左右。可以利用这关键的空当完成一系列躲避性的应急措施。此外，乘坐电梯逃生、向楼房内逃跑以及从楼上跳下都是错误的逃生方法。

（4）正确的避震方法。高校学生寝室以楼房为主。正确的避震方法是：迅速打开门窗，切断电源、火源后，避开高大易倒的室内壁橱，躲进床底、桌底，并抓住床、桌腿，注意保护自己的头部，最好用棉被裹住身体，将该姿势保持到一震结束。等到一震结束后迅速离开室内，到室外空旷处如操场等地避震。

（5）震后安全撤离的要点。如果没有被压在废墟下面，大震过后要抓住上一次震动与下一次震动之间的空当，迅速撤离到安全地点。

如果不幸被埋在废墟中，则必须做到冷静、沉着，保持强烈的求生欲望，千万不要让恐惧影响到自己采取正确的行动，做出错误的举动。

知识链接

美国国际救援小组专家：地震中自救窍门

我的名字叫道格·库普（Doug Copp）。我是世界上最有经验的救援小组——美国国际救援小组（ARTI）的首席救援者，也是灾难部的经理。

我和曾经来自60多个不同国家成立的各种救援小组一起工作过，曾在875个倒塌的建筑物里爬进爬出。在联合国灾难减轻小组中我担任了任期两年的专家。从1985年至今，除非同时发生了多个灾祸，我几乎参与了每一次重大的救援工作。

在1996年，我们用我创立的而且被证明是正确的方法制作了一部电影。土耳其政府、伊斯坦布尔市、伊斯坦布尔大学及ARTI联合制作了这部科学研究性的影片。

我们人为地摧毁了一座学校，和一个里面有20个人体模特的房屋。十个人体模特用“蹲下和掩护”的方法，而另外十个模特使用我的“生命三角”的求生方法。

模拟地震发生后，我们通过倒塌的碎石慢慢进入了建筑物，并拍摄和记录了结果。

在一个可直接观察到的而且科学的条件下，这部电影拍摄了我使用的求生技术。结果显示那些用“蹲下和掩护”方法的人存活率为零，而那些使用“生命三角”的人能够达到100%的存活率。上百万的人已经在土耳其和欧洲的其他地方，还有美国、加拿大和拉丁美洲的电视节目里看到过这部片子。

我曾进入的第一个建筑物是在1985年墨西哥地震中的一个学校。每个孩子都在课桌底下。每个孩子都被压扁了。他们如果能在走道里挨着他们的课桌躺下，就有生还的希望。我不知道为什么孩子不在走道里。那时，我不知道孩子们被教导要躲在某物体的下面。

简单地说，当建筑物倒塌时，落在物体或家具上的屋顶的重力会撞击这些物体，使得靠近它们的地方留下一个空间。这个空间就是被我称作的“生命三角”。物体越大越坚固，它被挤压的余地就越小。而物体被挤压得越小，这个空间就越大，于是利用这个空间的人免于受伤的可能性就越大。

下次，你在电视里观看倒塌的建筑物时，数一数这些形成的“三角”。你会发现到处都有这些三角。在倒塌的建筑物里，这是最常见的形状，几乎到处都有。我培训Trujillo（人口约为750000的地方）的消防部门，教导人们如何求生，如何照顾他们的家人，以及如何在地震中援救他人。

Trujillo消防部门的救援总负责人是Trujillo大学的教授。他陪伴我同行，他说：“我叫Roberto Rosales，我是Trujillo的首席救援者。11岁时，我被陷在一幢倒塌的建筑物里。就是发生在1972年的那场地震中，当时有70000人死亡。我利用我哥哥摩托车旁的‘生命三角’保住了生命。我的朋友们，那些躲在床下，桌子下的人都死了。（他列出了这些人的姓名、地址……）。我可以称作是‘生命三角’的活生生的例子，而我那些朋友是‘蹲下和掩护’的例子。”

道格·库普的提示：

（1）当建筑物倒下时，每个只是简单地“蹲下和掩护”的人都被压死了，每次，毫无例外。而那些躲逃到物体，如桌子或汽车下躲避的人也总是受到了些伤害。

（2）猫，狗和小孩子在遇到危险的时候，会自然地蜷缩起身体。地震时，你也应该这么做。这是一种安全的本能，而且你在一个很小的空间里就可以做到。靠近一个物体，一个沙发，或一个大件，它仅受到了略微的挤压，但在靠着它旁边的地方留下了一个空间。

（3）在地震中，木质建筑物最牢固。木头具有弹性，并且与地震的力量一起移动。如果木质建筑物倒塌了，会留出很大的生存空间。而且，木质材料密度最小，重量最小。砖块材料则会破碎成一块块更小的砖。砖块会造成人员受伤，但是，被砖块压伤的人远比被水泥压伤的人数要少得多。

（4）如果晚上发生了地震，而你正在床上，你只要简单地滚下床，在床的周围会形成一个安全的空间。

（5）如果地震发生了，而你正在看电视，不能迅速地从门或窗口逃离，那就在靠近沙发或椅子的旁边躺下，然后蜷缩起来。

（6）当大楼倒塌时，很多人在门口死亡了。怎么回事？如果你站在门框下，当门框向前或向后倒下时，你会被头顶上的屋顶砸伤。如果门框向侧面倒下，你会被压在当中，所以，不管怎么样，你都会受到致命伤害。

（7）千万不要走楼梯，楼梯与建筑物摇晃的频率不同（它们和建筑物的主体部分分别晃动）。楼梯和大楼的结构物发生不断地碰撞，直到楼梯发生构造问题。人在楼梯上时，会被楼梯的台阶割断，这是很恐怖的毁伤。就算楼梯没有倒塌，也要远离楼梯。楼梯就像大楼一样会被损坏。哪怕不是因为地震而倒，还会因为承受过多的人群而坍塌。所以，我们应该始终首先检查楼梯的安全，甚至建筑物的其他部分并没有被损坏。

（8）尽量靠近建筑物的外墙或离开建筑物。靠近墙的外侧远比内侧要好。你越靠近建筑物的中心，你的逃生路径被阻挡的可能性就越大。

（9）当发生地震时，在车内逃生的人会因路边坠落的物体砸伤，这正是 Nimitz Freeway 的路上所发生的事情。San Francisco 地震的无辜受害者都待在车内。其实，他们可以简单地离开车辆，靠近车辆坐下，或躺在车边就可以了。所有被压垮的车辆旁边都有一个 3 英尺高的空间，除非车辆是被物体垂直落下。

（10）我发现，在报社或办公室里堆有很多报纸的地方，通常会好些，因为报纸不受挤压。你在纸堆旁可找到一个比较大的空间。

思考与练习

1. 简述自然灾害的种类、特征。
2. 简述海啸的防护方法。
3. 简述台风、雷电、龙卷风、极端气温天气等气象灾害的防护方法。
4. 简述地震的前兆有哪些。
5. 简述泥石流、洪水、地震的防护方法。

第十三章 心理安全

学习目的与要求

1. 熟悉大学生常见的心理问题，重视心理健康
2. 掌握大学生心理问题的预防及应对方法
3. 牢固树立珍爱生命的意识，谨防心理危机和自杀风险

学习重点

1. 大学生身心发展特点、常见的心理问题
2. 大学生预防心理问题的方法，以及出现心理危机时的应对方法
3. 大学生珍爱生命的重要性，以及自杀行为的预防和干预

学习难点

1. 大学生常见心理问题的应对方法
2. 自杀行为的预防和干预

随着社会的高速发展，人们的竞争压力日趋增大，大学作为学生从校园走向社会的过渡阶段，是一个“小社会”，存在着学业、就业、社交等一系列压力。由于大学生身心发展的不平衡，在适应和调适压力和情感的过程中，不乏学生在自我认知、情绪控制、沟通交流等方面出现心理问题，2018 年《大学生心理健康教育工作的展望：调研证据》发现，全国有 30%的大学生出现心理问题，10%有心理障碍。严重的心理障碍极易酿成校园自杀、伤人等安全事件。

国家、地方、学校日趋重视学生心理健康教育工作，2018 年 7 月中共教育部党组印发了《高等学校学生心理健康教育指导纲要》，提出要“坚持育心与育德相统一，加强人文关怀和心理疏导，规范发展心理健康教育与咨询服务，更好地适应和满足学生心理健康教育服务需求，引导学生正确认识义和利、群和己、成和败、得和失，培育学生自尊自信、理性平和、积极向上的健康心态，促进学生心理健康素质与思想道德素质、科学文化素质协调发展”。

目前绝大多数高校已开设心理健康教育课程、普及心理咨询室、构建心理健康制度。但是心理问题、心理障碍等具有隐蔽性，高校学生基数大，所以仅靠学校单方面努力，防范心理安全事件仍存在不小难度，只有师生携手努力，共同高度重视心理健康，调动学校、家庭、团体、朋辈的共同力量，学生遇到问题积极向家人、朋辈、老师、学校反映，共同协作努力为学生身心平衡成长保驾护航。

第一节　大学生常见心理问题

2019 年 7 月，《中国青年报》在微博上发现针对大学生抑郁症的调查，在超过 30 万投票中，14%的大学生出现抑郁症状，17%的大学生出现焦虑症状，12%的大学生存在敌对情绪。心理健康问题已经成为影响大学生学习成长的一大障碍，甚至直接成为校园安全的潜在威胁。因此大学生应实时关注个人心理健康以及同学心理健康情况，如有异常应及时调节，自行调节无效的，应及时向学校、老师、家人反映，获取专业帮助。只有每一名学生都重视心理健康，那么心理问题导致的危机才能在萌芽阶段被扼杀。

心理是人脑对客观事物、环境、事件的主观体验和反映。下面我们将学习大学生身心发展的特征、心理健康的标准、如何正确认识心理健康、大学生常见的心理问题有哪些，形成心理问题的成因是什么。

一、大学生身心发展的特征

我们一般认为心理是脑的机能，脑是心理的器官，心理则是大脑对客观现实的主观反映。心理包括三个紧密联系的方面：心理过程、人格和心理状态。心理过程是变化的，不同情况下，心理过程也有所不同，包括认知过程、情绪情感过程、意志过程；人格是相对稳定的心理特征，包括气质和性格；心理状态是一种心理表现。例如一个人比较外向，他在心理过程中往往表现出愉快、积极的心理状态；反之一个人比较忧郁，他在心理过程中往往表现出伤感、消极的心理状态。

大学阶段，学生的身心发展一般具有以下特征：

（1）身心发展不平衡。大学生的身体发育已基本达到成人水平，但是心理水平仍在持续发展阶段，存在生理和心理发展的不均衡。

（2）自我意识自觉调整。大学生的自我意识表现出高度的独立自主性，对自己的行为、学业、人际关系、人格等都有自己相对独立的看法。同时大学生的自我意识也具有较高的自觉性，他们可以在没有外界要求的情况下进行自我意识活动，能够进行自我观察、自我分析、自我监督和控制。但是自我评价仍存在片面性，自我评价易受他人评价等方面的影响。在自我接受和自我否定间摇摆，寻找支撑点。

（3）情感体验、情绪丰富，但自控能力仍待发展。大学生的情感在很大程度上受到理智的制约，情感和理智之间的关系开始趋于平衡。但情绪自控和调整能力仍待进一步提高和发展。

（4）发展阶段不平衡。在大学阶段，人们的心理发展阶段性很强，不同阶段有不同的重点倾向。一是刚入校时，适应是第一挑战。如何面对全新的学习生活环境、如何适应新的学习方式和方法、如何独立处理人际关系，常常使新生焦头烂额、手足无措。

二是稳定发展。在适应大学生活后，往往是较为稳定成长进步的阶段。三是就业阶段。临近毕业，毕业设计、论文压力大外，还有就业压力在等待。这个阶段，大学生经常产生强烈的内心矛盾，尤其是就业受挫的情况下，心理状态极易走向极端。

二、大学生心理健康的标准

1947 年，世界卫生组织（WHO）提出“健康乃是一种身体的、心理的和社会适应的健全状态，而不只是没有疾病或虚弱现象”，正式将心理健康放在和身体健康同等重要的地位。心理健康就是指人在不同的环境中，能调整心理结构主观适应，在适应环境的过程中能保持人格完整，保障持续积极的心理功能状态。

那么心理健康的标准是什么呢？

1946 年，第三届国际心理卫生大会曾具体地指明心理健康的标准是：①身体、智力、情绪十分调和；②适应环境，人际关系中彼此能谦让；③有幸福感；④在工作和职业中，能充分发挥自己的能力，过有效率的生活。随着时代的演进，心理健康的标准也在不断发展，我国学者从社会规范、生活适应状况、心理成熟等方面进行了完善。

根据我国大学生的身心特点及实际情况，我们一般认为大学生心理健康的标准如下：

（1）对学习有兴趣，并且能正常开展学习活动。大学生仍处于积累知识和学习的关键阶段，最重要的任务仍旧是掌握社会所需要的专业知识和技术，只有持续对学习保有兴趣，并自发地开展学习活动，才能增强个人的社会竞争力，才能实现个人的社会价值。

（2）正确认识自我，悦纳自我。自我意识是心理健康最重要的基础，健康的自我意识与真实自我比较接近，也就是能够正确、客观地认识自我，健康的自我评价虽然也会根据环境进行调整，但是不会出现大幅偏离或波动。此外，是否能够悦纳自我也是判断自我意识是否健康的重要标准，只有接受自己的缺点和不完美，才能做到真正爱自己，爱他人。

（3）能够调节自己的情绪，保持良好的状态。情绪调控能力也是判断心理健康程度的重要指标。情绪健康不是指一个人没有悲伤、抑郁等负面的情绪，而是指能够主观能动地通过一些方式对负面情绪进行有效的调节和控制，不会出现长时间沉浸在负面情绪之中，亦不会出现情绪过激、行为失控等情况。良好的状态不是指没有消极的一面，而是绝大多数状态是积极乐观向上的。

（4）保持良好的人际关系，乐于与人沟通。马克思曾论述过“人的本质是一切社会关系的总和”。从人的社会性出发，只有保持良好的人际、社交关系，人的自我效能感才能完善和提升。而良好的人际关系，往往是源自于良性的双向沟通。因此健康的社交心理，离不开主动并积极地与人进行无障碍沟通的能力。

（5）具有适应环境的能力。适应环境不仅包括物质环境、生存环境，更包括规范、文化、风俗习惯等。健康的心理，能够快速感知环境信息，能够主观能动地制定相应计划和对策来应对环境变化。对于大学生来说，健康的心理一定要能调试生活、习惯、行为以适应校园规范、宿舍生活、学习方式转变等环境变化。只有良好的适应能力，才能保障情绪、人际关系等心理健康。

（6）人格和谐完整。心理学上所讲的人格，是指一个人在人生中逐渐形成的表现稳定和持续的心理特征。健康的人格是有机统一的、稳定的，应该具有明确的自我意识，没有统一性的疑惑，行为是按照积极进取的三观执行的，而且表现是一贯的、统一的。

（7）心理行为特点符合年龄特征。在人生的不同阶段都有相应的心理行为表现。心理健康的人认知、情感、言行举止符合年龄特征。大学生仍像个小孩子喜怒无常，无自我主见，处处依赖他人，很明显就是心理不健康的表现。

三、大学生常见的心理问题

心理健康与否的界限是相对的，没有绝对的分界线。大学生应正确认识心理健康标准，人的心理活动具有丰富性和波动性，不要因为一时的“不合标准”而紧张失措，只要能通过自身调节，尽快走出负面心理状态就是比较健康的，不必“矫枉过正”。同时，心理问题是极其常见的，轻度的可以依靠自我调节，但是严重的一定要在专业人员的指导下进行治疗，切不可生搬硬套。

目前大学生常见的心理问题，从心理学角度，有自负、自卑、焦虑、抑郁、强迫症、人格障碍等。为了便于学生理解，本书从大学阶段常见的心理问题内容出发，将大学生心理问题整理如下。

（一）环境适应不良问题

大学生大都是离乡背井来到异地求学，生活环境、学习环境、人际环境都有翻天覆地的变化，在适应环境变化的过程中，容易产生适应不良等心理问题。

（1）气候环境、饮食习惯等变化。有的学生从北方来到南方学习，南方夏天酷热、冬天阴冷，饮食方面也多辛辣，很多同学除了生理不适外，还常常伴有心理不适，想要逃离当下环境，难以自控地想家，严重的会影响学习和生活。

（2）生活上被迫走出舒适区。离开了家人的照顾，不再有人帮着洗衣收拾，都要靠自己动手。而且居住环境不如家庭舒适，宿舍空间相对于家里房间较小，而且还要与来自天南地北的室友共同居住，不同生活习惯难免导致摩擦，部分同学会出现压抑、拒绝沟通等情绪。

（3）学习方式转变。大学学习不再是中学时的灌输型学习，很多时候需要靠学生培养自己的自学能力，不仅要学习知识，更要学会如何学习，有的同学会感觉到吃力，出现疲劳和焦虑的情况。

（4）空闲时间增多，如何安排好自己的空闲时间也成为一个考验，有的同学没能培养积极向上的兴趣爱好，而是沉迷于电脑游戏、手机游戏，熬夜作息不规律，甚至逃课，长时间上网玩游戏，影响视力和身体健康，影响学习、人际交往，有的甚至出现自闭、沟通障碍等情况。

（5）无法走出高考失利的阴影。有很多学生在高考中失利，未能进入自己理想的院校，退而求其次，却又心有不甘。潜意识地将所在学校的缺点无限放大，无法融入校园生活，内心里感觉格格不入，内心在否定环境和否定自我间游走，严重的话，会导致抑郁、自闭，严重影响学习和生活。

【案例】2018年8月25日，湖北武汉某高校的一名18岁女大学生险些遭遇不测。

原来这位高校大一女生到校报到后，逛了一下校园，发现学校并不是自己想象的那样高雅。感觉心理落差太大的这位大一女学生便决定离校回家，令人想不到的是，女大学生在乘车回家的途中遇到一个看似颇有范儿的男子，一番交谈之后该男子劝女学生去学校退学退钱，并称自己认识一位朋友可以让女学生到那所好一点的学校读书。令人惊讶的是，这位女大学生竟然相信了男子的话，一路跟随该男子。待两人到地铁站后，学校的辅导员主动与女学生通电话，这才了解到女学生的具体情况，于是各方迅速求助地铁工作人员，从而劝回了这名大一女生。而在劝说女孩归校期间女学生一直不相信身边的师长，反而心甘情愿地相信陌生男子。

（来源：新浪微博）

【点评】 该名新生不能适应校园新环境，做出了离校出走的错误决定，差点陷入险境而不自知，一方面体现出该生存在较为严重的适应心理问题；另一方面也体现出该生安全意识非常差，对于陌生人不予防范，还好学校辅导员发现问题及时，避免了事态恶化。新生适应阶段比较容易出现类似心理危机，需要同学、老师、学校共同提高警惕，做好防范。

（二）学习心理问题

1. 学习目标缺失

在中学阶段，学习的目的性和指向性很强，学习直接与分数挂钩，而分数直接与大学挂钩，学生心目中往往有个明确的理想分数和高校。但是进入大学后，很多同学都会有学习目标缺失的情况，因为学习不再有极强的功利性，学习成绩并不是与就业的优劣唯一挂钩的评判标准，对于学习成果的评价，也不是简单的分数评判。这些都导致部分同学学习目标缺失，进而出现学习动机缺失等问题。

2. 学习动机障碍

学习动机障碍，一般分为学习动机不足和学习动机过强。目前大学生中，一半以上的学生存在学习动机不足的情况，主要源自于学习目标的缺失以及对所学专业的不认同感。很多学生在报考高考志愿的时候，并未深入了解专业所学知识以及应用，或是迫于外界压力选择了“热门”专业，自己并不喜欢，导致在学习中提不起兴趣，甚至有排斥感。另外，学习动机过强的情况也时有发生，在学习过程中，并非学习动机越强，学习效果越佳，对于一些难度较大的学习内容，学习动机越强，学习效果反而越差，而且会导致强烈挫败感，影响自我认识，影响学生的心理健康。

3. 考试焦虑

考试焦虑，是由于担心考试而出现的持续的紧张心理状态，比较常见。轻度的焦虑紧张表现为注意力难以集中，紧张不安，学习效率下降。重度焦虑会导致自主神经紊乱、肌肉紧张，持续有不安、急躁的情绪，甚至有睡眠障碍，无法开展学习。从时间上来分，又分为考前焦虑、考中焦虑、考后焦虑。

（三）人际关系心理问题

人际关系是大学生活中尤为重要的组成部分，人际关系的好坏直接影响学生学习、生活的质量，大学阶段很多心理问题往往也是源自于人际交往过程。2019 年 6 月高等教育出版社社会学习资源分社针对 28 所高等院校的 747 名学生进行的问卷调查表明，

59%的受调查者表现出不同程度的人际交往障碍，比其他的心理问题相对更普遍。在人际交往过程中常见的心理问题如下。

1. 抗拒人际交往

部分大学生不重视人际交往，甚至主观回避人际交往，存在一定的自闭倾向。引起这种心理问题的原因主要有自卑心理，自卑是指通过不合理不科学的比较，导致过低自我评价，缺乏自信、自我否定，害怕在与他人交往中被拒绝或否定。

2. 自我中心、自负心理

部分学生过多关注自我，强调自我感受和需求，不会换位思考，认为自己的想法和理念都是正确的，与同学意见相左时，往往不会调和矛盾，反而将错误归结为他人问题，导致人际关系紧张、疏离。

3. 过度嫉妒、猜疑等负面情绪

嫉妒、猜疑是常见的情绪反应，嫉妒是自我评价的副产物，在与他人的比较中，对他人的成绩、优点产生的不悦的心理体验。猜疑是对他人行为语言的潜在意义的猜测。过度的嫉妒、猜疑会导致心理压力和负担，无法正常进行人际交往，从而影响人际交往关系。

（四）恋爱心理问题

大学生正值豆蔻年华，许多大学生在校期间都有恋爱经历，而恋爱心理问题应当引起大家注意。尤其是大学生在处理感情问题上都不够成熟，容易在感情中受伤害，而感情受挫后，如若处理不当，将导致心理危机事件的发生。加之，中学阶段对性教育、异性交往教育的缺失，部分大学生出现高危性行为，导致意外怀孕、传染病等高危事件。

【案例】2019 年 3 月 14 日，海口经济学院有一女生被殴打。接警后，民警赶赴现场处置，并将双方当事人带回派出所。

经了解，海口经济学院学生万某广、王某月因感情纠纷发生争执，万某广于 14 日 0 时 40 分许翻围栏进入王某月宿舍，与王某月发生争吵并殴打王某月左眼一拳和左脸一巴掌。万某广对其殴打他人的行为供认不讳，受伤的女生王某月当晚已在学校辅导员的陪同下到医院检查治疗。

（来源：新京报快讯）

【点评】“冲动是魔鬼”，恋爱中的口角演变成暴力殴打，违反法律、违反校规实属不应该。遇到问题切忌冲动，退一步海阔天空，只有好好沟通方才是解决之道。如果当时情绪过于激动，难以自控，可以给对方一个缓冲期，等待情绪平复之后再进行合理沟通。

（五）就业心理问题

就业是大学生压力的主要来源之一，也是在校大学生导致心理问题的主要方面。大学生们经历“十年寒窗苦读”后，对就业期望值很高，有些学生甚至认为就业是实现理想的关键一步，然而随着就业竞争激烈，有的学生在校期间对社会人才需求的了解不够深入，导致在求职中屡屡受挫。在就业求职中受挫，导致学生神经衰弱、焦虑、自卑心理，甚至强烈的应激反应，极易酿成心理危机事件。

【案例】2014 年 12 月 8 日上午，在郑州花园北路城中村邵庄，一名刚刚研究生毕业的小伙疑似因求职屡屡受挫跳楼自杀。据小伙的弟弟透露，“早上他给我发短信说，‘我走了，你照顾好咱爸妈，我没能力’。”据了解，该小伙当年9月才从山东理工大学研究生毕业，之前找工作并不顺利。

（来源：郑州晚报）

【点评】研究生跳楼身亡是家庭无法抹去的伤痛，更是社会的损失。求职难是很常见的，有压力也正常，大学生要培养自己的抗挫折能力，磨砺一个积极、健康的心态，遇到困难不逃避，要对自己有信心，“宝剑锋从磨砺出”，是金子终究是会发光的。

第二节　大学生心理问题的预防与应对

大学生心理问题具有常发性、隐蔽性等特征，一旦出现心理问题将对大学生的学习、生活产生负面影响，甚至出现安全隐患、生命危机，因此大学生应该注意预防心理问题，并知晓应对方式。

一、影响大学生心理健康的主要因素

（一）遗传因素

一般情况下，我们认为人的心理活动主要是由于后天社会环境的影响而形成和发展的。但是经研究，遗传因素通过影响体型、气质、神经结构等方面，对人的心理活动起潜在作用。家族精神病存在一定的生理遗传性，此外生理机能障碍也会导致心理障碍或精神失常。

（二）环境因素

1. 社会历史因素

中华文化源远流长，起源于农耕文化，具有自给自足，内向型的特点，推延至心理层面，具有内敛的共同精神人格，重视集体利益，忽视个人心理状态。同时，随着时代浪潮，社会高速发展，竞争压力巨大，焦虑、抑郁等心理问题随之纷至沓来。但是人们对心理问题的认知仍远远不够，许多大学生出现心理问题，仍不愿接受心理咨询，害怕他人的异样眼光。

2. 学校教育因素

中学阶段“分数本位”的思想根深蒂固，不重视学生的心理健康教育，为大学阶段埋下了心理问题的隐患。大学阶段，虽然普遍重视心理健康教育，但仍存在资源不足的情况，心理普查、心理咨询的广度和深度都有待加强。

3. 原生家庭因素

已有很多研究都表明，家庭的教育方式、家庭氛围、沟通方式等是影响大学生心理健康的重要因素之一，父母错误的教育方法对大学生的心理健康有着明显的消极影响。良好的家庭氛围及沟通方式与大学生的心理健康呈正相关，而压抑的家庭氛围及有问题的沟通方式恰恰相反。家庭背景、经济状况以及父母受教育程度也对大学生心理健康有一定影响。

（三）突发事件因素

突发事件是诱发心理问题的重大威胁。突发事件指在生活、学习上突然发生的负面

的变化，如亲人亡故、挂科、失恋等，严重的突发事件甚至很可能导致应激反应。在新型冠状病毒的防治过程中，很多人失去了亲人和朋友，我们看到有关单位高度重视病患的心理健康，开展了在线心理咨询，普及防疫心理健康知识，提供心理疏导，抚慰人们的焦虑。

拓展阅读

疫情中的心理咨询：一场持久的“心理战”

2019 年 1 月 27 日，国家卫健委发布疫情紧急心理危机干预指导原则，要求将心理危机干预纳入疫情防控整体部署。随后，北京、浙江等多地开通 24 小时疫情心理援助热线，北京师范大学、北京大学等不少高校也开通了疫情心理援助热线。

与平日普通的心理咨询不同，2014 年开始在东莞从业的心理咨询师钟健明告诉记者，疫情属于突发事件，当事人处在紧急状态时原有的心理状态被打破，正常的生活受到干扰，进入一种“失衡状态”。

在大庆油田总医院做心理疏导的于磊，第一次拨通杨丽（化名）电话的时候，哭声随之而来。杨丽的父母双双感染了新型冠状病毒，父亲情况严重，接受住院治疗，母亲病情较弱，在门诊打点滴。

在两所医院之间奔波照料父母对杨丽的身体和心理都是一场挑战，她备感疲惫，又担心自己体力不支，免疫力下降感染病毒，继而传染给自己的老公和孩子。

寝食难安，求助无门，杨丽想到了心理干预。在线上求助后，于磊接手了她的咨询求助。

疫情中的心理咨询有很大程度危机干预的色彩。“疫情本身的快速性、传染性、严重性，对普通大众来说就是一种危机，内心的恐慌、心理不健康状态的躯体化情况很明显，也具有一定普遍性，很多人需要心理干预和疏导。”在大庆从业的于磊告诉记者。

（来源：新京报）

研究显示，在发生突发事件时，原有的心理平衡会打破，极易出现心理创伤和应激反应，心理咨询的及时介入非常有必要。

（四）个体差异

受以上因素的影响，每个人在思想上、心理上都表现出不同的特征，形成差异。有的大学生属于外向性格，乐于与人交往，但易冲动。有的大学生更为内向，不善于交往，但老成持重。有的同学受享乐主义、拜金主义影响，崇尚品牌消费。有的同学重视学习能力培养，但不重视体育锻炼。个体的差异使人们即使面对同一事件，心理活动不同、行为方式也将截然不同。

二、心理问题的预防

大学生心理问题仅靠学校、老师、家长主动排查和发现是不现实的，而是需要所有大学生都高度重视起来，共同提高心理健康意识，及时自查、互查，在问题萌芽阶段发现并予以解决。正所谓“防患于未然”，预防是解决危机的前提，大学生可以从以下方面着手预防心理问题。

（一）提升思想道德素养，树立正确三观

根据学者研究，大学生思想道德水平与心理健康水平呈显著正相关，良好的大学生思想道德水平对良好的大学生心理健康水平有一定程度上的正向预测作用。

思想离不开心理因素，而心理活动离不开思想的引导，树立正向积极的思想是心理健康的基础。大学生的自我意识逐步发展成熟，世界观、人生观、价值观也在形成完善过程中，高尚的情操、积极的思想对于心理健康大有裨益。

1. 树立远大的理想信念

毛泽东青年时期就树立了“以天下为己任”的远大目标，周恩来青年时期就提出“为中华之崛起而读书”的理想信念。人的一生有无限可能，有目标明确的航向，才能不懈前进。前述学习中出现学习动机缺失的情况就很大部分来源于对自我价值认知不清。

2. 不断提升思想境界

许多人在学生阶段觉得困扰的事情，许多年后回想起来，就已变得不再重要。这就是思想境界提升后，看待事情的角度更高，困扰不再，只留豁达和乐观。近代哲学大师冯友兰先生认为，人生的意义各不相同，人生的境界也就各不相同，由低级到高级，人生的境界可以划分为四个等级：自然境界、功利境界、道德境界和哲学境界。对于大学生而言，提升思想境界是一生的追求，只有重视思想境界的培养，才能培养豁达、积极的心理力量，从而远离心理焦虑等心理危机。

知识拓展

10 种提高思想境界的方法

（1）原谅自己和他人：生命充满了遗憾、失望、误解，通过宽容和释放自己以及对他人的负面情绪，可以让自己感到轻松和自由。

（2）总是充满感激：只要心中时刻充满感激，你会感到内心充满了愉悦。

（3）把每一天当作最后一天：你将活在一种光明、博爱的状态中。

（4）每天沉思或者祈祷：你会感到平静、喜悦，精气神达到前所未有的平衡。

（5）推迟判断：判断本身就是一件沉重的事情，而无条件接受却让人轻松、自由。

（6）视每次经历为礼物：回顾自己的一生，你很容易找到最糟糕的一幕，但你从中却能得到很多无价的东西。

（7）有意识地引导感觉：当你陷入抱怨、社会不公正等负面情绪中时，要有意识地将自己的意识向正面引导。

（8）对待身体像汽车：我们的身体只是人生之旅的交通工具，你对他照顾得越好，你的人生之旅才会越快乐。

（9）以孩子的眼光看世界：孩子们经常被第一次看到的事物所困惑，但他们依然不停地以愉悦、惊奇、启迪、接受等状态去看这个世界。

（10）用心去爱：允许自己无条件地接受别人的爱，将自己的爱全身心奉献给别

人，你会发现这是一次神奇的经历。

（来源：《求贤》2008 年第 2 期）

3. 自觉抵制不良思想影响

目前社会上仍有许多拜金主义、享乐主义等思想，不正确的思想很容易导致心理偏差。如果一名大学生深陷拜金主义，崇尚名牌和金钱至上，但家庭现实经济情况无法满足，那么很容易出现自卑、焦虑，甚至产生过度嫉妒心理，从而出现心理危机事件。

（二）培养良好的兴趣爱好

大学生应当充分利用空闲时光，培养良好的兴趣爱好，这有利于激发正向的情感体验，构建排解心理压力的渠道，增强人际交往能力，提升个人综合素养。良好的兴趣爱好是指促进身体健康，提升审美或知识，有舒缓心理压力作用的活动，如运动健身、绘画、唱歌、下棋等。国家卫健委曾表示“酗酒、长时间的沉迷网络游戏，并不能缓解压力，可能会更加造成情绪压力”。大学生应当让自己的生活充实起来、丰富起来，动起来、忙起来，这样也能够感受到自己存在的价值、生活的意义，没有很多时间去想负面焦虑的事情。

拓展阅读

运动健身对心理健康的益处

科学研究发现，运动本身可以促进人体的内分泌变化。大脑在运动后会产生名为内啡肽的物质，人心情的好坏与大脑内分泌出来的内啡肽多少相关。运动可以刺激内啡肽的分泌，当运动达到一定量时，内啡肽的分泌增多，在内腓肽的激发下，人的身心处于轻松愉悦的状态中。内啡肽因此也被称为“快乐激素”，它能让人感到欢愉和满足，可以帮助人排遣压力和不快。心理学家认为，运动可使人减轻因精神压力过大带来的心理负担，这如同人们在愤怒时“敲、砸、撇、摔”一样具有释放和宣泄作用，只不过用运动这种合理的行为进行替代，实现减弱或消除心理压力的目的。并且我们遇到心理压力，选择长时间冥思苦想、穷思竭虑会引起生理上的不适和心理上的疲劳，而运动能使不良刺激得到变换，可使紧张、焦虑、不安的情绪状态得到改善，心理承受能力得到提高，适应能力得到增强。

（三）保持良好的作息习惯

根据美国一项最新研究显示，大学生哪怕只缺觉一晚，出现焦虑、情绪低落等心理问题的概率会平均提高 20%以上。然而目前大学生的作息习惯普遍存在熬夜、睡眠不足的情况，根据 2018 年中国青年网对全国 1089 名大学生的调查结果显示，39. 12%的学生经常熬夜，21. 3%的学生一周熬夜 7 天玩手机。大学生熬夜甚至通宵达旦地玩游戏、上网追剧成为一种普遍现象，不良的作息习惯已经成为威胁大学生身心健康的一大重要因素。睡眠不足还直接导致上课困倦，严重影响大学生的学习和人际交往、生活以及身体状态。

戒除网瘾、熬夜的恶习，能够预防和规避身心疾病的发生。首先应当为自己制定健康的作息表并严格执行，每晚 23：00 前进入深度睡眠状态。其次自觉抵制游戏、追剧诱惑，睡前戒玩手机，改为“阅读一小时”。再次重在坚持，良好的作息习惯，需要连续三周不断地重复，才能变成生物钟习惯。

知识拓展

亚利桑那大学研究人员从美国“全国大学健康评估”中提取并分析超过 11 万名大学生的信息。研究人员把没有睡够、感觉没能得到休息定义为“睡眠不足”。结果发现，大学生缺觉一晚，致孤独感出现概率提高 19%，情绪低落概率提高 21%，无助感和愤怒感出现概率提高 24%，焦虑感出现概率提高 25%，想自我伤害概率提高 25%，自杀念头出现概率提高 28%，筋疲力尽感出现概率提高 29%。

研究人员又分析近 8500 名大学生运动员的数据，结果类似。路透社 2019 年 6 月 19 日援引研究项目牵头人西娅·拉姆齐的话报道，研究人员原本以为运动员大学生缺觉后的表现或许会与普通大学生不同，但数据分析结果没有显著差别。研究人员希望这些结果有助于大学作睡眠健康教育。

（来源：新华社新媒体）

（四）心理障碍的应对策略

第一节中列举的大学生常见心理问题，如果不引起重视，将演化成为心理障碍，心理障碍一般需要外界干预。心理障碍也是较为常见的，心理障碍有很多分类方式，其中美国精神病会提出的分类广为人们接受。大学生群体中较为常见的三类心理障碍是神经症（中等程度的心理障碍）、精神病（无任何身体症状诱发的严重心理障碍）、人格障碍。一般来说神经症是可以自我察觉的，而严重的精神病会导致与现实的脱离，自我察觉能力差，因此不同的心理障碍应对策略也有所不同。

1. 神经症

神经症是大学生最常见的一类心理疾病，是中等严重程度的心理障碍，包括神经衰弱、恐惧症、强迫症、焦虑症、抑郁症、癔症等。神经症患者不会像神经病病患完全失去与外界现实的接触，对自己的症状有较为充足的自知，能够主动寻求帮助。神经症除癔症是周期性短暂发作外，轻症的神经症往往也有隐蔽性，若自己不主动求助，他人不易察觉。

（1）具备自觉自查意识，如有不适及时向专业人员求助。如心境低落状态持续时间长，并伴有焦虑、睡眠障碍，对任何人和事都提不起兴趣时，尝试自我调节无效时，应当意识到自己可能存在抑郁症的可能性，这时就应当向老师和学校反映，争取通过心理咨询等方式，尽快进行治疗。

（2）正确看待心理障碍，消除逃避思想。很多学生自知心理出现一些问题，但由于自身思想的局限性，总有害怕和逃避思想，担心心理问题影响学习和同学的看法，导致心理问题越来越严重，甚至演变成心理危机事件。

（3）互相帮助，共渡难关。患有神经症的学生除了需要专业的疏导外，还需要家人和朋辈的理解和关怀。他们往往情感细腻、性格敏感，因此只有没有歧视的人群，充满关爱的环境，才能更快帮助他们走出困境。

2. 精神病和人格障碍

精神病属于较为严重的心理障碍，患者与现实脱离。人格障碍是指人格缺陷或人格极不协调的精神异常。这两种心理障碍，患者本人都很难自知。因此要求大学生在学习、生活中树立心理健康意识，对于心理障碍比较明显、外放的情况，要引起高度重视，并及时向学校和老师反映，避免造成更大的危机。

【案例】2015 年 4 月 14 日，安徽工业大学校园内发生一起劫持人质事件。

劫持者小刘是该校一名大三学生，他手持菜刀连砸四辆小汽车后，闯入该校研究生宿舍楼内，将一名女学生齐某劫持。

9 点 30 分，马鞍山市公安局接到报警，立即组织警力第一时间抵达现场，开展处置工作。

此时，小刘将被劫持者控制在宿舍内，并将宿舍大门反锁。为了安抚其情绪，民警安排学校教师、学生以及小刘的母亲通过大门、窗户与小刘对话。与此同时，特警、消防等警力做好强行救援处置准备。经过近两个小时的劝解，小刘依然拒不开门。

11 点 15 分左右，特警队员乘小刘注意力分散之际，迅速破门而入，仅 2 秒钟就成功将小刘控制，人质未受任何伤害，安全获救。

记者了解到，小刘与被劫持的女学生齐某并不相识。那么，他又为何要将齐某劫持呢？据小刘母亲反映，小刘近期精神不稳定，行为较偏激。事发当日，孩子来到学校配合校方进行心理辅导，但在辅导期间突然失控。

安徽工业大学通报称，小刘大一结束时曾患躁狂症，用药好转。去年下半年，自我感觉不错就自行停药，这次复发。小刘因精神疾病状态不稳定，已被送医治疗。

（来源：新浪新闻）

【点评】躁狂症属于情绪障碍的一种。在患者发病期间可以通过行为、语言、思维做出判断。小刘擅自停药隐瞒病史的行为是对自己和他们的极大的不负责任，同时在遇到心理危机事件的时候，同学应当第一时间向老师汇报，保护校园的安全和谐、保障同学的生命安全。

第三节　大学生自杀预防和干预

自杀是人类自古以来就存在的现象。据报道，有人曾在埃及发现过 4000 年前自杀者留下的遗书。随着社会的不断发展，科技的不断进步，人类对付生理性疾病的能力已达到前无古人，但是我们可以看到心理问题、自杀危机仍旧是困扰着人类的一大难题。“全球死亡原因排序中，自杀排第四位，而在中国，自杀已成为我国人口的第五大死因”。大学生正值青春年少，花样年华，受过高等教育，然而频频发生的自杀事件让人感到扼腕惋惜，社会、学校、家庭已开始共同重视起大学生的自杀预防和干预，对于生命的敬畏和尊重也成为大学生的必修课。

【案例】2019 年 11 月 17 日 13 时 30 分许，连云港市公安局海州分局路南派出所民警卢瑶轩在派出所值班室接到群众电话报警：“辖区某酒店 508 房间有一名女子有异常，有自杀可能。”

接到报警后，值班民警立即出警赶往现场，到达该酒店508房间后，民警看到了一名年轻女子躺在床上浑身发抖、抽搐，现场情况危急。民警立即联系120急救中心，同时对该女子进行必要的抢救。

13时40分许，120急救人员赶到现场，民警配合周边热心群众将该女子抬上急救车。后经过急救人员一个多小时的不懈的努力抢救，该女子脱离了危险，生命体征趋于平稳。抢救医生对民警说："如果再晚到一会儿，后果就很难说了。"

该女子脱离危险后，民警对此事展开调查，通过调查，民警得知该女子名叫小朱（化名），今年刚满20岁，因为学业不顺，和家里人发生矛盾，之后一个人来到宾馆服药自杀。

民警联系"小朱"的家属对其进行开导，民警表示无论发生什么事，都要理性解决，不能忽略孩子的想法，生命是最宝贵的，"小朱"的家属对民警表示感谢，并在家属的陪同下在连云港市第一人民医院进一步治疗。

（来源：环球网）

一、认识自杀行为

自杀是指个体蓄意或自愿采取措施结束自我生命的危险行为。自杀是一个复杂的社会现象。自杀行为不仅仅包括自杀致死的情况，还包括自杀意念、自杀未遂等。国内外许多学者就人类自杀行为进行了深入研究，试图解开自杀行为密码，从而规避这一危险行为对人们生命安全的威胁。

（一）自杀的阶段

自杀是一个较为复杂的社会现象，自杀者往往都经历了一定的隐性内向的发展过程，日本学者长冈利贞认为，自杀过程一般经历：产生自杀意念→下决心自杀→行为出现变化+思考自杀的方式→选择自杀的地点与时间→采取自杀行为。对于不同年龄、不同个性、不同情境下的人，自杀过程有长有短。

我国学者一般把自杀过程分为以下三个阶段。

1. 自杀意念形成阶段

个体在这一阶段逐渐形成自杀是能够逃避现实事件、情感问题的解决办法的主观臆断，并在思想中不断向此靠拢。

2. 矛盾往复阶段

个体在产生自杀意念后，往往还会经历一个自我挣扎、自我求助的阶段。自杀意念在这一阶段与自救心理、社会责任等思想冲突斗争，逐渐趋于一致。有的人在矛盾阶段，能够通过自我调整或借助外力打消自杀意念。有的人在矛盾阶段，逐步增强自杀意念。此阶段个体往往表现出谈论自杀、暗示自杀等征兆，是发现和干预自杀行为的最关键阶段。

3. 自杀行为阶段

个体进入自杀行为阶段，决死意志强烈，思想主题已从是否自杀，转向自杀方式、后事安排等方面，一旦认为准备妥当，便会采取自杀行动。

（二）自杀行为的分类

（1）从结果方面分类，可以分为自杀死亡、自杀未遂、自杀意向。

（2）从进程方面分类，可以分为理智自杀、冲动自杀。

（3）从动机方面分类，可以分为情感解脱型自杀、事件解脱型自杀、要挟型自杀等。

（三）我国大学生自杀行为现状

据统计，大学生各种非正常死亡中，自杀导致的死亡排列首位，即第一死因。有学者认为，中国大学生正成为自杀风险的高危人群。

根据吴才智等人在2018年的研究成果的论断，我国大学生自杀率大致介于1/10万～3/10万，在世界范围比较，这一比率相对较低。但是我国目前并没有公开的权威渠道发布大学生自杀率情况，尤其对于自杀意向、自杀未遂的隐形行为的统计可能存在误差，而自杀未遂的人中自杀率比普通人高800倍，因此大学生自杀仍应当引起大学生重视，并加以防范。

根据教育部统计，2018年，全国共有普通高校2663所，各种形式的高等教育在学总规模达3833万人。随着高等院校扩招，大学生基数越来越大，意味着每年因为自杀失去年轻生命的人数也越来越多，纸面上每一个冷冰冰的数字，都是一条条鲜活的生命。

综上，我国大学生自杀的风险仍居高位，现状不容乐观，需要社会、学校、家庭以及大学生自身引起高度重视和防范。

（四）大学生自杀行为的特征

根据李艳兰在《大学生自杀行为与干预研究》一书中，基于对461例大学生自杀案例的研究，目前我国大学生自杀行为的特点如下：

（1）从性别看，男女大学生自杀率没有显著性差异。

（2）从年级看，从高到低大学生自杀比率依次为研究生、大四学生、大二学生、大三学生、大一学生。

（3）从专业看，理工类大学生自杀率高于文史类大学生；文史类女生、理工类男生、文史类大二学生、理工类大四学生是更易发生自杀事件的群体。

（4）从学校类型看，一本类高校自杀率高于其他类高校，且一本类高校男生、研究生、大四学生及其他类高校女生、大二学生、大四学生是更易发生自杀事件的群体。

（5）从时间上看，大学生自杀主要发生在春季、3～6月、11～12月、周二、白天。

（6）从自杀方式看，大学生自杀主要是采取高坠、自缢的方式。

（7）从自杀发生地点看，大学生自杀主要集中在学校，尤其是在学生宿舍里。

二、大学生自杀的危害

大学生自杀的危害不仅导致年轻生命的逝去，更是家庭、学校、社会的无限伤痛和损失。

（一）大学生自杀是社会和家庭的巨大损失

根据教育部数据，我国2018年高等教育毛入学率为48.1%，可以理解为同龄人中仅不到一半的人有机会接受高等教育，成为高校大学生。每个大学生的“晋级”之路，离不开自身“十年寒窗苦读”的努力，离不开父母经济、情感上的鼎力支持，离不开社会教育资源的投入等。因此，大学生自杀不仅是宝贵生命的逝去，更是家庭和社会的巨大损失。

（二）大学生自杀是家人、朋友难以愈合的伤痛

据世界卫生组织的估计，每出现1例自杀事件，平均至少对6个人产生严重的不良影响，甚至会持续影响着他们的后半生。1例自杀未遂事件可使2个人受到严重影响，自杀死亡给周围的同学、朋友和老师造成的心理阴影和创伤可持续10年，自杀未遂可持续6个月。

（三）自杀行为还有可能危害他人生命

自杀行为不仅导致自身生命陨落，还极有可能对他人生命造成威胁。跳楼自杀压死路人、救援跳水自杀人员牺牲、烧炭自杀造成火灾的事情并不鲜见。

【案例】2007年8月，广州一名在校大学生因创业受挫跳楼轻生，不料将在楼下经过的女大学生砸伤致死，他最终被番禺区法院一审判其因过失致人死亡罪等，监禁3年半。

2014年12月4日晚上，广州上下九步行街的荔湾广场突然发生了一起跳楼事件。轻生的男子从五楼纵身跳下时，正好砸中了路过的陈某，陈某因医治无效死亡。

2019年6月1日，四川眉山一小区发生一起跳楼致多人死亡的悲剧，年仅20多岁的小伙侯某（化名）跳楼后砸中了正在楼下带孙子散步的张容（化名）和她不到3岁的孙子小陈（化名）。除了当场死亡的侯某和小陈外，张容送医院抢救6天后，也因治疗无效而死亡。

2019年12月24日晚，重庆沙坪坝区三峡广场煌华新纪元购物广场，一男子自杀跳楼从高处坠落，并砸到2名高三学生。警方通报称，3人经抢救无效死亡。

【点评】自杀行为除了给身边人带去难以愈合的伤痛外，还对周边的人造成安全威胁。每个人都有遭遇挫折困苦的时候，但这并不能成为危害公共安全的理由。

（四）自杀有一定的"传染效应"

根据美国疾病管制预防中心（US Centers for Disease Control，CDC）的报告，尽管精神疾病不具传染性，但大量证据表明"自杀"是具有传染性的。在一阵围绕着自杀事件的报道或讨论后，往往伴随着自杀率的增加。这样的情形被称为自杀的传染效应，特别容易出现在年轻人中。研究表明，自杀的"爆发"和"集群"是真实现象。一次自杀事件很可能引发更多自杀事件发生。

知识链接

维特效应

1774年德国文豪歌德发表他的著名小说《少年维特之烦恼》，讲述一个青年因失恋而饮弹自尽的故事。小说发表后，造成极大的轰动，同时也引发了读者争相模仿主人公自杀的事件，以致该书在许多国家被禁止出版。

美国心理学家菲利普斯针对《少年维特之烦恼》所带来的影响进行了长期的研究，

并提出了自杀模仿现象，即维特效应。他发现自杀事件报道所覆盖地区的自杀率在短时间内会呈现明显的上升趋势，处于相同境地的或是内心痛苦的人们在看到别人的自杀行为之后，会产生强烈的心理暗示，并有可能导致其进行效仿。

心理学上把这种由一起自杀事件所引起的在短时间内的重复现象称之为“维特效应”。

三、大学生自杀行为的诱因

大学生自杀的主要诱因有情感挫折、学业不良、适应不良、就业压力、人际困扰、经济困难等前述常见心理问题。可以说，如果对于大学生的心理问题、心理障碍不引起足够重视，未及时进行调整和干预，极有可能成为自杀行为的隐患。大学生常见心理问题已在第一节中进行详细论述，此处不再赘述。

四、大学生自杀的预防和干预

大学生自杀行为的预防是提高大学生对自杀行为危害的认识，重在心理问题的预防、干预，旨在降低自杀率。而大学生自杀行为的干预是指在自杀意念形成、自杀行为实施过程中，制止自杀行为，通过一系列干预方式，降低个体自杀倾向的方式。

（一）对有自杀企图的大学生进行干预

自杀行为者都会经历一个挣扎矛盾的往复阶段，一边是沉甸甸的家庭责任、社会责任，另一边是以放弃生命为代价的孤注一掷的逃离。在矛盾挣扎中，有的人的心理天平逐渐倾向活在当下面对困难和挑战，也有一小部分人走上天平的另一个极端，形成相对稳定的自杀倾向，并开始设想、设计自杀行为。在这个阶段发现有自杀企图的大学生，及时实施干预，是避免自杀悲剧的有效方法。

1. 发现自杀征兆

经学者研究，有自杀企图的大学生往往在语言和行为上都会有些外在表现：

（1）有自杀企图的大学生在语言方面有以下征兆：经常谈论人生意义、死亡话题，流露出负面倾向；有的还会直接向周边人表达“不想活”等类似语句；有的会在自杀行为前交代“后事”，对亲近的人表达感谢、歉意等；有的会讨论自杀方式、死亡状态等。另外，有的还会通过微博、微信朋友圈、QQ 空间等社交平台发布日志或状态，表达自己想要自杀的心理。

（2）有自杀企图的大学生在行为方面有以下征兆：行为习惯突然改变，节俭的人突然变得破费，谨慎的人突然变得冒险等；有的人会突然不知所踪，因此遇到突然没有请假就消失的大学生，一定要提高警惕；此外，有的人还会反复出现危险行为，比如用刀在手腕上比画、站在高楼向下望等。

此外，有自杀企图的大学生往往还伴有睡眠障碍、情绪持续低迷、食欲不佳等身体征兆。

2. 自杀企图干预

发现有疑似自杀征兆的大学生，应及时向老师和学校反映，并配合开展信息获取等工作。一般情况下，学校会对自杀危机进行评价，如果自杀企图强烈，将实施 24 小时监控，避免其独处，远离自杀危机，并将第一时间通知家长来到学校。

（二）对正在实施的自杀行为的干预

如遇正在实施的大学生自杀行为，在保障自身安全的前提下，第一时间联络辅导员或报警，学校将启动心理危机干预机制，学校领导、公安人员、医护人员等将立即到达现场。

在自杀行为现场第一重要的是挽救生命，有时自杀行为者仍处于矛盾状态，切忌围观等不当现场行为，应当配合学校、老师、专业人员保护好现场，减少对学生的不良影响，保护当事人的隐私。

（三）自杀未遂后的心理介入

1. 对自杀者的心理干预

对于自杀未遂者来说，虽然身体上受到的伤害得到了救治，也可能由于自杀行为本身释放了一定的心理压力。但是自杀危机还存在，一般来说，自杀未遂第一年中，特别是在最初 3 个月内，自杀致命风险最高。因此自杀未遂者的后续心理干预也非常必要。

2. 对其他相关人员的心理干预

前面论述自杀的危害中，我们可以看到“维特效应”会导致处于相同境地的或是内心痛苦的人出现模仿行为，导致自杀行为“传染”。因此在自杀行为发生后，对有心理危机的大学生需要进行心理疏导，避免模仿自杀。

此外，对于目睹同学、好友自杀行为的同学，应该主动寻求心理修复，走出心理阴影。

知识链接或拓展阅读

1.《病耻感，阻碍了多少人走进心理咨询室》

2.《是否要到没有退路，我才会选择心理咨询？》

3.《自卑与超越》，作者阿弗雷德·阿德勒，全书立足于个体心理学观点，从教育、家庭、婚姻、伦理、社交等多个领域，以大量的实例为论述基础，阐明了人生道路的方向和人生意义的真谛，帮助人们正确面对缺陷，正确对待职业，正确理解社会，理解生活，理解性。

4. 电影欣赏：《肖申克的救赎》《美丽心灵》《海上钢琴师》《楚门的世界》。

课后互动

承受挫折的自测向卷

指导语：每个人在生活中都会不同程度地受到挫折，人们在受挫后恢复的能力却各不相同。有些人弹性十足，有些人受挫后一蹶不振，而大多数人则介于两者之间。下列问题可以测验出你应付困境的能力。在回答这些问题时，请你在“同意”项画“√”；“不同意”项画“×”。回答越坦白，越能测验出你的受挫弹性。

（1）胜利就是一切。

（2）我基本是个幸运儿。

(3) 白天工作不顺利，会影响我整晚的心境。
(4) 一个连续两年都名列最后的球队，应退出比赛。
(5) 我喜欢雨天，因为雨后常是阳光普照。
(6) 如果某人擅自动用我的东西，我会气上一段时间。
(7) 汽车经过时溅了我一身泥水，我生气一会儿便算了。
(8) 只要我继续努力，我便会得到应有的报偿。
(9) 如果有感冒流行，我常是第一个被感染的人。
(10) 如果不是因几次霉运，我一定比现在更有成就。
(11) 失败并不可耻。
(12) 我是有自信心的人。
(13) 落在最后，常叫人提不起竞争心。
(14) 我喜欢冒险。
(15) 假期过后，我需要舒散一天才能恢复常态。
(16) 遭遇到的每一次否定都使我更进一步接近肯定。
(17) 我想我一定受不了被解雇的羞辱。
(18) 如果向我所爱的人求婚被拒绝，我一定会精神崩溃。
(19) 我总不忘过去的错误。
(20) 我的生活中，常有些令人沮丧气馁的日子。
(21) 负债累累的光景叫我寒心。
(22) 我觉得要建立新的人际关系相当容易。
(23) 如果周末不愉快，星期一便很难集中精力学习和工作。
(24) 在我生命中，我已有过失败的教训。
(25) 我对侮辱很在意。
(26) 如果聘任职务失败，我还会愿意尝试。
(27) 遗失了钥匙会叫我整星期不安。
(28) 我已达到能够不介意大多数失去的地步。
(29) 想到可能无法完成某项重要事情，会使我不寒而栗。
(30) 我很少为昨天发生的事情烦心。
(31) 我不易心灰意冷。
(32) 必须要有百分之五十以上的把握，我才敢冒险把时间投资在某件事情上。
(33) 命运对我不公平。
(34) 对他人的恨维持很久。
(35) 聪明的人知道什么时候该放弃。
(36) 偶尔做个失败者，我也能坦然接受。
(37) 新闻报道中的大灾难，使我无法专心工作。
(38) 任何一件事遭到否决，我都会寻求报复的机会。

评分说明：

上述问题，下列题答“不同意”者计 1 分：1、3、4、6、9、10、15、17、18、19、20、21、23、24、25、27、28、29、32、33、34、35、36、37，其余题答“同意”者计

1 分，相反计 0 分。

如果你的得分为 10 分或 10 分以下，那么你就是那种容易被逆境、失望或挫折所左右的人，你易于把逆境看得太严重，一旦跌到，要很久才能站起来。你不相信“胜利在望”，只承认“见风转舵”。

总分在 11~25 分者，遇到某些灾祸或逆境的时候，往往需要相当时间才能振作起来。不过这类人却能找到很多的技巧和策略来获取个人的利益。

如果你的总分高于 25 分，则显示你应付逆境的弹性极佳。不理想的境遇对你虽然会造成伤害，但不会持久。这类人在情感上通常相当成熟，对生活也充满热爱，他们不承认有失败，即使一时失败，仍坚信有东山再起的一天。

拓展训练

1. 大学生的身心发展特征有哪些？
2. 大学生常见的心理问题有哪些？
3. 怎么预防大学生心理问题的发生？
4. 自杀行为的征兆有哪些？

附录1

《普通高等学校学生安全教育及管理暂行规定》

（国家教育部文件 教学〔1992〕7号，1992年4月15日发布）

第一章 总则

第一条 为加强高等学校管理，维护正常的教学活动秩序，保障学生人身和财物的安全，促进身心健康发展，特制定本暂行规定。

第二条 高等学校学生安全教育及管理的主要任务是：宣传、贯彻国家有关安全管理工作的方针、政策、法律、法规，对学生实施安全教育及管理，妥善处理各类安全事故，引导学生健康成长。

第三条 高等学校学生安全教育及管理要以预防为主，本着保护学生、教育先行、明确责任、教管结合、实事求是、妥善处理的原则，做好教育、管理和处理工作。

第四条 本暂行规定所称学生指在普通高等学校学习取得学籍的全日制学生。即按国家任务，用人单位委托培养，自费三种计划形式录取的学生。

第二章 安全教育

第五条 高等学校应将对学生安全教育作为一项经常性工作，列入学校工作的重要议事日程，加强领导，学校各部门和有关群众团体或组织要相互配合，积极开展安全教育，普及安全知识，增强学生的安全意识和法制观念，提高防范能力。

第六条 学生安全教育应根据不同专业及青年学生的特点，从学生入学到毕业，在各种教学活动和日常生活中，特别是节假日前适时进行，并善于利用发生的安全事故教育学生防患于未然。

第七条 高等学校对学生进行安全教育须注重心理疏导，加强思想政治工作，教育学生注意保持健康的心理状态，帮助学生克服因各种原因造成的心理障碍，把事故消除在萌芽状态。

第三章 安全管理

第八条 高等学校要做好学生日常安全管理工作，加强安全防范，建立和健全规章制度，严格管理。学校要把安全教育及管理工作纳入领导任期的责任目标，落实到年级、班主任。学校应由一名校领导主要负责。

第九条 高等学校应确定学生安全教育及管理工作的主管部门，明确其职责，具体组织实施安全教育及管理工作。各有关部门应分工协作，积极配合。

第十条 全体教职工要从关心学生，爱护学生出发，树立安全思想，努力做好本职工作，改善环境与条件，保护学生人身财产安全。

第十一条 学生发生意外事故以及学生要求保护人身或财物安全等情况时，学校应迅速采取有效措施。

第十二条 学生必须严格遵守国家法律、法规和学校的各项规章制度，注意自身的人身和财产安全，防止各种事故的发生。

第十三条 学生在日常教学及各项活动中，应遵守纪律和有关规定，听从指导，服从管理；在公共场所，要遵守社会公德，增强安全防范意识，提高自我保护能力。

第十四条 学生组织集体课外活动，须经学校同意，按学校规定进行。学校须认真进行安全审查，条件不具备时不得批准。

第十五条 学生要严格遵守宿舍管理的规定，自觉维护宿舍的安全与卫生，提高自我管理能力。

第十六条 发现刑事、治安案件或交通、灾害等事故，在场学生应保护现场，及时报告学校或公安部门并协作处理。在学校范围内的，学校应迅速采取措施，控制事态发展，减轻伤害和损失。

第四章　事故处理

第十七条 学生人身和财产发生一般伤害后，学校要及时调查处理，根据当事人或他人的过错，责令其赔偿损失，并给予批评教育或相应的行政、纪律处分。

在校园内，发生学生非正常死亡、重伤或被窃、失火等造成财产重大损失事故后，学校应迅速采取措施进行抢救、保护现场、同时加强思想政治工作，稳定情绪，恢复秩序，并协同地方有关部门妥善处理。

第十八条 学校对事故调查后认为涉及追究刑事责任的，要及时与公安部门联系，协作调查处理。

重大事故学校有关领导应亲自参与调查工作，并认真研究调查报告，及时处理。

第十九条 在安全管理或事故处理过程中，学校认为有必要搜查学生住处，须报请公安部门依法进行。调查处理案件中要以事实为依据，不得逼供或诱供。

第二十条 重大事故发生后，学校应在一天内向所在省、直辖市、自治区有关主管部门报告，并及时通知学生家长。事故处理结束后一周内书面报告有关主管部门。

第二十一条 学生在教学、实习过程与日常生活中，因学校或有关单位责任发生死亡、重伤或残疾，由学校或有关单位承担责任，做好处理及善后工作。

在教学、实习过程与日常生活中，学生因不遵守纪律或不按要求活动而发生意外事故，学校不承担责任。

第二十二条 因忽视安全生产、管理不善；工作不负责任，违章指挥；玩忽职守，徇私舞弊等对学生造成严重的人身、财务损害的，由其所在单位或上级主管部门，视具体情况对有关负责人员分别给予责任检查、赔偿损失、行政处分，直至依法追究刑事责任。

第二十三条 学生未经批准擅自离校发生意外事故的，学校不承担责任。

对擅自离校不归，学校不知去向的学生，学校应及时寻找并报告当地公安部门，及时通知家长。半月不归且未说明原因者，学校可张榜公布，按自动退学除名。

第二十四条 学生假期或办理离校手续后发生意外事故的，学校不承担责任。

第二十五条 在校内正常生活及由学校在校外组织的活动中由于不能避免的原因或

自然灾害而发生的事故，由学校视具体情况处理。

第二十六条 有条件的高等学校可为学生办理人身保险。

第二十七条 凡经学校指定的专业医院确诊为精神病、癫痫病患者的学生，应予退学，由其监护人负责领回。学生及其监护人不得无理纠缠，扰乱学校教学、生活秩序。

第二十八条 凡事故伤残的学生，经治疗后病情稳定，学校认为生活能自理，能坚持在校学习，可继续学习；不能坚持在校学习者，应予退学，由学校按其实际年限发给肄业证书，并根据事故性质和伤残程度一次性给予适当经济补助。退学学生回其监护人所在地，当地民政等有关部门应协助做好接收、落户等工作，由当地劳动部门按国家关于残疾人劳动就业有关规定安置。

第二十九条 学生因病死亡和责任不由学校承担的意外死亡，学校不得承担丧葬费。如家庭确有困难者，学校可酌情予以一次性经济补助。

第三十条 因责任不在本人的意外死亡学生，由学校或有关单位参照国家有关事业职工死亡丧葬有关规定处理，负担丧葬费的全部，学校可一次性给予适当经济补助。

无论何种情况（事故）给予的经济补助，一般不超过国家规定的学生在校期间（以四年计）的平均奖学金数。

凡是事故责任由学校以外的其他单位、个人承担的，学校不再给予经济补助。

第三十一条 因保护国家财产和他人人身安全，见义勇为而致残或英勇牺牲的学生，学校应报请所在省、自治区、直辖市人民政府授予荣誉称号，并给予相应的待遇。

第三十二条 对事故处理不服或持有异议者，可向学校或学校上一级部门申诉，或者依法向人民法院提起民事诉讼。

第五章 附则

第三十三条 普通高等学校研究生事故处理，参照本办法执行。

第三十四条 本暂行规定结合《普通高等学校学生管理规定》《高等学校校园秩序管理若干规定》试行。

第三十五条 各省、自治区、直辖市教育行政部门和各高等学校可根据本暂行规定制定实施细则。

第三十六条 本暂行规定由国家教育委员会解释。

第三十七条 本暂行规定自发布之日起执行。

附录 2

《学生伤害事故处理办法》

（自 2002 年 9 月 1 日起施行。根据 2010 年 12 月 13 日《教育部关于修改和废止部分规章的决定》修改。）

第一章　总则

第一条　为积极预防、妥善处理在校学生伤害事故，保护学生、学校的合法权益，根据《中华人民共和国教育法》《中华人民共和国未成年人保护法》和其他相关法律、行政法规及有关规定，制定本办法。

第二条　在学校实施的教育教学活动或者学校组织的校外活动中，以及在学校负有管理责任的校舍、场地、其他教育教学设施、生活设施内发生的，造成在校学生人身损害后果的事故的处理，适用本办法。

第三条　学生伤害事故应当遵循依法、客观公正、合理适当的原则，及时、妥善地处理。

第四条　学校的举办者应当提供符合安全标准的校舍、场地、其他教育教学设施和生活设施。

教育行政部门应当加强学校安全工作，指导学校落实预防学生伤害事故的措施，指导、协助学校妥善处理学生伤害事故，维护学校正常的教育教学秩序。

第五条　学校应当对在校学生进行必要的安全教育和自护自救教育；应当按照规定，建立健全安全制度，采取相应的管理措施，预防和消除教育教学环境中存在的安全隐患；当发生伤害事故时，应当及时采取措施救助受伤害学生。

学校对学生进行安全教育、管理和保护，应当针对学生年龄、认知能力和法律行为能力的不同，采用相应的内容和预防措施。

第六条　学生应当遵守学校的规章制度和纪律；在不同的受教育阶段，应当根据自身的年龄、认知能力和法律行为能力，避免和消除相应的危险。

第七条　未成年学生的父母或者其他监护人（以下称为监护人）应当依法履行监护职责，配合学校对学生进行安全教育、管理和保护工作。

学校对未成年学生不承担监护职责，但法律有规定的或者学校依法接受委托承担相应监护职责的情形除外。

第二章　事故与责任

第八条　学生伤害事故的责任，应当根据相关当事人的行为与损害后果之间的因果关系依法确定。

因学校、学生或者其他相关当事人的过错造成的学生伤害事故，相关当事人应当根据其行为过错程度的比例及其与损害后果之间的因果关系承担相应的责任。当事人的行为是损害后果发生的主要原因，应当承担主要责任；当事人的行为是损害后果发生的非主要原因，承担相应的责任。

第九条 因下列情形之一造成的学生伤害事故，学校应当依法承担相应的责任：

（一）学校的校舍、场地、其他公共设施，以及学校提供给学生使用的学具、教育教学和生活设施、设备不符合国家规定的标准，或者有明显不安全因素的；

（二）学校的安全保卫、消防、设施设备管理等安全管理制度有明显疏漏，或者管理混乱，存在重大安全隐患，而未及时采取措施的；

（三）学校向学生提供的药品、食品、饮用水等不符合国家或者行业的有关标准、要求的；

（四）学校组织学生参加教育教学活动或者校外活动，未对学生进行相应的安全教育，并未在可预见的范围内采取必要的安全措施的；

（五）学校知道教师或者其他工作人员患有不适宜担任教育教学工作的疾病，但未采取必要措施的；

（六）学校违反有关规定，组织或者安排未成年学生从事不宜未成年人参加的劳动、体育运动或者其他活动的；

（七）学生有特异体质或者特定疾病，不宜参加某种教育教学活动，学校知道或者应当知道，但未予以必要的注意的；

（八）学生在校期间突发疾病或者受到伤害，学校发现，但未根据实际情况及时采取相应措施，导致不良后果加重的；

（九）学校教师或者其他工作人员体罚或者变相体罚学生，或者在履行职责过程中违反工作要求、操作规程、职业道德或者其他有关规定的；

（十）学校教师或者其他工作人员在负有组织、管理未成年学生的职责期间，发现学生行为具有危险性，但未进行必要的管理、告诫或者制止的；

（十一）对未成年学生擅自离校等与学生人身安全直接相关的信息，学校发现或者知道，但未及时告知未成年学生的监护人，导致未成年学生因脱离监护人的保护而发生伤害的；

（十二）学校有未依法履行职责的其他情形的。

第十条 学生或者未成年学生监护人由于过错，有下列情形之一，造成学生伤害事故，应当依法承担相应的责任：

（一）学生违反法律法规的规定，违反社会公共行为准则、学校的规章制度或者纪律，实施按其年龄和认知能力应当知道具有危险或者可能危及他人的行为的；

（二）学生行为具有危险性，学校、教师已经告诫、纠正，但学生不听劝阻、拒不改正的；

（三）学生或者其监护人知道学生有特异体质，或者患有特定疾病，但未告知学校的；

（四）未成年学生的身体状况、行为、情绪等有异常情况，监护人知道或者已被学校告知，但未履行相应监护职责的；

（五）学生或者未成年学生监护人有其他过错的。

第十一条 学校安排学生参加活动，因提供场地、设备、交通工具、食品及其他消费与服务的经营者，或者学校以外的活动组织者的过错造成的学生伤害事故，有过错的当事人应当依法承担相应的责任。

第十二条 因下列情形之一造成的学生伤害事故，学校已履行了相应职责，行为并无不当的，无法律责任：

（一）地震、雷击、台风、洪水等不可抗的自然因素造成的；

（二）来自学校外部的突发性、偶发性侵害造成的；

（三）学生有特异体质、特定疾病或者异常心理状态，学校不知道或者难于知道的；

（四）学生自杀、自伤的；

（五）在对抗性或者具有风险性的体育竞赛活动中发生意外伤害的；

（六）其他意外因素造成的。

第十三条 下列情形下发生的造成学生人身损害后果的事故，学校行为并无不当的，不承担事故责任；事故责任应当按有关法律法规或者其他有关规定认定：

（一）在学生自行上学、放学、返校、离校途中发生的；

（二）在学生自行外出或者擅自离校期间发生的；

（三）在放学后、节假日或者假期等学校工作时间以外，学生自行滞留学校或者自行到校发生的；

（四）其他在学校管理职责范围外发生的。

第十四条 因学校教师或者其他工作人员与其职务无关的个人行为，或者因学生、教师及其他个人故意实施的违法犯罪行为，造成学生人身损害的，由致害人依法承担相应的责任。

第三章　事故处理程序

第十五条 发生学生伤害事故，学校应当及时救助受伤害学生，并应当及时告知未成年学生的监护人；有条件的，应当采取紧急救援等方式救助。

第十六条 发生学生伤害事故，情形严重的，学校应当及时向主管教育行政部门及有关部门报告；属于重大伤亡事故的，教育行政部门应当按照有关规定及时向同级人民政府和上一级教育行政部门报告。

第十七条 学校的主管教育行政部门应学校要求或者认为必要，可以指导、协助学校进行事故的处理工作，尽快恢复学校正常的教育教学秩序。

第十八条 发生学生伤害事故，学校与受伤害学生或者学生家长可以通过协商方式解决；双方自愿，可以书面请求主管教育行政部门进行调解。

成年学生或者未成年学生的监护人也可以依法直接提起诉讼。

第十九条 教育行政部门收到调解申请，认为必要的，可以指定专门人员进行调解，并应当在受理申请之日起 60 日内完成调解。

第二十条 经教育行政部门调解，双方就事故处理达成一致意见的，应当在调解人员的见证下签订调解协议，结束调解；在调解期限内，双方不能达成一致意见，或者调解过程中一方提起诉讼，人民法院已经受理的，应当终止调解。

调解结束或者终止，教育行政部门应当书面通知当事人。

第二十一条 对经调解达成的协议，一方当事人不履行或者反悔的，双方可以依法提起诉讼。

第二十二条 事故处理结束，学校应当将事故处理结果书面报告主管的教育行政部门；重大伤亡事故的处理结果，学校主管的教育行政部门应当向同级人民政府和上一级教育行政部门报告。

第四章 事故损害的赔偿

第二十三条 对发生学生伤害事故负有责任的组织或者个人，应当按照法律法规的有关规定，承担相应的损害赔偿责任。

第二十四条 学生伤害事故赔偿的范围与标准，按照有关行政法规、地方性法规或者最高人民法院司法解释中的有关规定确定。

教育行政部门进行调解时，认为学校有责任的，可以依照有关法律法规及国家有关规定，提出相应的调解方案。

第二十五条 对受伤害学生的伤残程度存在争议的，可以委托当地具有相应鉴定资格的医院或者有关机构，依据国家规定的人体伤残标准进行鉴定。

第二十六条 学校对学生伤害事故负有责任的，根据责任大小，适当予以经济赔偿，但不承担解决户口、住房、就业等与救助受伤害学生、赔偿相应经济损失无直接关系的其他事项。

学校无责任的，如果有条件，可以根据实际情况，本着自愿和可能的原则，对受伤害学生给予适当的帮助。

第二十七条 因学校教师或者其他工作人员在履行职务中的故意或者重大过失造成的学生伤害事故，学校予以赔偿后，可以向有关责任人员追偿。

第二十八条 未成年学生对学生伤害事故负有责任的，由其监护人依法承担相应的赔偿责任。

学生的行为侵害学校教师及其他工作人员以及其他组织、个人的合法权益，造成损失的，成年学生或者未成年学生的监护人应当依法予以赔偿。

第二十九条 根据双方达成的协议、经调解形成的协议或者人民法院的生效判决，应当由学校负担的赔偿金，学校应当负责筹措；学校无力完全筹措的，由学校的主管部门或者举办者协助筹措。

第三十条 县级以上人民政府教育行政部门或者学校举办者有条件的，可以通过设立学生伤害赔偿准备金等多种形式，依法筹措伤害赔偿金。

第三十一条 学校有条件的，应当依据保险法的有关规定，参加学校责任保险。

教育行政部门可以根据实际情况，鼓励中小学参加学校责任保险。

提倡学生自愿参加意外伤害保险。在尊重学生意愿的前提下，学校可以为学生参加意外伤害保险创造便利条件，但不得从中收取任何费用。

第五章 事故责任者的处理

第三十二条 发生学生伤害事故，学校负有责任且情节严重的，教育行政部门应当根据有关规定，对学校的直接负责的主管人员和其他直接责任人员，分别给予相应的行政处分；有关责任人的行为触犯刑律的，应当移送司法机关依法追究刑事责任。

第三十三条 学校管理混乱，存在重大安全隐患的，主管的教育行政部门或者其他有关部门应当责令其限期整顿；对情节严重或者拒不改正的，应当依据法律法规的有关规定，给予相应的行政处罚。

第三十四条 教育行政部门未履行相应职责，对学生伤害事故的发生负有责任的，由有关部门对直接负责的主管人员和其他直接责任人员分别给予相应的行政处分；有关责任人的行为触犯刑律的，应当移送司法机关依法追究刑事责任。

第三十五条 违反学校纪律，对造成学生伤害事故负有责任的学生，学校可以给予相应的处分；触犯刑律的，由司法机关依法追究刑事责任。

第三十六条 受伤害学生的监护人、亲属或者其他有关人员，在事故处理过程中无理取闹，扰乱学校正常教育教学秩序，或者侵犯学校、学校教师或者其他工作人员的合法权益的，学校应当报告公安机关依法处理；造成损失的，可以依法要求赔偿。

第六章　附则

第三十七条 本办法所称学校，是指国家或者社会力量举办的全日制的中小学（含特殊教育学校）、各类中等职业学校、高等学校。

本办法所称学生是指在上述学校中全日制就读的受教育者。

第三十八条 幼儿园发生的幼儿伤害事故，应当根据幼儿为完全无行为能力人的特点，参照本办法处理。

第三十九条 其他教育机构发生的学生伤害事故，参照本办法处理。

在学校注册的其他受教育者在学校管理范围内发生的伤害事故，参照本办法处理。

第四十条 本办法自 2002 年 9 月 1 日起实施，原国家教委、教育部颁布的与学生人身安全事故处理有关的规定，与本办法不符的，以本办法为准。

在本办法实施之前已处理完毕的学生伤害事故不再重新处理。

参考文献

［1］高双喜. 大学生安全教育［M］. 北京：中国铁道出版社，2018.

［2］周松涛. 大学生安全教育［M］. 北京：现代教育出版社，2019.

［3］张登沥. 大学生公共安全教育［M］. 上海：上海交通大学出版社，2017.

［4］严飞雷. 大学生安全教育知识读本［M］. 青岛：中国海洋大学出版社，2017.

［5］方逵. 大学生安全教育［M］. 长沙：国防科技大学出版社，2016.

［6］邵超. 大学生安全教育［M］. 镇江：江苏大学出版社，2018.

［7］李宝军. 大学生安全教育［M］. 长春：吉林大学出版社，2016.

［8］桂诚. 大学生安全教育［M］. 北京：国家行政学院出版社，2016.

［9］李岚. 大学生安全教育［M］. 汕头：汕头大学出版社，2019.

［10］张国清. 上海大学生安全教育读本［M］. 上海：同济大学出版社，2016.

［11］王一帆. 高校校园欺凌现象发现及应对措施［J］. 教师，2019，(5)：28-29.

［12］杨皓. 高校性侵调查［J］. 检察风云，2018，(3)：72-73.

［13］刘文，滕旭广. 高校如何防治学生遭遇性骚扰——基于加州大学伯克利分校和中国台湾成功大学的比较与借鉴［J］. 高教探索，2019，(1)：97-103.

［14］靳文静. 我国高校性骚扰的特征和原因［J］. 中华女子学院学报，2019，第31卷(5)：14-20.

［15］刘春玲. 高校防治性骚扰对策研究［J］. 中华女子学院学报，2018，(4)：30-34.

［16］张智学. 浅析大学生网络赌博的现状及危害［J］. 长江丛刊，2018，(24)：192.

［17］窦东徽，卜楠，樊盟. 大学生宿舍社交地位与攻击性的关系［J］. 心理技术与应用，2017，第5卷(7)：420-426.

［18］卢丹蕾. 大学生宿舍人际交往研究［J］. 职业技术，2019，第18卷(9)：72-76，99.

［19］燕良轼. 高等教育心理学［M］. 长沙：湖南师范大学出版社，2015.

［20］张建东. 高校应努力建设预防大学生自杀的系统工程［J］. 高教论坛，2005，(4)：8-11.

［21］吴才智，江光荣，段文婷. 我国大学生自杀现状与对策研究［J］. 黑龙江高教研究，2018，(5)：95-99.

［22］褚沙舟. 维特效应下自杀事件的报道［J］. 新闻世界，2011，(2)：11-12.

［23］李艳兰. 大学生自杀行为与干预研究［M］. 南昌：江西人民出版社，2013.